国务院侨务办公室立项
彭磷基人才培养改革基金资助

城市旅游管理

Urban Tourism Management

文彤 主编
王 伟 梁增贤 施德群 副主编

图书在版编目（CIP）数据

城市旅游管理/文彤主编 . —北京：北京大学出版社，2018.1
（21 世纪经济与管理规划教材·旅游管理系列）
ISBN 978－7－301－26553－6

Ⅰ.①城… Ⅱ.①文… Ⅲ.①城市旅游—旅游经济—经济管理—高等学校—教材 Ⅳ.①F590.7

中国版本图书馆 CIP 数据核字（2018）第 008212 号

书　　名	城市旅游管理 CHENGSHI LÜYOU GUANLI
著作责任者	文　彤　主编　王　伟　梁增贤　施德群　副主编
责任编辑	周　莹
标准书号	ISBN 978－7－301－26553－6
出版发行	北京大学出版社
地　　址	北京市海淀区成府路 205 号　100871
网　　址	http://www.pup.cn
新浪微博	@北京大学出版社　@北京大学出版社经管图书
电子信箱	em@pup.cn　QQ：552063295
电　　话	邮购部 62752015　发行部 62750672　编辑部 62752926
印　刷　者	三河市博文印刷有限公司
经　销　者	新华书店
	787 毫米×1092 毫米　16 开本　16 印张　376 千字 2018 年 1 月第 1 版　2018 年 1 月第 1 次印刷
定　　价	35.00 元

未经许可，不得以任何方式复制或抄袭本书之部分或全部内容。
版权所有，侵权必究
举报电话：010－62752024　电子信箱：fd@pup.pku.edu.cn
图书如有印装质量问题，请与出版部联系，电话：010－62756370

21世纪经济与管理规划教材
旅游管理系列

前　言

随着全球城市化的不断发展，旅游休闲作为城市的高层次功能开始展现，城市作为旅游目的地受到了消费市场的青睐，罗马、维也纳、纽约、伦敦等城市因吸引了数以千万计的旅游者而成为世界著名的旅游城市，北京、杭州、西安、桂林等城市也凭借丰富的旅游资源而闻名全球。旅游在城市兴起发展的同时也得到了学界的广泛关注。城市旅游研究自20世纪80年代开始，在2000年前后走向兴旺，逐步发展成为旅游学科的热点领域之一；国内众多高校旅游院系也纷纷开设了城市旅游的相关专业课程，城市旅游教学研究得到了蓬勃发展。

在上述背景下，暨南大学管理学院旅游管理系文彤副教授承担了《城市旅游管理》一书的主编任务，与河南理工大学工商管理学院王伟博士、中山大学旅游学院梁增贤博士、广东青年职业学院工商管理系施德群老师以及暨南大学管理学院旅游管理系张庆芳、雍玉凤、邱佳佳、张茜、刘璐、黎结仪等硕士新锐组成编写团队，共同交流对城市旅游的研究心得，制定大纲，撰写具体章节，最终顺利完成这项工作。在此，首先感谢本书编写团队的成员们！没有他们的鼎力支持，本书的出版将会是遥遥无期。

作为活跃在旅游管理专业教学科研第一线的青年教师，本书的编写团队对于城市旅游研究有着较深的体会，并且已在各自的学校开设了城市旅游管理专业课程，积累了一定的教学经验，大家共同设计了本书的框架与内容，从基本概念、供给与需求、产业要素、管理环节等多个角度对城市旅游管理的知识体系进行介绍。文彤承担了本书的统筹工作，负责大纲编写与全书的统稿和定稿。具体章节的撰写分工为：第一章由文彤、邱佳佳撰写；第二章由梁增贤、张庆芳撰写；第三章由施德群撰写；第四章由梁增贤撰写；第五章由王伟、黎结仪撰写；第六章由梁增贤、施德群撰写；第七章由文彤、张庆芳撰写；第八章由施德群、刘璐撰写；第九章由王伟撰写；第十章由王伟、张茜撰写；第十一章由文彤、雍玉凤撰写；第十二章由王伟撰写。

本书适用于旅游管理相关专业的本科生及高职高专学生，强调方便课堂教学，易于知识掌握的原则，在编写过程中力求实现以下几点：一是尽可能地吸收国内外的现有优秀研究成果，使教材内容覆盖城市旅游管理的全部知识点；二是贴近实际，依据城市旅游管理的实际工作场景构建本书体系，便于学生学以致用；三是强调应用，努力做到每个章节信息量充足，既有基础理论重点，又有教学辅助案例；既有课前思考，又有课后练习，方便教师组织课堂教学，方便学生掌握课程知识，提升教学效果。本书也可作为旅游行业职业培训、学历教育、自学考试的教材，对旅游管理专业的研究生，政府管理部门、旅游企业相关管理和工作人员同样具有参考价值。

　　本书在编写过程中参考和引用了有关著作、教材、报刊、网络资源等相关内容，特向所有作者致以衷心的感谢！最后，还要特别感谢北京大学出版社的周莹编辑，正是在她的全力支持和勤力配合之下，本书才能及时定稿和出版！

　　虽然本书编写团队付出了大量的辛勤工作，但限于水平和经验，本书难免存在错误和不足之处，希望读者和同行不吝赐教，以便不断修正和完善。

文　彤
2017 年 11 月于暨南园

目　录

第一章　城市与旅游 ··· 1
　第一节　城市的起源与发展 ······································ 2
　第二节　城市的旅游功能 ··· 6
　第三节　城市旅游发展 ··· 10

第二章　城市中的旅游者 ·· 14
　第一节　城市旅游者的类型 ······································ 15
　第二节　城市旅游者的感知 ······································ 18
　第三节　城市旅游体验 ··· 23

第三章　城市旅游形象与营销 ······································· 32
　第一节　城市形象与城市旅游形象 ································ 33
　第二节　城市旅游形象的构成与影响因素 ························· 35
　第三节　城市旅游营销 ··· 41

第四章　城市旅游产品体系 ··· 50
　第一节　城市旅游产品概述 ······································ 51
　第二节　城市旅游产品的相关理论 ································ 54
　第三节　城市旅游产品体系 ······································ 58

第五章　特殊类型的旅游城市 ······································· 69
　第一节　会展旅游城市 ··· 70
　第二节　博彩旅游城市 ··· 75
　第三节　遗产旅游城市 ··· 80

第六章　城市旅游企业 ·· 87
　第一节　城市旅游企业概述 ······································ 88
　第二节　城市旅游企业的体系 ···································· 95
　第三节　城市旅游企业的发展趋势 ································ 101

第七章　城市旅游与产业融合 ······································· 110
　第一节　产业融合概述 ··· 111
　第二节　城市旅游业融合模式与效应 ······························ 117

第三节　城市旅游业融合的路径与机理 …………………………………… 122

第八章　城市旅游影响 ………………………………………………………… 128
　　第一节　城市旅游的影响 ………………………………………………… 129
　　第二节　城市居民对旅游影响的感知 …………………………………… 135
　　第三节　城市旅游环境承载力 …………………………………………… 139

第九章　城市旅游与公共管理 ………………………………………………… 148
　　第一节　城市旅游中的公共管理 ………………………………………… 149
　　第二节　城市旅游行业的管理 …………………………………………… 159
　　第三节　城市旅游者的管理 ……………………………………………… 168

第十章　城市旅游与服务管理 ………………………………………………… 174
　　第一节　城市旅游中的服务管理 ………………………………………… 175
　　第二节　城市旅游服务系统及管理 ……………………………………… 186
　　第三节　城市旅游服务趋势 ……………………………………………… 203

第十一章　城市旅游创新 ……………………………………………………… 208
　　第一节　关于创新 ………………………………………………………… 209
　　第二节　旅游创新 ………………………………………………………… 212
　　第三节　城市旅游创新 …………………………………………………… 216

第十二章　城市旅游的未来 …………………………………………………… 227
　　第一节　城市全域旅游 …………………………………………………… 228
　　第二节　城市智慧旅游 …………………………………………………… 236
　　第三节　流动性与城市旅游 ……………………………………………… 244

第一章 城市与旅游

 学习目的

通过本章的学习，了解和掌握城市、旅游、城市旅游等概念；通过对城市起源、城市化发展的学习形成对城市与旅游之间关联的清晰认识，掌握城市旅游的特征及其相关研究内容，形成关于城市旅游的系统性认识，为后续章节的学习奠定基础。

学习要点

- 城市的概念、起源及其功能体系
- 城市化的概念、基本模式
- 城市与旅游的互动关联
- 城市旅游的概念、特征及城市旅游系统构成
- 城市旅游研究进展及相关学科体系

 课前导读

"人类所有的伟大文化，都是由城市产生的……世界史就是人类的城市时代史。国家、政府、政治、宗教等，无不是从人类生存的这一基本形式——城市中发展起来并附着其上的。"

——奥斯特·斯宾格勒

城市是人类最伟大的创造之一，它既是人类文明发展的重要标志，又为人类文明的进一步发展奠定了坚实的物质和精神基础。1995年3月，中国国家旅游局发布了《关于开展创建和评选中国优秀旅游城市活动的通知》，正式拉开了全国优秀旅游城市创办工作的序幕，各个城市由此纷纷投身于此项活动中，努力提高城市的现代旅游功能，促进城市的旅游发展与社会进步。截至2012年，全国共评选出370个优秀旅游城市。在此基础上，中国国家旅游局还于2001年与世界旅游组织联合启动了"中国最佳旅游城市"项目研究。"旅游化"成为继"城市化""工业化"两大区域经济现象之后的又一城市发展新趋势，城市旅游成为旅游发展体系中新兴而又至关重要的组成部分，城市与旅游借助城市旅游发展形成了进一步紧密的互动关联……

资料来源：潘飞.生生与共：城市生命的文化理解[D].北京：中央民族大学，2012.

第一节　城市的起源与发展

一、城市的含义

城市是"城"与"市"的组合词。"城""市"二字连用，最早见于《韩非子·爱民》，有"是故大臣之禄虽大，不得藉威城市；党与虽众，不得臣士卒"之语。《后汉书·法雄传》中有"雄乃移书属县曰：'凡虎狼之在山林，犹人民之居城市。古者至化之世，猛兽不扰'"之语。杜甫《征夫》中有"街衢唯见哭，城市不闻歌"之句。其中，"城"主要是指用城墙等围起来的具有防御性的构筑物，最初是为了预防敌方势力入侵或者野兽侵袭的产物。《韩非子·七患》有云："城者，所以自守也"；《孟子·公孙丑下》有云："三里之城，七里之郭，环而攻之而不胜"，后引申为有城垣环卫之都邑。"市"则是指进行交易的场所。《周易·系辞下》有云："日中为市，致天下之民，聚天下之货"，后引申为交易场所，《战国策·秦策一》中也有云："臣闻争名者于朝，争利者于市"。因市多在城内，也可用以代表城邑。宋人张俞有《蚕妇》诗："昨夜入城市，归来泪满襟；遍身罗绮者，不是养蚕人"，便是专指城中市场。"城"与"市"都是城市最原始的形态，两者缺一不可，中国最初的城市就是城和市的结合体，仅有防御作用的墙垣并不是城市，仅是集市也不能称为城市。

早期，人类居无定所，随遇而栖，三五成群，渔猎而食；为了抵御野兽的侵扰，他们还在驻地周围扎上篱笆，便形成了早期的村落。随着人口的增多，村落规模也不断扩大，村落内部自然分化出若干个群体，群体间将多余的猎物拿出来，与其他群体换取自己所没有的物品。于是，"城"和"市"结合在一起，早期的"城市"便形成了。随着历史的发展，城与市的功能联系日趋紧密，作为城最初意涵的城墙多已不存，即使存在也早已不是城市的外围边界，市的地位和作用却大幅提高，城市的规模越来越大，数量也越来越多。

发展至今，城市已经是一个庞大的、开放的、运动的系统，是包含着人类各种活动的复杂有机体，其要素、结构、层次、功能的复杂性和形式的多样性，决定了城市定义和内涵的多元性。城市作为具有商业交换和防御职能的居民点，历史学、政治学、社会学、经济学、地理学等多个学科从不同角度对城市概念作过种种界定，如历史学认为城市是一部用建筑材料写成的历史教科书；政治学指出城市是政治活动的中心舞台，是一个坐落在有限空间地区内的，由住房、劳动力、土地、运输等各种经济市场相互交织在一起的网络系统；而按照社会学的传统，城市被定义为拥有相当多人口集团的、密集的永久性聚居地区，包括了各种以非农业活动为主体的不同性质的人，作为人口、经济、政治、文化高度集聚的社会物质系统，城市本身就是一个复杂的社会文化实体；从经济学视角来看，城市是生产力的聚集区及经济活动的中心，是区域经济、政治、文化中心，以及区域经济增长极和人类集聚的最佳形式；地理学则将城市解释为人口和物质高度集中的特定地域，是一种特殊的地理环境，是相对永久性的大型空间聚落，是各种人文要素和自然要素的综合体。

上述关于城市的不同阐释，实际上反映出城市不同方面的特点，这些特点既相互区别，又相互联系，构成了城市的总体特征。简而言之，**城市是以人为核心，以空间与环境资源利用为手段，以聚集经济效益为特点的社会、经济以及物质性设施的空间地域集聚体**。

二、城市的起源

人类社会有着百万年的发展历史，而城市的出现至今不过几千年。城市的产生不是一个孤立的社会物质现象，而是人类社会文明发展到一定阶段的产物，更是以人类集中定居的发展历程为背景。

人类社会早期，由于生产力极其低下，人类只能以采集和狩猎为生，过着迁徙游离的生活。伴随着认知能力的提高和生产工具的发明，人类的生产力水平实现了第一次飞跃，人们开始了对野生动植物的驯化，原始的种植业和养殖业诞生了。历史上第一次劳动大分工改变了人类游牧生活的状态，人们开始聚集固定生活，永久性的村落也开始出现。农业文明一方面促成了人们的相互合作，另一方面促进了富余生产资料的交换，形成了人与人之间的依赖，从而推动固定地区的人口聚居规模不断增大，使得村落的规模与数量迅速增加。

铁制工具的使用和生产技术的进步，促进了农业的发展和劳动生产率的提高，也使手工业向多样化发展。如此多样化的活动已经不能由一个人来进行了，于是出现了第二次社会大分工，自此手工业从农业中分离出来。这次大分工促进了劳动生产率的提高和生产规模的扩大，使直接以交换为目的商品生产开始出现，并使商品交换范围进一步扩大，手工业者为便于生产和交换，选择交易方便的地方集中居住，导致集市的产生。集市被称为城市胚胎的发育形态，它的出现意味着村落开始形成城市最基本的内容和功能，是最早期的城市形态。

而在商品交换日益频繁、交换区域不断扩大的背景下，出现了专门从事商品交换业务的中间人，即商人；产生了商业与农业、手工业的分离，即第三次社会大分工。商人阶级的出现，缩短了商品买卖的时间，扩大了商品的销路，又一次推动了商品的生产和交换，更加促进了商品经济的发展。这一巨大变化进一步推动了集市规模的扩大，并对城市功能提出了更多的要求。在社会制度变革、商品经济发展和政治统治需求等多种因素的共同作用下，人类历史上的城市便由此产生了。

因此，城市是社会经济发展的必然产物，是社会生产力发展到一定阶段的产物，其一旦形成，就处在不断的发展之中，经历了从"原始聚落—分散的乡村—村庄—城镇—城市—大城市"的发展历程，成为人类文明的象征。

三、城市的发展——城市化

（一）城市化

城市的发展被描述为城市化，而城市化在本质上就是经济、社会结构变革的过程。进入20世纪，城市化已成为世界上重要的社会、经济现象之一，现代社会的城市化是人类社会经济发展的必然趋势。尽管国际学术界对城市化的研究已有数十年的历史，但由于各个学科领域对其的理解不同，迄今为止，关于城市化的概念尚未有统一的解释。综合各类定义，可将城市化理解为：**城市经济的形成与发展，引发农村人口、经济活动向城市集聚，进而导致以城市为主导的经济结构和空间结构转换的过程，也是乡村变成城市的一种复杂的过程，同时又是人类进入工业化时代，社会、经济发展中农业活动的比重逐渐下降和非农业活动的比重逐步上升的过程。**

城市化是社会生产力的变革所引起的人类生产方式、生活方式和居住方式发生转变的过程，是非农产业和非农业人口集中化、集约化、高效化，以及传统的乡村社会向现代的城市社会演变的自然历史过程。从世界城市化实践来看，城市化进程具有明显的阶段性。1979年美国地理学家Northam发现，各国城市化进程所经历的轨迹，可以概括成为一条稍被拉平的"S"形曲线（如图1-1所示）。该曲线分别对应着城市化的三个阶段，分别是初期、中期和后期阶段。在初期阶段中，城市人口占总人口的比重在30%以下，这一阶段农村人口占绝对优势，生产力水平较低，工业提供的就业机会有限，农村剩余劳动力释放缓慢。到了中期阶段，城市人口占总人口的比重为30%—60%，城市化进入快速发展时期，城市人口可在较短的时间内突破50%进而上升到70%左右。在后期阶段，城市人口占总人口的比重在60%以上，这一阶段也被称为城市化稳定阶段。

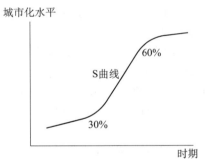

图1-1　城市化发展的"S"形曲线

当今世界各国的城市化过程，具有以下阶段性特点：1760—1851年为世界城市化的兴起、验证和示范阶段，1850年出现第一个城市化水平达50%以上的国家——英国；1851—1950年，城市化在欧洲和北美等发达国家进一步推广、普及甚至基本实现；1950年至今，城市化在全世界范围内推广、普及和加快发展，特别是第三世界国家，它们在取得民族独立后，其社会经济与城市化同步迅速发展。在城市化的进程中，城市化增长势头猛烈而持续；其发展的主流已从发达国家转移到发展中国家；人口向大城市迅速集中，大城市在现代社会中居于支配地位。

在城市化的动力机制（如图1-2所示）中，城市化的发生和发展受到农业发展、工业化和第三产业崛起三大力量的推动和吸引。其中，农业发展是城市化的初始动力，城市是非农产业和非农业人口的集聚地，农业的发展使城市的兴起和成长在经济上成为可能。农业为城镇人口提供商品粮，为城市工业提供资金原始积累，为城市工业生产提供原料，为城市工业提供市场，为城市发展提供劳动力。正是基于这一原因，历史上的第一批城市都诞生于农业发达地区。

而工业化是城市化的根本动力。工业化是指工业生产在城市地域形成聚集的过程，也是传统农业社会向现代工业社会转变的过程。工业革命结束了城市手工业生产方式，极大地促进了工业生产效率的提高，带来了工业生产专业化的发展。这一过程中农业劳动力大量转向工业，农村人口大量向城镇转移，城镇人口超过农村人口。

包含旅游业在内的第三产业则是城市化的后续动力。第三产业的加快发展是生产力提高和社会进步的必然结果，发展第三产业有利于增强农业生产的后劲，推动工农业生产的社会化和专业化水平的提高；有利于优化产业结构，促进市场充分发育；有利于缓解就业压力，刺激生产性服务和消费性服务的增加，从而促进整个经济持续、快速、健康发展。

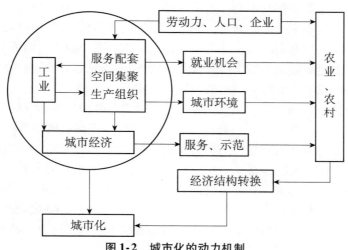

图 1-2　城市化的动力机制

（二）城市发展阶段

基于上述理解，相关学者将城市的发展（城市化）大致分为三个阶段，即前工业化社会、工业化社会和后工业化社会。表 1-1 简要列示了这三个阶段的主要特点。

表 1-1　城市发展各个阶段的主要特征

历史阶段	经济功能	城市建设	发展状况	城乡关系
前工业社会	手工业生产集中地 农产品集散地	市政设施简陋 生活条件落后	规模较小 数量很少	城乡分离 相对封闭
工业社会	机器大工业中心 商业贸易中心	市政设施完备 生活条件改善	规模扩张 数量猛增	城乡对立 差距拉大
后工业社会	第三产业中心 功能多元化	市政设施现代化 生活条件优越	规模数量稳定 形成大都市带	城乡融合 差距缩小

前工业社会是农业文明占主导地位的历史阶段，这一时期的城市是手工业生产的集中地。在人类第三次社会大分工之后，城市手工业技术得到进一步发展，各类手工业匠人专业化和集中化的趋势不断增强，最终涌现出一大批各具特色的手工业城镇，对于农村和周围地区的影响逐渐扩大。同时，由于城市所处位置大多为交通便捷之处，因而成

为集散流通范围不等的各类商品交易场所，且交易的货物以农产品、手工产品和矿产品为主。但是，建立在自然经济和小农经济基础之上的城市的主要财富是由农村创造的，城市的消费也主要是靠农村提供的地租和赋税来支撑，城市中虽然有手工业和商业，但其经济收益不足以维持居民和官府的开支，不可能获取大量的商品粮以养活城市人口，因此这一时期的城市绝大多数规模较小。

随着18世纪工业革命的展开，人类社会进入了工业化社会的新纪元，整个生产方式发生了巨大的变革，并且引发了深刻而广泛的城市发展巨变。在这场气势恢宏的工业革命洪流中，城市逐渐确立了以机器大生产为标志的现代产业结构，成为一定区域的工业生产中心。工业生产急剧增长，产品源源不断地投放市场，使一些城市在成为工业生产中心的同时也成为商业贸易中心，如伦敦和巴黎。城市中心地位的提升也推动了城市的生长，在城市规模不断扩大的同时，城市数量也快速增长。由于城市的迅速发展，经济的主导地位已从农村移向城市，城市基础设施不断改善，城市文明成为农村人口向往和追求的目标，农村日益成为城市所需食品、资源和工业原料的单纯供应者，由此在经济上依附于城市的发展，农村与城市的差距愈发明显。

而在后工业社会，城市的一个重要变化是通过产业结构调整和升级换代，逐渐从工业生产中心转变为第三产业中心，商业、金融、旅游、咨询、通信等行业的蓬勃兴起，已使制造业和矿业在一些发达城市的经济生活中居于次要地位，第三产业的主导地位越来越显著。在此阶段，社会经济属性从商品生产经济转向服务型经济，职业分布以技术阶层的崛起为特征，理论知识日益成为创新的源泉和制定社会政策的依据。同时，随着社会生产力的发展和科学技术的进步，农村的生产条件、技术手段、交通状况、教育水平以及生活服务设施都在直追城市，城乡差别不断缩小，这实际就是城乡的融合过程。

第二节　城市的旅游功能

传统意义上的旅游，大多为以自然观光和古迹揽胜为特征的山水旅游，是人们远离城市寻求全新体验的一个过程。城市似乎始终都只是作为旅游客源的产生地，人们很难将其与旅游目的地相联系。随着后工业时代的到来，产业结构发生了变化，第一产业逐渐让位于第二、三产业。特别是第三产业得到了大力的发展，城市综合实力的增强、城市环境的改善以及各种配套服务设施的完备，使城市具有了旅游接待和集散中心的功能。城市凭借其高质量的旅游资源、便利的交通、发达的经济、优越的购物环境、发达的科技信息、先进的娱乐条件、现代化的城市风貌以及丰富的城市文化等，对旅游者形成强大的吸引力。人们逐渐改变对城市的传统看法，越来越多的人选择城市作为旅游目的地。1841年7月5日，由托马斯·库克组织的标志着世界近代旅游业开端的团体旅游——以包租火车方式从英国莱斯特前往洛兹伯勒，其实质就是以城市为旅游目的地的旅游活动。而1855年托马斯·库克将近代旅游推向高潮的壮举——从英国莱斯特前往法国巴黎的全包价团体旅游，则更有力地证明了近代旅游是与城市旅游相伴而生的。

此外，城市建设中的旅游景观、主题公园开发也得到了重视，城市规划者投入大量经费用于城市景观建设和相关旅游活动的开发，使得城市也具备了旅游观光的功能。与此同时，城市可以提供非城市地区所不具备的娱乐和文化设施，为旅游者提供独特的旅游体验，旅游市场消费开始向城市倾斜。另外，随着旅游业的蓬勃发展和城市化的逐步推进，不论是工业重镇还是历史文化名城，旅游的城市化已成为一种普遍的现象，许多城市成为旅游目的地与客源地的统一体，城市不再仅仅为区域的经济、文化、政治中心，也成为旅游活动中心。于是一种新的旅游类型——以现代化的城市设施为依托，以该城市丰富的自然和人文景观及其周到的服务为吸引要素而发展起来的一种独特的旅游方式得以产生，并日趋兴盛。

一、城市的主要功能

城市功能是指城市在国家或区域经济发展中所起的作用，它是城市存在的本质特征，是城市系统对外部环境的作用表现。城市功能是城市发展的结果，是城市在满足人们各方面需求的过程中不断涌现出来的，因此城市功能并不是固有存在的，而是随着城市发展不断形成的。"城"与"市"最早的功能分别是防御和交易，随着社会的发展，城市在整个社会中所起的作用越来越明显，其功能也在原有的防御和交易基础上进行了拓展和延伸，向着一个具有更加完整的经济功能、生活功能和市场功能的社会载体演变。更需要强调的是，城市的功能是从城市发展的历史进程中，从人们的社会实践活动中，从人类自身生存和发展需要的进程中逐步出现与生成的，各功能之间还存在逐渐递进的层次关系。

（一）生活居住

一个城市，最初是一个人口集聚的场所，首先应该满足城市居民的各种活动需求，以确保城市的日常运行。城市是由有生命的个体所组成的，人生存于城市，城市就要考虑到每个人的生存和发展问题，对每个人的生命全过程负责。作为人们日常活动开展的载体，城市最基础的功能是为其提供生活居住的空间，保护居于其中的民众，使其获得维持生存的最基本物质。

（二）产业生产

产业生产的功能是指城市将一定资源转化为可直接或间接用于生产和消费产品的功能，也就是城市的产业功能。城市中的居民需要获取经济收入，城市的产业生产功能孕育着众多的就业机会，通过为人们提供就业岗位而满足人们的发展需求。这也是城市能够集中众多的经济产业，从而吸引大规模人群聚集居住的根本原因。

（三）商品交换

人们获取经济收入的目的在于购买相应的商品或资源，商品交换功能则是城市满足这一需求的核心功能，也是城市特征的重要表现。城市通过提供一定的交易平台，使居民可以用自己不需要的商品换取自己需要的商品。通过交换，劳动产品进入消费过程，满足人们的需要，并由此进一步促进商品生产和商品交换的发展，保证了城市的正常运行，为城市居民的生产和生活提供了基本保障。

（四）日常服务

日常服务功能指城市服务体系在满足城市居民的日常生活、生产工作、游憩出行等活动中所发挥的作用。城市服务体系包括福利和公益服务、环境服务、卫生服务、教育服务、文化服务、法律服务、家政服务和物业管理服务等,其内容是多方面的,诸如改善贫困状态、提供医疗设施、提供教育和就业机会、提高工资、追求社会公平等。总之,城市通过日常服务功能,改善居民的生活环境,使其在追求物质文明的同时,极大地提高居民精神文明和整体素质。

（五）休闲娱乐

当基本生存、日常生活、事业发展等需求都得到满足时,人们自然而然地会产生享受、放松、审美等更高层次的需求,城市休闲娱乐就是满足人们这些需求的高层次功能。人的一生中大约三分之一的时间在闲暇中度过,城市通过构建良好的休闲娱乐环境来满足人们的休闲娱乐需求,其中旅游功能脱颖而出,成为人们生活中尤为关注的消费选择,并成为城市建设与可持续发展的重要组成部分。

二、城市旅游功能的价值

旅游是人类文明的表现形式之一,不仅促使城市的形成,而且能促进信息的交流与传播。城市旅游功能的价值不仅表现在满足人们食、住、行、游、购、娱等方面的需求以及最终所形成的城市形象,还表现为对城市发展的影响与推动作用。

（一）旅游要求高质量的环境——城市生态化

旅游业对于生态环境具有较高的要求,其发展过程就是改善环境、创造服务的过程。一方面,旅游业的触角伸到哪里,那里的水电、交通、通信等基础设施建设就会更配套,卫生、安全、救援、信息等服务机制就会更健全,文化、体育、商业等服务设施就会更完善,从而带动整个社会环境的改善,促进社会事业发展。另一方面,人们都希望在高品质的环境中进行旅游活动,城市旅游的兴起直接带动了城市生态环境的建设与优化,因此从生态环境来看,发展城市旅游功能,可以有效地引导或加速环境质量的改善,实现城市的生态化,提高城市居民和城市游客的休闲环境质量。

（二）旅游营造轻松的时空——城市休闲化

城市作为旅游目的地,由于其旅游吸引体系多元、综合的特点,可以满足不同群体的旅游休闲需求,因此城市的旅游功能不仅面向外来游客,还面向本地居民。城市旅游的发展,往往会带动文化广场、娱乐街区、商业中心等公共空间与场所设施的建设,在为游客与居民服务的同时,也直接推动了城市公共休闲空间体系的发展。旅游发展给城市带来了越来越多的可以开展娱乐活动、进行公众交流等的休闲场所,推动了城市的休闲化发展。

（三）旅游创造巨大的经济贡献——城市经济化

旅游是一项经济活动,大量外来游客与本地居民在城市范围内的旅游休闲消费,能够给城市带来直接的经济收入。并且,城市旅游功能的发挥加快了城市产业结构的升级,推动城市经济结构及相关产业的发展;此外,企业间紧密的竞争与合作关系能够使旅游业以较低的成本发挥产业效能,带动城市经济的发展,并进一步促使城市空间结构和形态的不断优化；最后，通过提高城市的旅游功能，可以有效地促进城市的就业。因此，城市的旅游功能有助于城市的经济化发展，甚至旅游业可能成为城市的支柱产业，形成城市新的经济增长点。

（四）旅游树立大范围的影响——城市品牌化

城市在其发展壮大的过程中，需要挖掘自身特性，寻找与其他城市的差异，从而确立自己在全球或区域城市体系中的竞争优势。在此基础上，城市也需要借助各种宣传渠道和方式，将这一差异化的特色优势传播出去，尽可能地扩大城市的影响力。而受城市旅游吸引而来的大量人群恰恰成为城市宣传的直接受众，人们在旅游过程中不断与城市的建筑、饮食、历史等各个方面进行交流，城市形象与区域影响力也就自然而然地形成与确立。正是因为城市旅游功能的溢出效应，众多城市纷纷将旅游业作优化城市旅游形象、打造城市品牌的重要措施。

三、城市与旅游的互动关系

20世纪70年代末至8年代初，工业化国家的大城市普遍出现了城市中心区人口和经济活动大量迁出，转向城市郊区和小城镇的现象，导致城市中心区经济衰退。到20世纪80年代初期，城市的失业率达到了较高的水平。与此同时，城市核心区迅速出现了拥堵、污染、犯罪等社会问题，工业城市产业结构弊端的显现为城市旅游业提供了良好的契机。"制造业的长期衰退，高失业率提出的创造新型经济活动的要求，旅游业作为新兴产业具有良好的前景，旅游开发可导致城市核心区的复兴"这四个主要原因引发了城市旅游的发展，全球范围内的城市旅游迅速呈现出繁荣景象。

时至今日，在城市产业结构的调整中，由于旅游可以创造就业机会、增加外汇收入、促进基础设施建设、改善城市环境，各级政府越来越注重旅游休闲产业为经济发展创造的机会。例如，鹿特丹等城市的实践表明，开发城市及其周围地区的旅游资源给鹿特丹提供了新的就业机会，创造了经济收入，增加了城市商业的吸引力，使得城市成为商务和度假旅行的目的地，并且良好的旅游资源和休闲产品还提高了城市的生活质量。由此可见，城市与旅游具有密不可分的联系。

（一）城市发展与功能完善是旅游兴盛的首要前提

随着城市化的发展，城市在国家及地区的核心地位越来越突出，其功能也日臻完善。城市的综合发展为现代城市旅游的日趋繁荣创造了条件：城市人口密集，这使得探亲访友的人流量也相对较高；城市往往是旅游的交通中转枢纽或终端；商业、金融、工业、生产服务等功能多集中于城市，带来会议、展览和商务旅游；城市提供了大量的文化、艺术和娱乐体验机会。商业、金融、交通、文化等服务功能都集中于城市，城市的多元化将进一步带动城市旅游的发展。

（二）城市旅游是城市产业结构升级和城市功能优化的产物

社会宏观环境的变化、需求偏好的变迁、城市产业结构的升级，以及城市功能的优化是驱动城市旅游产生的重要因素。城市是一个国家或地区的现代旅游业的支撑点，随着城市化的不断发展，城市功能的优化升级，城市的交通、住宿、餐饮、文化、娱乐、购物、金融、通信等基础设施的完备，旅游接待、集散、辐射、管理功能的增强，城市不仅成为区域性的经济活动中心、现代生活中心，还成为旅游活动中心，由此，城市旅游的地位和作用与日俱增。

（三）城市旅游是现代城市的重要产业和国际竞争战略的重要组成部分

伴随着全球化进程，城市的空间已不是原先的一个"点"，而是一个有着相当范围、不同层次的"面"。作为人流进出的门户，城市是国家或地区对外的窗口，在全球城市发展竞争中构建优势地位成为每个城市尤其是大城市发展的目标。城市旅游对促进社会进步，尤其是城市现代化、国际化所起的作用巨大。它不仅能够成为城市经济发展新的增长点或支柱产业，促进城市的全面发展，还可以借此塑造成为一个国家或地区的形象标志，从而成为城市国际竞争战略的重要组成部分。

第三节 城市旅游发展

一、城市旅游的界定

正如前文所指出的，城市作为一个特殊的地理空间，其发展旅游有独特的优势，主要表现在以下方面：第一，城市人口相对密集，到城市探亲访友的人流量相对也较高，这无形中加大了城市流动人口的数量，而城市本身庞大的人口以及这些探亲访友的流动人口是发展城市旅游重要的基数消费人群。第二，城市往往是区域交通的枢纽，具有良好的交通条件是旅游开发的基本要求。机场、车站、港口等交通设施往往依托于城市，交通路线贯穿或连接城市，城市在现代旅游中往往承担着旅游交通枢纽的功能，为旅游者的集散和中转提供了极大的便利。第三，城市是旅游者活动的集中地与中心。城市旅游资源往往相对集中，或密集于市区内，或以城市为中心，形成一个包含市区、城郊以及周边城镇的旅游区，构建以城市景观为特色的综合旅游目的地。因此，城市往往是旅游者最为集中及其活动最密集的地区。第四，城市的功能决定了城市内聚集着大量商业、金融、工业和生产服务的设施。作为一个区域的政治、经济和文化中心，城市具备了开展城市观光、购物娱乐、商务交往、学术交流等一系列城市旅游活动的条件和优势。第五，由于城市具有相对较多的消费人口和较强的消费能力，其往往成为大型文化、娱乐设施布局的首选之地。因而城市往往具有非城市地区所没有的现代化的大型文化、娱乐设施，这在客观上为城市旅游的发展起到了促进作用。

但在目前国内外研究中，关于"城市旅游"尚未有公认的定义。界定"城市旅游"要以人们为什么选择城市作为旅游地为出发点，需要分析旅游者行为的社会心理，特别是旅游者的动机（Pearce，1982，1993）。虽然这一界定思路并未概括"城市旅游"的综合特征，但其提出的理念，即重点关注旅游主体选择城市的原因、社会心理、旅游动机，是值得肯定的。就一般的抽象概念来看，旅游者之所以被城市吸引，是因为城市提供的专业化功能与一系列的服务设施（Page，1995），虽然此概念也未对"城市旅游"作出综合性的概括，但已明确指出城市作为旅游客体，已经成为一种旅游吸引物。宋家增（1996）以上海为例，提出"都市旅游"这一概念，并将其定义为以都市风貌、风光、风情为特色的旅游。但都市旅游并不等同于城市旅游，因为城市有不同的等级、规模、性质与特点等，都市的风貌、风光、风情只是其中的一个方面。彭华（2000）认为城市旅游是指发生在城市的各种游憩活动及以城市为目的地、以城市为旅游吸引物吸引游客的各种旅游活动的总称，是旅游者在城市中的所有物质与精神消费活动。

由于城市涉及的内容广泛而复杂，且不同的城市又具有不同的特色，因此城市旅游的内涵也不尽相同，加之现代旅游业的范畴正在不断被扩充，这使得界定"城市旅游"的难度进一步加大。但是，从旅游目的地的范畴来看，城市是城市旅游活动的载体，是现代旅游活动的支撑点，因此本书将城市旅游定义为：**发生在城市的各种游憩活动及以城市为旅游目的地、以城市为旅游吸引物吸引游客的各种旅游活动的总称。**

二、城市旅游的特征

城市旅游是旅游整体系统的重要组成部分，除了具有旅游的基本特点之外，城市的性质和特点也赋予了城市旅游不同于传统旅游的特性。

（一）城市旅游吸引的整体性

城市旅游的吸引，并非仅仅是城市的几个旅游点，而是城市整体。作为一个旅游目的地，其吸引力不同于风景区以某一类资源为主要吸引因素，而是以城市的整体形象形成的综合吸引力。城市旅游吸引以整体性为纽带，构成内容丰富、协调发展的旅游吸引体系，其整体性表现为形象吸引、活动吸引、设施吸引、景观与环境吸引、服务吸引等。当旅游者选择城市作为旅游目的地时，他们将把整个城市视为游览的对象，城市也将充分体现其旅游景观的多样性和综合性对旅游者的吸引力。

（二）城市旅游产品的多元性

作为人类集中活动的区域，城市的内涵极其丰富，这也决定了城市旅游在旅游产品和旅游功能上呈现出多元性特点。现代城市是高度复杂的综合有机体，在政治、经济、科技、文化、教育等多方面呈放射状发展。城市交通便利、住宿条件完善、特色商品琳琅满目、文化生活丰富多彩……除了传统的观光旅游之外，还可以满足多种旅游需求，提供包括商务、购物、休闲、美食、生态等在内的多种旅游功能。

（三）城市旅游活动的参与性

城市旅游是一种内容丰富、形式多样、涉及面极广的社会、经济现象。由于城市自身的开放性和包容性，决定了城市旅游活动的参与性，这种参与性主要是通过为旅游者提供一种独特的旅游体验而展现出来的。城市旅游不仅包括散布在城市中的自然景观、人文古迹等观光游览活动，而且还包括以城市各种旅游资源、旅游设施、具体功能为依托而兴起的各种特殊旅游活动，如商贸金融旅游、会议会展旅游、购物消费旅游、康体休闲旅游、节庆旅游、科普教育旅游等。旅游者参与这些城市旅游活动的过程，也就是城市旅游景观形成的过程。

（四）城市旅游的辐射性

城市往往是区域交通的枢纽，具有良好的交通条件。城市在现代旅游中通常发挥着旅游交通枢纽的功能，为旅游者的集散和中转提供了极大便利。随着城市旅游的发展，特别是城市旅游业的空间扩张，城市旅游业由最先的空间集聚变为空间扩散，旅游发展开始向城市外围延伸，在此过程中，区内、区外联合开发，整体促销，对区域产业和经济发展起到巨大的推动作用。

（五）城市旅游的统一性

城市旅游的统一性主要表现在三个方面：一是城市旅游主体的统一性，即城市居民既是城市旅游者，又是城市旅游的接待者；二是旅游客体的统一性，即作为城市旅游对象的旅游城市既是城市旅游的目的地，又是其他旅游城市的重要客源产生地，是旅游目的地和客源地的统一体；三是城市旅游和游憩设施的统一性，对城市而言，其旅游产品和游憩产品虽然存在空间上的差异，但更多的是统一，其不仅为旅游者提供服务，也为城市居民和游憩者提供服务。

拓展阅读

深圳的城市与旅游发展

20世纪80年代前后，深圳还仅仅是邻近香港的一个小渔村，经济特区的开放政策使深圳在短短的30年内迅速发展成为一座特大城市，开创了城市化的奇迹。在城市工业化积累的雄厚经济实力基础之上，深圳旅游业从无到有、从小到大，发展迅猛，并借助华侨城等多个旅游景区实现了城市旅游的全面突破。2015年，深圳市接待旅游总人次为11 630万次，全市旅游总收入为1 244.80亿元。其中，国际旅游收入49.68亿美元，深圳已成为中国重要的旅游城市。

深圳市的旅游发展与城市成长紧密联系，可以划分为四个阶段：

第一，起步阶段。20世纪80年代，深圳经济特区成立初始，旅游从无到有，经历了一个为商业和企业服务的特区购物旅游的阶段，其中以沙头角中英街、罗湖口岸的兴旺最为典型，并形成了以"五湖四海"①为主体的度假村和水库景观旅游体系。

第二，初期发展阶段。20世纪90年代，深圳旅游借助邓小平南方谈话的历史契机，实现突破性发展，中国的主题公园发轫于此，深圳南山区华侨城的崛起使西部成为深圳城市旅游重心，随后建成了锦绣中华、民俗村、世界之窗等主题公园，使旅游业发展突破了资源限制，迅速走在全国前列。1994年，深圳市的旅游资源开发、旅游设施建设继续推陈出新，先后兴建了青青世界、观澜高尔夫、香蜜湖水上乐园、骏豪酒店等一大批国内外有影响的景点和酒店。

---

① "五湖四海"是深圳旅游业第一阶段发展的象征，"五湖"是指东湖、香蜜湖、西丽湖、石岩湖、银湖；"四海"是指小梅沙、深圳湾、蛇口海上世界、大亚湾。

第三，全面发展阶段。1997 年，深圳市旅游业进入一个成熟的发展时期，旅游多元化发展和海滨特色开发成为产业发展新方向。1998 年，旅游资源和旅游产品开发进一步突破仿古文化类主题公园的单一特色，先后建成欢乐谷主题公园、大梅沙海滨公园、地王大厦观光、仙湖树化石公园等新项目。2000 年前后，以"香港回归"为大背景，深圳蛇口酒吧街、明斯克航母、大小梅沙相继开发，城市旅游开创了全面发展的新格局。

第四，巩固阶段。2001 年至今，深圳旅游业进入一个新的发展时期，旅游业发展进入国际化发展阶段。城市新增了东部华侨城、深圳湾滨海栈道、大鹏半岛较场尾、西部田园风光等新的景点，进一步丰富了深圳旅游的内容，并形成旅游景观东西并重的均衡发展态势。

经过三十多年的努力，深圳从一个没有名山大川、旅游业基础薄弱的边陲小镇，逐步发展成为一座现代化的中国优秀旅游城市和全国重点旅游城市、旅游创汇基地，形成了较为完整的旅游业体系和颇具规模的产业框架与多元化的发展格局，城市旅游发展水平在全省乃至全国都位居前列。

资料来源：谢植雄．深圳市旅游发展前景分析［J］．现代城市研究，2003，(04)．

思考与练习

1. 简述城市的定义，并说明城市发展各个历史阶段的特征。
2. 举例解释城市旅游功能在城市发展中的价值体现。
3. 通过实例论述城市旅游的基本特征。

参考文献

［1］Chris Cooper，John Fletcher 等．旅游学：原理与实践［M］．上海：高等教育出版社，2004．

［2］顾朝林等．中国城市地理［M］．北京：商务印书馆，2004．

［3］彭华．关于城市旅游发展驱动机制的初步思考［J］．人文地理，2000，15(01)．

［4］王慧敏．都市旅游集成竞争优势［M］．上海：上海社会科学院出版社，2007．

［5］谢文蕙，邓卫．城市经济学［M］．北京：清华大学出版社，2008．

［6］谢元鲁．旅游文化学［M］．北京：北京大学出版社，2007．

［7］赵煌庚．城市旅游［M］．北京：科学出版社，2010．

［8］赵黎明，杨其元等．旅游城市系统［M］．武汉：华中科技大学出版社，2007．

［9］周一星．城市地理学［M］．北京：商务印书馆，2003．

［10］朱铁臻．城市发展学［M］．河北：河北教育出版社，2010．

第二章 城市中的旅游者

 学习目的

通过本章的学习，了解和掌握城市旅游者的类型、特征和增长背景，熟悉城市旅游者的感知内容、影响因素和特征，理解城市旅游者的体验类型和趋势。

学习要点

- 城市旅游者的类型
- 城市旅游者的感知内容与影响因素
- 城市旅游者的体验类型与趋势

 课前导读

广州、西安两市的旅游者有哪些不同？

广州和西安都是中国著名的旅游城市，两个城市的旅游发展起步较早，且都是各自省域的政治和文化中心，但近年来其旅游地位却发生了明显变化。仅从入境旅游来看，西安和广州的增长差异最大。从改革开放初期至2002年，广州接待入境旅游人数长年位居全国第一，而西安名次均在前八，两市差距稳定。从2003年开始，两市在入境旅游方面的差距迅速扩大。从接待入境旅游人数来看，广州虽被深圳超越但却一直保持全国第2，而西安却从2002年的第8位下降至2012年的第18位，甚至低于桂林（第10位）、黄山（第12位）等非省会旅游城市。从旅游外汇收入来看，两市的差距也在不断扩大，2012年广州旅游外汇收入为51.45亿美元，而西安仅有7.49亿美元。

两个著名的旅游城市为何在2002年后入境旅游发展差距迅速扩大呢？事实上，西安无论是自然风光（如华山、秦岭），还是人文古迹（如秦始皇陵兵马俑、大雁塔、碑林）在品质和数量上都远胜于广州。近年来，西安也不乏大手笔增加对旅游核心吸引物的投资。从2003年开始，大雁塔南、北广场和"大唐不夜城"，以及大唐芙蓉园等旅游核心吸引物相继建成，建设了"大雁塔—大唐芙蓉园"国家5A级景区，构建中国旅游的新地标。而同一时期的广州，除了长隆旅游度假区的开发，很难找到与西安大规模投资相比拟的项目。那么，城市旅游者到底有哪些类型？广州为什么能比西安吸引更多的城市旅游者呢？

资料来源：梁增贤，保继刚．大城市旅游结构性增长的驱动力——基于广州和西安的比较研究［J］．人文地理，2014，29（05）．

第一节　城市旅游者的类型

一、城市旅游者的增长背景

旅游需求是指在一定时期内，旅游者对旅游产品的需求量。如果这种旅游产品主要在城市或者由城市提供，我们就说这种旅游者对城市旅游产品的需求量是城市旅游需求。虽然随着城市的出现与发展，人们的城市旅游需求已经发生了根本性变化，不同历史时期的城市旅游需求也明显不同，但概括起来其增长背景主要包括四个方面：

（一）快速全面的城市化

回顾人类的历史发展进程，城市化引发了人类历史上规模最大的人口聚集，人口大量从农村往城市聚集，城市数量变多了，规模也变大了，世界范围内的城镇人口比重不断增加。这一快速城市化极大助长了城市旅游需求规模，主要表现为三个方面的影响：第一，城市旅游需求者增加，城市旅游需求已经成为全球最主要的旅游需求之一；第二，城市旅游需求类型增多，传统的观光、度假、探亲访友的划分已经无法涵盖不断衍生的新需求，传统城市旅游需求类型所占比重不断下降，满足新兴旅游需求成为许多城市旅游发展的新方向；第三，城市旅游需求层次上升，由传统的静态观光向深层次的体验转变，全域旅游已成为城市旅游业的发展趋势。

（二）可支配收入的提高

一个人的经济收入或其家庭经济收入、富裕程度决定了他能否实现旅游动机。一般而言，经济越发达的地区，人均可自由支配收入越高的城市，居民的出游动机就越强烈，出游的频率越高，出游的范围越广。随着全球经济的全面发展，人们的收入水平虽然仍然存在地区差异，但总体上人们尤其是城市居民的可支配收入在不断增加，可支配收入总量的不断上升为城市旅游需求的产生奠定了坚实的经济基础。在基本生活需求已经得到满足的基础上，城市居民可以拿出相当比例的收入用于旅游，城市旅游已经成为一些国家或地区居民的日常生活习惯，是居民生活的必需品。

（三）闲暇时间的增加

闲暇时间也至关重要。旅游者的闲暇时间不仅决定了他们是否能够产生出游动机，还决定了他们能够在旅游城市停留多长时间。所谓闲暇时间，是指在日常工作、学习、生活以及其他必需的时间之外可以自由支配、从事娱乐消遣或自己乐于从事的任何其他事情的时间。一个人没有闲暇时间和属于自己的带薪假期，就不可能参与旅游活动，实现旅游行为。由于现代社会生产方式和生产效率的不断发展与提高，人们的闲暇时间不断增加，这使得城市旅游需求总量迅速增加，在旅游城市的停留时间大大延长，人们在城市范围内的旅游体验进一步深入。

（四）出游意愿的增强和经验的增加

随着人们受教育水平的不断提高，其出游意愿不断增强，加之出游经验的增加，不但使得城市旅游需求规模扩大、旅游类型增加，而且人们的需求呈现出日益强烈的个性化特征，其需求层次也不断提升，这客观上促进了城市旅游需求的上升。不仅如此，出游意愿的增强和出游经验的增加还进一步提高了城市旅游需求的综合性，人们对需求满足程度的评价也不断增加。总体而言，城市旅游需求已经从原来的奢侈需求转变为日常需求，旅游需求的类型不断丰富，旅游需求的深度不断增加，旅游需求的综合性不断提高，这些也对城市旅游供给提出了新的要求。

二、城市旅游者的类型

城市旅游者的类型多种多样，一般地，学术界和企业界普遍根据城市旅游者的旅游需求来划分，包括城市观光客、城市探亲访友者、城市商务旅游者、城市休闲娱乐者、城市度假者及其他城市旅游者。一方面，城市的类型多种多样，客观上造就了许多特殊的需求；另一方面，旅游者的需求多样且不断变化，游客出游的动机和目的往往不单一，会兼具多种需求。因此，城市旅游者的类型通常按照其最主要的目的来区分。换句话说，活动或某种类型的城市旅游者并不仅仅从事某种旅游活动，可能还有其他类型的旅游被界定为行为表现。

（一）城市观光客

城市观光客（Visitor）是城市旅游者中最常见，也是最基本的一类旅游者。城市观光是旅游的一项最基本的活动内容。城市观光客会去自己向往的城市进行短暂停留，观赏当地的风景名胜、人文古迹、城市美景，感受当地的风土人情等。城市观光客通过观光游览可达到开阔眼界、增长见识、陶冶性情、怡悦心情，鉴赏大自然造化之美、享受现代化城市生活的情趣等多方面的目的。当前，尽管单纯的观光已经无法满足游客的需求，但观光仍然是城市旅游的重要活动。

城市观光客的行为相对简单，对城市旅游设施和服务的要求往往比较低，也比较单一。游客在城市的主要景区、景点或标志性建筑和历史街区停留、参观。对于城市而言，吸引城市观光客的投入成本最低，城市只需要完善观光道路系统、建设标志系统和解说系统，就可以满足城市观光客的需求。

（二）城市探亲访友者

城市探亲访友者（Visiting Friends and Relatives，VFR）是城市旅游者的重要组成部分。尽管其在旅游研究中较少提及，在相关的刊物上鲜有文献出现。VFR市场之所以常常被忽略，是因为探亲访友市场在很大程度上是无弹性的，它对需求的变化并不敏感，也不具有很强的季节性。相对于旅游目的地的其他市场，探亲访友市场成为许多旅游目的地的稳定因素。城市探亲访友者的出游动机是缘于个人的需要和社会交往的需要，并且探亲访友市场的重游率远比一般的市场要高得多。城市探亲访友者之所以被大部分的研究人员和管理者所忽视,其原因在于:城市探亲访友者在旅游目的地的消费,如住宿、餐饮等,几乎全在亲友家进行,较少带动旅游城市经济的发展。基于以上的特点,城市探亲访友者一般不会成为旅行社等相关企业的主要目标客户;在实际操作和研究过程中,城市探亲访友者也很难成为研究对象。在中国,一些人口较多的城市都是主要的城市探亲访友者密集的城市,因为这些城市有庞大的人口基础和社会网络,人们总能在这样的城市找到亲朋好友。

(三)城市商务旅游者

城市商务旅游是指以商务为目的,将商务活动与旅行游览相结合的一种旅游活动。城市商务旅行服务与管理是对企业单位的商务旅行(出差)活动进行有效的管理及满足顾客在旅行中各种需要的综合服务。随着中国经济的发展,经济业务的交流变得逐渐重要,商务旅游市场也逐渐成为旅游市场中占有较大份额的市场之一,它是旅游客源市场里面最为特殊的一个细分市场。由于商务旅游者在异地从事商业活动,因而,商务旅游者不是严格意义上的旅游者。相对于大都市而言,商务旅游市场是一个刚性的市场,不具备需求弹性。因为商务旅游市场的出游不具有可选择性,即商务旅游者不具有自由选择旅游目的地的权利,其出游完全是出于工作的需要,因此很难针对商务旅游者进行促销增加份额。商务旅游市场对于目的地的发展与经济带动作用是巨大的。商务旅游者一般具有高消费的特点,并且其对目的地城市景点、景区的游览是多频次的。在中国内地,北京、上海、广州和深圳是重要的商务旅游城市,这些城市的旅游者中,商务旅游者的比重很高。由于商务旅游者的高消费,这些城市也享受着商务旅游发展带来的红利。相比于传统的旅游城市,这些拥有庞大商务旅游者的城市,其旅游经济更为繁荣,收入更为稳定。

(四)城市休闲娱乐者

城市休闲娱乐者是城市旅游中一类稳步增长的市场群体,以年轻人居多,家庭游客的比重也在上升。城市休闲娱乐者往往不参观游览城市的核心景区、景观或者历史街区,甚至很少使用城市的旅游设施和服务。他们到访城市的目的是使用城市的休闲、娱乐设施和项目。这些设施和项目,也不一定完全面向旅游者,也可能面向本地居民。例如,湖南长沙被誉为中国的"脚都",这是因为长沙的洗脚业、按摩业特别发达,不仅价格实惠,而且服务的标准化程度很高,在国内具有很高的声誉。许多人从其他城市慕名而来,即使到长沙出差的旅游者也会光顾这些休闲娱乐场所。又如,澳门是中国的博彩之都,博彩娱乐是游客的重要旅游体验。到访澳门的旅游者中,除了观光客,最多的就是参与博彩的城市休闲娱乐者。

(五)城市度假者

除了在滨海、滨湖、山地、乡村、草原、森林里度假,人们也可能选择在城市里度假。在中国,城市度假者的分布比较集中,要么在自然环境比较好的城市,要么在历史文化积淀和遗存比较多的古城镇。城市度假者通常会在目的地城市停留很长的时间,深入体验当地的民俗风情,过着与其所在客源地不一样的生活,广泛使用城市中面向本地居民的各种设施和服务。他们在目的地城市就如当地人一样生活。海南三亚就是一个聚集很多城市度假者的城市，尤其以东北人居多。因此三亚又被戏称为黑龙江省三亚市，意为黑龙江人的三亚市。除此之外，云南的大理、丽江等古城镇，也有很多开店创业经营的城市度假者，他们往往被称为生活方式型旅游者。这类市场的增长很快，但目前仍缺乏满足这部分市场的有效手段。其主要原因是学界对这类市场群体的研究还不充分。

（六）其他城市旅游者

近年来，出现了许多新的城市旅游者类型，如城市"沙发客"、城市"候鸟"等。"沙发客"顾名思义就是"睡别人的沙发"。每个人家里的沙发都可以用于接待旅游者，让总是住在酒店的游客直接住在当地人家里。这便成为一种最贴近生活的旅游方式。通过与主人一起用餐、去当地的酒吧、参与当地的娱乐活动或者彼此分享一些想法与故事，旅游者可以更深入地了解目的地，在主客互动的过程中也能相互影响，有别于以往走马观花式的传统旅游。"沙发客"旅游逐渐风靡全球，国内也出现了本土化的沙发旅行平台，如中国沙发客网（www.cnsfk.com）、我是沙发客（www.sfkkkkkkkkk.com）等，可以在其上发布或是搜索查阅相关信息。

城市"候鸟"是一群随季节变迁在不同城市迁徙的人。他们到访一个城市不一定出于旅游的目的，也可能选择在目的地城市从事一些兼职，但往往不会停留太久。当获得足够的体验之后，他们就会选择去另一个城市生活。城市"候鸟"主要是两类人：一类是年轻人，单身或者情侣，希望能趁着年轻多走走，多看看，到不同的城市体验不同的生活，寻找一个理想的安家之所；另一类是退休者，他们可能有较好的收入、较高的学历和丰富的旅游经验，希望在有生之年感受不同文化的魅力，体验不同城市的生活方式。

第二节 城市旅游者的感知

一、旅游者的感觉与知觉

感觉、知觉和感知是旅游者研究中经常使用的概念。**旅游者感觉是指旅游者的身体感受器官在旅游活动全过程中所产生的表示身体内外经验的神经冲动过程**，它是一个生理反应。一般地，根据感觉的来源可以划分为外部感觉和内部感觉。外部感觉接受外部刺激，反映外界事物的属性。内部感觉接受体内刺激，反映身体的位置、运动和内脏器官的不同状态。

根据刺激作用的器官不同，感觉可以分为听觉、视觉、味觉、嗅觉、触觉等五类。其中，旅游中的视觉体验最为重要，也最为普遍。一个城市的各种自然的、人文的旅游资源都通过视觉投射到旅游者的大脑。城市里的听觉感受近年来逐渐被人们重视。城市会定期举办音乐会、歌剧等大型演出，也会开发一些具有地方特色的音乐题材的非物质文化遗产融入传统旅游产品，赋予观众听觉享受。味觉也是城市旅游体验的重要载体。中国的八大菜系，本身就被打上了城市的烙印，许多城市都主打美食牌，推出各种地方美食，打造地方风味，吸引八方来客。

知觉是人脑对直接作用于感觉器官的事物的整体反映。**旅游者知觉就是旅游者大脑在旅游体验全过程中对直接作用于感觉器官的事物的整体反映。**旅游者的大脑通过选择、组织和解释刺激，使原本杂乱的感觉变成大脑中连贯、有意义的整体映像。知觉和感觉属于认知过程的感性阶段，是对事物的直接反映。但两者不同的是，感觉反映的是事物的个别属性，而知觉反映的是事物的整体属性。知觉是旅游者对旅游全过程的综合反映。因此，感觉是由身体感受器官的生理因素决定的，而知觉则很大程度上受到个体的期望、旅游经验和出游动机等多方面因素的影响。换句话说，知觉是建立在感觉基础之上的更高级的认知过程。旅游者的知觉具有一些特点，它们决定了城市旅游者在旅游的过程会关注什么，记住什么，认知什么。

（一）选择性

在城市旅游中，旅游者不会对所有景观和事物都产生知觉。同一时间作用于旅游者的客观事物太多，纷繁复杂，但是旅游者的知觉能力是有限的，范围也是有限的，不可能在瞬间全部清楚地知觉到。旅游者会根据自己的期望、兴趣、爱好等因素，有意识地选择性知觉。他们在城市旅游的过程中，只会关注他们希望关注的，而其他兴趣寥寥的事物，就被模糊化了。知觉的选择性一方面受到知觉对象客观特征的影响，特征鲜明、突出、形象完整、相对稳定的事物往往最能引起旅游者的知觉。比如在广州旅游时，广州塔的显著位置、独特的形态和高耸入云的高度，最容易被旅游者知觉。因此，广州塔就自然而然地成为广州新时期的标志性景观，而在此之前，广州的标志性景观是位于越秀公园的五羊雕塑。

（二）整体性

城市旅游者知觉是旅游者对当前事物的各种属性和各个部分的整体反映。当旅游者在过去的经验中对某一事物很熟悉，就能根据经验和当前事物的某部分属性去完整地知觉它，这也是一个知觉加工的过程。但是，当知觉对象是一个初次接触的事物时，知觉就会以当前知觉对象的特征为目标，将它转移成具有一定结构的整体，这是一个自下而上的知觉加工过程，又称知觉的组织化。

知觉在组织整合的过程中，一般遵循以下几项原则：

1. 邻近原则

旅游者容易将时空上相互邻近的事物知觉为一组，视为一个知觉整体。许多城市充分利用了这种知觉上的邻近原则，进行有效的视觉营销。城市旅游者往往习惯于把空间上邻近的景点当作一个完整的景区，视为一个整体。在城市旅游线路设计中，人们也往往把在同一条线路上邻近的景区串联起来，形成一个统一的线路。例如，北京的十三陵景区和八达岭长城往往被打包成一条旅游线路；又如，西安的"东线一日游"往往包括相邻的两个景区——秦始皇陵兵马俑和华清池，"西线一日游"往往把法门寺、乾陵串联起来。在城市旅游者的知觉中，它们被视为一个整体。

2. 相似原则

在面对各种刺激物的时候，旅游者更容易将在形状、颜色、性能、大小等方面属性相似的刺激物组合在一起，作为知觉的对象。在城市旅游的过程中，旅游者同样也会出现知觉相似的习惯。例如，一说到滨海旅游城市，人们就想到三亚、青岛、大连，它们在旅游的功能上具有相似之处，但实际上，三者的旅游吸引力差别很大。这就是客观存在的知觉偏差。在城市旅游者的决策过程中，一旦他们选择了同类旅游城市中的一个，他们就不会再选择同类中的其他城市。因此，从某种意义上说，地理位置不邻近的旅游城市可能因为旅游者的知觉偏差而成为竞争对手。

3. 封闭原则

当有多个刺激共同包围一个空间，但又存在不完整的部分时，感知者倾向于填补缺失的元素，并形成一个统一的知觉形态。在封闭原则的作用下，旅游者的知觉会要求有一个完整的体验过程。人们往往不能接受遗漏一条完整旅游线路中的任何部分，即使他们可能并不一定喜欢。

4. 连续原则

知觉的连续性原则是指旅游者在知觉某刺激物时，更容易将该刺激物与前导刺激物组合在一起作为知觉对象。因此，相互串联的城市景观设计经常被应用到城市旅游中，重复运用单个元素，为城市旅游者营造特殊的景观效果。

（三）恒常性

在现实生活中，人们日常感觉到的事物的状态是不断变化的，但对于熟悉的环境和事物，人们往往能够根据以往的经验，知觉到一个相对稳定的、不变的世界，这就是所谓的知觉恒常性。具体而言，就是当外界事物由于运动、角度、距离、色彩等问题，输入刺激物信息发生变化时，人们仍然能够按照事物的实际面目反映事物。知觉的恒常性包括对刺激物大小、形状、亮度、方向等方面的知觉稳定性。例如，尽管广州的标志性景观从五羊雕塑转变为广州塔，但是广州的元素还在，人们还是能够从城市景观中知觉到这是广州。更进一步，尽管广州塔的颜色每时每刻都在变化，但人们还是能够知觉，这就是广州塔。从这个意义上说，一个城市的知觉如果被旅游者固化了，那么这个城市在短时期内是很难改变潜在旅游者对它的知觉的。因此，城市保持良好的知觉形象很重要，负面的形象最容易被知觉到，也最容易被固化下来。例如，"青岛天价大虾事件"之后，人们一谈到青岛，就会联想到宰客、欺客的现象，这无疑对城市旅游形象产生了非常不利的影响。

二、影响旅游者感知的因素

感知，实际上就是感觉和知觉的综合。城市旅游者感知对旅游者的出游决策、旅游者体验的满意度、旅游者的行为及旅游态度有非常重要的影响。影响旅游者感知的因素有很多，包括客观因素和主观因素。

（一）客观因素

客观因素主要有感知对象的刺激强度、感知对象的刺激频率和感知对象的变化性三个方面。在城市旅游中，人们可以感知到的事物很多，感知本身就具有选择性，因而在一个错综复杂的城市环境中，哪些东西被游客感知，哪些不被游客感知是有一定的规律可循的。其中，感知对象的刺激强度最为重要。研究表明，旅游吸引物的刺激强度越大，就越容易引起旅游者的感知。旅游吸引物的刺激强度主要由两方面因素决定：一是事物与背景对比的突出性，事物与所处的环境的差异性越大，在大的旅游环境中就越容易被感知到。在一片油菜花海中，矗立一栋乡村小木屋，这个小木屋一定具有较强的刺激强度，会很容易被游客感知到，因为它与周边环境的对比度很强。

感知对象的刺激频率也会影响旅游者对旅游事物的感知。刺激频率越高，越容易被旅游者感知到，在旅游者脑海中的印象就越深刻。尽管旅游景观是难以移动的，但是如果某个旅游景观反复出现在旅游广告、商标、电影中，甚至人民币里，那么这种旅游景观的刺激频率就会很高，将很容易被游客感知到。例如，在20元面额的人民币里就有桂林市阳朔县兴坪镇漓江河段的景观，日常生活中不经意的频繁接触会使游客到了现场之后产生对这个旅游景观的强烈感知。

感知对象的变化性也会影响旅游者的感知效果。相对静止的背景上，有一个运动的物体，这个物体就很容易被旅游者感知。草原上奔驰的骏马，天空中飞翔的候鸟，都是旅游者容易感知到的事物。

（二）主观因素

主观因素主要反映感知的个体差异。即使在相同的客观条件下，由于个体差异的存在，感知效果也会有所不同。影响旅游者感知效果的主观因素主要有：兴趣、需求、动机、情绪及其他个体特征。当旅游者对某个城市有浓厚的兴趣时，他会更加积极主动地去了解它，表现出更为敏锐的注意力和关注力。当在其他地方提及这个城市时，他们就会注意收集这个城市的信息。这样的兴趣有助于加深旅游者的感知，最终促使其产生出游行为。有时候，旅游者出游城市的选择与其自身需求或动机有关。例如，一些旅游者希望能够找一个城市过冬避寒。那么，这些旅游者只会感知那些能够提供避寒的城市，三亚可能就是他们的最佳选择。情绪也会影响旅游者的感知效果。情绪是个体对客观事物的态度的一种反应。游客在情绪高昂的时候，对外部环境的感知较为强烈，很容易引发兴趣和注意力；相反，在情绪低落的时候，他们对外部环境的感知力下降，对周边事物漠不关心，自然也无法激起他们的兴趣。除此之外，旅游者的学历水平、年龄、职业、性别等因素，也会影响旅游者的感知。高学历的旅游者对文化等高层次的旅游信息更容易感知。老年人则很少关注过山车等刺激性机械设备的娱乐体验，他们只会感知那些绿色、健康的旅游信息。

三、旅游者对旅游城市的感知

城市旅游的目的地是城市。旅游者对旅游城市的整体感知和对核心要素的感知，以及对旅游条件的感知会影响旅游者的出游决策。

（一）旅游城市形象感知

旅游城市形象是指人们对一个旅游城市的信任、意见、印象和期望的总和。旅游者对旅游城市的整体感知就是旅游者对旅游城市整体形象的感知。旅游形象是旅游城市形成旅游吸引力的关键因素之一，是旅游城市的"引力"或"拉力"来源，直接影响旅游者的出游决策及其最终的消费行为。旅游者对旅游城市形象的感知过程可以划分为产生旅游需求前阶段、制定旅游决策阶段和实施旅游行为阶段。

旅游者在产生旅游需求前,对旅游城市的形象感知主要通过个人旅游经验、亲朋好友介绍、旅游网络信息、广告等对某一地点所形成的累积于内心的原始形象。这个阶段的旅游者对旅游城市形象的感知结果通常具有两个明显的特点:第一,固化。这是旅游者在长年生活中潜移默化地形成的,是旅游者在脑海中关于某个旅游地最直接、最简单的主观判断,往往带有大众媒体视角下的一些共同看法。例如,许多非北京的学生,从小到大在教科书中接触了很多关于北京的信息,在电视网络中也经常听到、看到相关内容,他们自然而然地形成了对北京的感知形象。这种形象很难在短时期内改变。第二,符号化。旅游者对旅游城市形象的感知,不是一段文字描述,也不是一首歌,而是一系列符号。这些符号可以是一个历史建筑、一个景观、一座雕塑、一个人或一部电影。这些符号构建了旅游城市的感知形象。例如,西藏拉萨是一个神圣的城市,它的形象符号就是布达拉宫。

制定旅游决策阶段是旅游者的旅游需求被激发后,主动搜集旅游城市的信息,并对信息进行加工、整理,最终形成旅游决策的过程。这个阶段的旅游城市形象是一种诱发意象,主要是通过一系列的旅游产品宣传广告(旅行社促销、网络媒体宣传等),旅游城市的节事活动、赛事,旅游者的评价等感知所形成的。这个阶段的旅游者形象感知最容易受到旅游营销的影响。相较于上一阶段,这个阶段的旅游城市形象更为具体。受个体差异影响,这些形象信息在搜集的过程中具有选择性,在整理的过程中存在逻辑差异。相同的旅游城市,由不同的人搜集以及不同的人分析,就会形成不同的旅游城市形象。一般认为,如果旅游城市形象感知与旅游者的期望和偏好之间的差异性越大,被选中的概率就越小;契合度越高,则被选中的概率就越大。

旅游者进入旅游城市后,也会对旅游城市有一个感知形象。由于旅游资源具有不可转移性,旅游产品和服务具有生产和消费的同时性,通过现场感知,旅游者将形成最终的感知形象。在实际旅游的过程中,旅游者会将实际感知到的形象与先前的感知形象作对比,当这种对比产生积极的效果时,旅游者的满意度就会提升。

(二) 旅游城市要素感知

旅游者对旅游城市形象的感知实际上是在旅游城市各种旅游要素感知的基础上建立的。大多数旅游城市都包括旅游吸引物、旅游通道、接待设施和服务,以及辅助性的服务(各种类型的行政机构和行业组织)和文化方面的要素。

旅游吸引物是旅游城市最重要的形象感知要素,为旅游者提供从一个城市到另一个城市的动机和吸引力。旅游离开了吸引物,就无法存在了。旅游吸引物具有两项功能:第一,激发旅游者到旅游城市的兴趣;第二,提供满足旅游者体验的服务。旅游吸引物可分为自然的、历史的、人文的和人造的吸引物。旅游者对旅游吸引物的感知主要体现在旅游吸引物的类型、性质、价格、品质和服务上。对旅游吸引物的品质感知,以自然景观资源为例,主要体现在对其独特性、观赏性、复杂性、完整性、生动性的感知。同一观光资源的特性在同类资源中的排名越高,越容易让旅游者形成正面的感知,这被称为旅游城市要素感知的首位效应。换句话说,人们往往容易记住排名第一的某种类型景观,而忽视其他排名的景观。值得注意的是,旅游者对旅游吸引物的感知重点也是在不断变化的,从早期注重价格感知,到后期注重品质感知,再到现在注重体验感知。这些都表明,旅游城市要素感知也是不断变化的。

旅游城市的进入通道是连接旅游客源城市和旅游目的地城市的桥梁,包括内部交通系统和外部交通系统。安全性、舒适性、快捷性和经济性是旅游者对旅游城市旅游通道的感知重点,其中安全性为首要。一起空难,一起交通事故,都会严重影响旅游者对旅游城市旅游通道的感知效果。例如,近年来,埃及接二连三的空难,使得旅游者对乘坐飞机前往埃及心有余悸,游客旅游感知效果很差,这严重影响了埃及旅业的发展。

旅游城市的接待设施和服务是指一系列满足旅游者需求的服务设施,包括住宿、餐饮、娱乐、交通、购物等设施和服务。旅游者在旅游的过程中不可避免地会使用上述设施,旅游者对上述设施和服务的感知将影响其对旅游城市的整体感知。不同类型的旅游者能够接受的旅游设施和服务的层次、功能和价格是不一样的,因而他们感知这些设施和服务的标准也是不一样的。换句话说,不同的旅游者对同样的设施和服务,其感知效果是不一样的。旅游城市按照何种标准建设旅游设施和提供服务,就应综合考虑它们目前吸引哪些类型的旅游者,以及未来吸引哪些类型的旅游者。

辅助性服务是指旅游城市各种旅游相关行政机构和行业组织提供的服务,旅游签证就是其中之一。如果一个旅游城市的进入手续比较复杂,程序烦琐,费时费力,那么旅游者对其的感知一定不会好。香港和澳门对于中国内地居民而言,都是需要办理港澳通行手续才能进入的城市。这些通行手续和程序越简单,旅游者的感知效果越好。此外,城市的解说系统、公共交通系统、标识系统、咨询系统也会影响旅游者的感知效果。

文化因子是指旅游城市的社会文化环境,包括旅游城市的文化氛围、居民的好客程度、与游客的主客交往方式、居民的素质和当地的民俗等。旅游城市的文化因子对旅游者的感知影响很大。一个有着热情好客氛围、民风淳朴,又带有浓郁地方特色的城市,很容易被旅游者感知。

(三) 旅游城市条件感知

旅游城市感知还包括对城市旅游条件的感知,包括对旅游距离的感知、对旅游风险的感知等。旅游者对旅游距离的感知是指旅游者从主观意识出发,凭借已获得的信息和自己的知识、经验对两个城市(客源城市和目的地城市)之间的距离所做出的估算。与两个城市的实际距离相比,旅游者感知到的距离对旅游决策行为的影响更强。对旅游风险的感知也会影响旅游者的总体感知。旅游风险就是旅游者在旅游城市游览的过程中所感知到的可能发生的负面结果。一般地,旅游者感知的风险越高,价值越低,旅游者的出游意愿就越低。了解旅游者对旅游风险的感知,对预测旅游者的出游行为具有重要意义。此外,旅游城市在生活设施和服务、旅游其他条件上的感知,也会影响其旅游的总体感知。

第三节 城市旅游体验

旅游体验,对应的英文是"tourist experience"。体验是"一种可以带给消费者回忆的精神之旅,这种回忆可以是完成某些特殊的事情,学到一些东西,或者只是获得乐趣"(Sundbo & Hagedorn-Rasmussen,2008)。这一定义将体验界定为包含过程(精神之旅)和结果(积极的回忆)的整体(Scott & 丁培毅,2013)。**城市旅游体验是指旅游者前往一个特定的旅游城市花费时间来参观、游览、探亲、娱乐、学习的过程以及形成的身心体会**。对旅游体验的研究一直是旅游研究的热门话题,从20世纪70年代开始,陆续有大量关于旅游体验的研究发表。这些研究可以划分为两大类:第一,关于旅游者体验的类型、结果及其影响,主要侧重于经济学、心理学、管理学的视角;第二,关于旅游者体验本质的探讨,主要侧重于哲学的视角。

一、城市旅游体验的类型

旅游体验的类型很多,有多种划分标准。Joseph Phine 和 James Gilmore(2012)在总结前人研究的基础上,提出了关于体验的"4E"理论,即娱乐(Entertainment)、教育(Education)、逃避(Escape)和审美(Estheticism)。还有学者进一步认为,旅游体验的类型还应该包括移情(Empathy)(邹统钎、吴丽云,2003),从而形成旅游体验的"5E"模型。

(一)娱乐

娱乐是人们最早使用的愉悦身心的方法之一,也是最主要的旅游体验之一。游客通过在城市里参观各种演出、参与各种娱乐活动使自己的身心得到放松,愉悦心情,从而获取良好的旅游体验。娱乐体验贯穿于旅游者体验的全过程,无论是城市某个经典标志物,还是代表性的城市节庆活动,抑或是美丽的城市景观,都能够给游客带来娱乐的享受。城市娱乐体验最为集中的表现就是主题公园、城市娱乐综合体等城市空间。主题公园提供的机械娱乐设备不仅能够给游客带来娱乐体验,还能够带来刺激感受。城市娱乐综合体是一种新型的城市娱乐空间,它能够一站式地满足游客的全部城市娱乐体验。

案 例 2-1

深圳欢乐海岸:城市娱乐综合体

深圳欢乐海岸地处深圳湾商圈核心位置,占地面积约125万平方米,位于深圳华侨城主题公园群与滨海大道之间,包括购物中心、SOHO办公及公寓、华·会所、OCT创意展示中心、海洋奇梦馆、曲水街、创意设计型酒店、中影影城等,是深圳市倾力打造的高品质人文旅游、国际创意生活空间的中心。欢乐海岸汇聚全球大师智慧,以海洋文化为主题,以生态环保为理念,以创新型商业为主体,以创造都市滨海健康生活为愿景,开创性地将主题商业与滨海旅游、休闲娱乐和文化创意融为一体,整合零售、餐饮、娱乐、办公、公寓、酒店、湿地公园等多元业态,形成独一无二的"商业+娱乐+文化+旅游+生态"的全新商业模式,真正实现了"主题商业、时尚娱乐、健康生活"

三位一体的价值组合，以实际行动推动城市娱乐综合体的创新和发展。

资料来源：欢乐海岸官方网站，http：//www.octharbour.com/article/cate/id/46.shtml，2017

（二）教育

旅游也是学习的一种方式，尤其是对于那些拥有丰富人文景观的城市而言，城市旅游的教育体验是其吸引游客的主要吸引物。城市中的博物馆、历史遗迹、古建筑等，其深厚的文化底蕴、悠久的历史传统、高超的建筑技术都会令旅游者有耳目一新之感，学习因此而融入旅游者旅游的全过程。城市修学旅游的根本是城市教育体验。在中国，北京等高校密集的城市是重要的教育体验地。每年暑假，到访北京名校参观、考察和交流的中学生规模庞大，修学旅游产品也成为这些城市重要的卖点。与此同时，一些历史文化名城，有着丰富的文化资源和历史遗迹，如北京、西安、南京等，这些历史文化的教育资源融合在旅游体验中，对旅游者形成强大的吸引力。近年来，城市旅游的教育体验有了新的形式和内涵，许多城市教育社团成立，其中，环境教育成为城市教育的重要方面。将教育体验融入城市的环境，形成能够激发学习兴趣、丰富课外知识、提高学习能力的旅游产品。

案 例 2-2

香港米埔湿地：城市环境教育体验

香港米埔湿地是香港最重要的自然保护区，1995年根据《拉姆萨尔公约》被列为国际重要湿地，游客进入需要提前预约，保护区严格控制游客数量。在此保护区内，飞禽走兽可自由活动，其中大部分品种都是极为罕见的。保护区于1984年建立，面积为3.8平方公里，其中红树林面积达3平方公里，主要保护对象为红树林资源和珍稀动植物资源。1998年6月，香港渔农自然护理署联合世界自然基金会（WWF-HK）和长春社（CA），开始执行米埔湿地的护理计划，包括：

第一，实施湿地的自然护理策略；

第二，提升公众对湿地自然护理策略的关注和教育；

第三，提升公众关注湿地的护理和教育；

第四，加强管理及善用拉姆萨尔湿地，以达到可持续运用湿地资源的效果。

其中，长春社在社区发展湿地护理教育，教育公众人士，开展监察雀鸟等活动，提高公众对湿地护理的认识。环境教育体验已成为人们到米埔湿地的主要旅游活动内容。

资料来源：世界自然基金会（香港）官网，http：//www.wwf.org.hk/whatwedo/water_wetlands/mai_po_nature_reserve/，2017；俞肖剑.香港米埔湿地保护区的系统化管理模式［J］.浙江林业，2014，（C1）.

城市旅游管理

（三）逃避

工作的压力、日常生活的烦琐、人际交往的复杂使得现代人在生活中很少有时间摘下戴在脸上的层层面具来审视自己内心的真正需求。因此，他们更渴望通过旅游活动，暂时摆脱自己在生活中扮演的各种角色，抛却大堆的日常琐事，把工作置于脑后，在优美、轻松、异于日常生活的旅游环境中获得一份宁静、温馨的体验，寻找生活中另一个摆脱束缚和压力后的真实自我。近年来，通过绿道系统从城市延伸到周边乡村，形成的城市环城游憩带和城市近郊型乡村旅游目的地成为各个城市发展的重点，各种农家乐、渔家乐不断推出。在一个乡野的环境中，人们可以暂时逃离烦琐的城市环境，在相对淳朴的人际关系中放松自我，在恬淡、与平常生活相隔绝的田园世界中让自己从日常的紧张状态中解脱出来。探险旅游、极限运动则使旅游者在极度的刺激与不断的超越中冲破心理障碍，跨越心理极限，在获得巨大的成就感和畅快感的同时，忘却生活中的种种琐碎、压力和不快，进而实现自身的精神解脱。

案例 2-3

成都三圣花乡：逃离城市的闲适

成都的三圣花乡是成都市民逃离城市喧嚣，享受乡村生活的好去处。三圣花乡坐落于素有"中国花木之乡"之称的四川省成都市锦江区三圣街道办事处，总面积达 10 平方公里，由红砂村、幸福村、驸马村、万福村、江家堰村五个村组成，其中"花乡农居""江家菜地""东篱菊园""荷塘月色""幸福梅林"五个景点被称为成都"五朵金花"，已经被列为国家 4A 级景区。如今的三圣花乡是一个以观光休闲农业和乡村旅游为主题，集休闲度假、观光旅游、餐饮娱乐、商务会议等于一体的城市近郊生态休闲度假胜地。

资料来源：马作珍莫. 城乡统筹视角下的乡村旅游发展研究——以成都市三圣乡为例［J］. 经营管理者，2010，(18)．

（四）审美

对美的体验贯穿于旅游者的整个活动中。旅游者首先通过感觉和知觉捕捉美好景物的声、色、形，获得感观的愉悦；继而通过理性思维和丰富的想象力深入领会景物的精粹，身心俱沉迷其中，从而获得由外及内的舒适感。自然景观中的繁花、绿地、溪水、瀑布、林木、鸟鸣等，人文景观中的雕塑、建筑、岩绘、石刻等都是旅游者获得审美体验的源泉。此外，景区布局合理，营造出天人合一的整体环境氛围，旅游从业人员和景区居民的友好、和善、热情也是游客获得审美体验的途径。例如，坐落于广州的国家 5A 级旅游景区长隆旅游度假区融动物、植被、建筑于一体，游客在景区中可以享受与各种动物零距离接触的乐趣，景区的住宿设施与自然环境相得益彰，游客也可以体味高品质的生态度假环境,保证其旅游体验的审美需求。

（五）移情

移情体验是指游客因为自己过去的经历、感兴趣的事情或者记忆中的美好事物而到访城市,寻求感情的投射,寻找情感体验。例如,人们会因为民国风和老上海的情怀而游览上海的老城区,去上海的影视城寻求体验。人们也会因为特别喜欢某部电视剧,对电视剧里的某些场景有浓厚的兴趣,而到该场景的拍摄地去参观,把自己想象成为电视剧的人物,形成特殊的移情体验。人们也会崇拜某些明星,这些明星会在一些城市的著名景区拍摄或举办婚礼等,而这些城市景点也就成为游客追逐的目标。例如,电影《泰囧》中出现的泰国曼谷、清迈等城市给中国观众留下了深刻印象,由此也带动了电影上映后的一股"泰国游"的热法。又如,在葛优和舒淇主演的电影《非诚勿扰Ⅱ》上映后,海南三亚的热带天堂森林公园已成为三亚重要的城市旅游景区。

二、城市旅游体验的影响

城市旅游体验会对旅游者及其城市产生诸多影响。对于旅游者而言,城市旅游体验会对其产生四个方面的影响:第一,丰富的城市旅游体验有助于个人形成正确的世界观、价值观。人们参观不同的城市,了解不同城市的生活方式和文化表达,能够增进人与人的理解,增强文化交流,形成基于充分了解之上的世界观和价值观。第二,丰富的城市旅游体验能够提升一个人的自信心、毅力和情商。一个具有丰富城市游览经历的人,由于对外部世界有着相对充分的认知,对复杂事件的把握能力强,往往具有较高的情商。因为他需要在不同城市穿梭,与不同文化背景的人交流,必须学会如何与文化差异较大的人相处。第三,丰富的城市旅游体验能够充实人的教育经历。城市旅游体验本身就是教育的一部分。俗话说,"读万卷书,行万里路"。人们游览的城市越多,接受新文化、新知识的可能性就越大,这不仅能够丰富他们的认知,还能激发他们认知世界的兴趣。第四,丰富的城市旅游体验对旅游者自身的感知能力、动作技能,以及健康方面的发展都能产生积极影响。

城市旅游也会对旅游城市的文化产生影响。许多研究表明,旅游者的旅行、度假所体验的目的地社会文化,受到目的地与客源地社会—文化特征差异的影响。一般地,目地的与客源地双方的文化差距越大,对旅游者而言,其城市文化的体验效果就越大,二者呈正相关关系。外来旅游者较多的城市,其城市文化也会随着旅游的发展而发生变化。例如,云南的丽江古城,已经从传统的民族文化气息浓郁的城市,转变为受现代旅游商业化浸染较深的旅游城市。居住在古城的原住民已经很少,外来经营者充斥着城市的大街小巷。即使是城市的商业业态,也主要面向旅游者,而非本地居民。本地居民生活的社会空间被压缩,甚至被排挤出古城。城市的文化因旅游者体验而发生了根本性变化。

城市旅游管理

案例 2-4

丽江古城的旅游发展与商业化

丽江古城又名"大研古城",始建于南宋末年,距今已有 800 多年的历史。自 1997 年丽江古城被联合国教科文组织列入"世界文化遗产"名录之后,丽江旅游业异军突起。近年来,丽江旅游业更是保持稳定发展的态势,游客增长迅速,已从 2009 年的 758.14 万人次增长到 2016 年的 3 519.91 万人次;旅游业总收入也从 2009 年的 88.56 亿元增长到 2016 年的 608.76 亿元。随着丽江古城旅游的快速发展,旅游商业化现象愈发严重,古城的地方特色逐渐消失。根据孙九霞(2015)的研究,丽江古城内的新华社区共有外来经营户 2 368 人,登记在册的旅游性店铺 346 家,其中酒吧 26 家,客栈 112 家。这个只有 476 户人家的社区却拥有至少 368 家旅游类店铺,而针对社区居民的店面却寥寥无几。满足游客体验的商业发展正在悄然改变着丽江古城。

资料来源:孙九霞.旅游商业化与纳西族民居的"去地方化"——以丽江新华社区为例[J].社会科学家,2015,(11);佚名.2016 年丽江旅游 20 件大事简介[EB/OL].丽江市旅游发展委员会,http://www.ljta.gov.cn/m/view.php?aid=14132,2017-01-22.

三、城市旅游体验的趋势

近年来,随着城市居民生活水平的提高、自驾车的流动性的增强、智慧旅游等新技术的应用,以及城市全域旅游发展理念的实施等,城市旅游者的体验出现了新的趋势,主要有以下六个方面。

(一)注重新鲜、稀罕与个性

人们常常把旅游活动目的称为"求新、求异、求知"。早期,人们到一个城市旅游,主要光顾各种著名景区、景点,游览各个特色街区,品尝异乡风味。然而,随着居民生活水平的提高,尤其是出游经历的丰富,一般的城市旅游景区已经无法满足那些多次出游的游客的体验需求。例如,早期到访广州的游客都会去参观五羊雕塑、陈家祠和白云山,而如今,这些传统的城市标志性景区、景点已经不稀罕了,人们更愿意走街串巷,寻找最本真的广州味道。与此同时,传统旅游城市虽然仍是主要的体验选择,但许多冷门的城市、偏远的城市逐渐被一些先锋游客所追逐。例如,位于新疆阿勒泰的布尔津,是一座极具地方特色的边陲小城,其城市建筑具有俄罗斯的地方风格,人们的生活习俗也颇有异域特色。每年夏天都会有大批游客到访布尔津,他们追求的就是那种鲜有人至的稀罕。

(二)追求主题与深度体验

随着人们旅游经历的丰富,城市旅游者也在消费活动中逐渐成熟起来,加之消费理念的日新月异,早期旅游的走马观花已经难以满足消费者的体验需求。近年来,越来越多的旅游者和旅游经营者都已经注意到了旅游的主题和深度,即使是观光旅游也是如此。一个具有鲜明主题的城市,更能够吸引人的眼球,城市旅游无论是在广告营销还是线路设计上都开始侧重于突出城市主题。一些城市已经明确要求城市旅游线路的设计必须具有主题,重点支持深度线路的设计和实施。城市旅游线路的设计不再拘泥于传统的点式观光和走马观花式游览,而是强调深度体验。一方面,给予游客更多的停留时间和更大的活动自由;另一方面,给予游客更多的选择、更开放的空间和更便利的体验信息。

（三）自主、自助体验成主流

虽然全面个性化的旅游时代还没有到来,但是个性化趋势已逐渐显现出来。在北京、上海等大城市,有的旅行社的团队旅游也已经开始出现由旅游者自己组团、自定时间、自定线路、自定日程、自定标准的"五自旅游"业务。自主、自助不仅是游客旅游体验选择的方式,其本身也成为旅游体验的一部分。一些游客就是享受这种在浩瀚旅游信息中自我选择、自我决策的过程,这个过程是他们旅游体验的一部分。这就好像游客享受着自己制作的美食一样,制作美食本身已经成为一种重要的体验。值得注意的是,大多数城市旅游的自主、自助体验仍处于初级的"DIY"阶段,尚未真正发挥游客的主观能动性和创造力。未来,基于大数据和智慧旅游模式下的共享经济模式,自主、自助将有新的模式。

（五）趋向绿色、健康和生态

随着人们生活水平的提高,健康观念深入人心。城市旅游体验趋向于追求绿色、原生态和健康主题。一部分平时工作负担较重的职工,常常偏好闲适和轻松的休息,人们对城市周边农家乐的选择,大多属于这种需求;而另一部分对自己身体更为关心的职工,却乐意选择健身活动,在外出旅游时选择去温泉或度假村。健康的城市体验方式备受青睐。在城市旅游体验中,人们会特别注重休闲旅游的节奏、时节和方式,注重长效机制,强调旅游体验的可持续性。过去城市旅游中过于拥挤、嘈杂、喧闹、肮脏和疲惫的体验形式逐渐被抛弃,人们倾向于清净、轻松、清洁和有节制的体验活动。

（六）小众化、定制化和专业化

城市旅游体验的发展将从原来的"大锅饭"式集体体验,转向小众化、定制化和专业化体验,城市旅游体验分异明显。不同社会阶层的群体在各自的活动空间内,形成了不同的体验方式。其中,高端化、奢侈化是高收入群体城市旅游体验的重要转向。为了舒适,他们往往会一掷千金,更加强调城市旅游的私密性,以赢得更多的私人空间与个人体验。然而,需要注意的是,城市旅游体验的大众市场仍具有较大规模。

 拓展阅读

威尼斯：城市旅游中的游客管理控制

城市旅游游客管理是指城市旅游管理部门或机构为了统筹实现游客管理目标,以游客为管理对象,对游客在城市空间范围内活动全过程的组织、管理和服务的过程。其目的在于在保护城市资源环境的同时,为游客提供高品质的旅游经历和体验,打造高品质的城市旅游目的地。人们日益增长的旅游需求与有限的空间和环境容量之间的矛盾,促使各个城市关注和重视游客管理控制问题。

位于意大利东北部海岸的威尼斯以其水城风光和悠久历史闻名于世,是世界著名的旅游城市。在这个面积不足8平方公里的小城,每年都会涌入超过1 200万名游客,高峰时每天达到10万人次,城市中充斥着与旅游相关的一系列活动。城市旅游在为威尼斯带来源源不断财富的同时,也导致当地物价不断上涨,居民日常生活也变得困难,当地居民抱怨窄小的巷弄总是挤满游客,给他们的生活带来诸多不便,不断有居民迁离威尼斯。1951年,威尼斯有17.5万常住人口,2016年常住人口下降到5.5万,城市旅游并没有持续地支持当地社会,反而威胁着威尼斯社会发展的持续进步。

为了在满足游客需求与谋求城市发展之间取得平衡,威尼斯政府管理部门实行了游客管理控制的措施,主要包括:其一,发行附带诸多优惠的威尼斯旅游智能卡,鼓励游客订购智能卡,同时将城市旅游动态信息传递给旅游者,供其选择旅游时间与路线。并且,智能卡的发行数量依据威尼斯城市中心的旅游承载力而定,可通过停止发卡来限制客流流入。这一措施有效控制了客流量,缓解了旅游旺季的客流压力,拉动了淡季的旅游需求。其二,由于游客在威尼斯高度聚集于城市中心的利亚德桥和圣马可广场之间的区域,导致城市中心游客过于密集。为此,威尼斯开发了新的旅游线路,通过改变旅游者行程,以及对旅游基础设施的使用进行限制,以更好地引导客流流向。其三,威尼斯将采取措施限制游客数量,并正在研究拟订一项向日间游客征税的政策,以缓解本地居民流出。

资料来源:杨小鹤,李武武.加强游客管理,促进文化遗产保护[A].旅游学研究第2辑[M].南京:东南大学出版社,2007.

❓ 思考与练习

1. 如何建立城市标志性景观以吸引旅游者并使其形成感知?
2. 详细说明城市商务旅游者与观光客之间的行为差异。
3. 解释说明城市旅游体验的类型。

参考文献

[1] Kluin J. Y. and Lehto X. Y. Measuring familyreunion travel motivations [J]. Annals of Tourism Research,2012,(39).

[2] Noel S.,丁培毅.有关旅游体验设计的一些近期研究[J].旅游学刊,2013,28(1).

[3] Sundbo J. and Hagedorn - Rasmussen P. The backstaging of experience production [A] // Sundbo J.,Darmer P.,Creating Experiences in the Experience Economy [M],

Cheltenham: Edward Elgar Publishing, 2008.

[4] 保继刚等. 城市旅游——原理 案例 [M]. 天津：南开大学出版社，2005.

[5] 卞显红. 城市旅游空间分析及其发展透视 [M]. 北京：中国物资出版社，2005.

[6] 陶卓民，胡静. 旅游市场学 [M]. 北京：高等教育出版社，2005.

[7] 吴必虎. 区域旅游规划原理 [M]. 北京：中国旅游出版社，2001.

[8] 谢彦君. 旅游交往问题初探 [J]. 旅游学刊，1999，14（04）.

[9] 于由. 旅游市场营销学 [J]. 杭州：浙江大学出版社，2005.

[10] 张玉明，陈鸣. 旅游市场营销 [M]. 广州：华南理工大学出版社，2005.

[11] 章海荣. 都市旅游研究：前言热点、专题与案例 [M]. 上海：复旦大学出版社，2008.

[12] 赵毅，叶红. 新编旅游市场营销学 [M]. 北京：清华大学出版社，2006.

[13] 邹统钎，吴丽云. 旅游体验的本质、类型与塑造原则 [J]. 旅游学刊，2003，18（04）.

第三章 城市旅游形象与营销

 学习目的

通过本章的学习，了解和掌握城市旅游形象的定义、构成及其特征，掌握城市旅游形象的影响要素，理解城市旅游形象营销的主要模式。

 学习要点

- 城市旅游形象的定义、构成及其特征
- 城市旅游形象的构成要素
- 城市旅游形象的影响要素
- 城市旅游形象营销的主要模式

课前导读

阳朔旅游形象的变迁

作为桂林近郊的小城镇，改革开放初期的阳朔县城，虽然是著名的漓江山水的终点站，但当时国内旅游还处于接待型发展阶段，很少有游客进入。只有一些外国官员或领馆人员在游览漓江时，会选择在阳朔上岸，并顺带途经西街参观游览。这种状况一直延续到20世纪70年代末。到80年代初，随着阳朔在海外知名度的扩大，许多海外背包客慕名前来，随着来西街的海外游客逐渐增多，当地居民开始自觉或不自觉地为旅游者提供一些必需的旅游设施和服务，各类旅店、餐馆、购物摊点应运而生。1984年版《孤独星球》（Lonely Planet）的"A Travel Survival Kit-China"在第一次提到阳朔时这样说："这里没有西餐馆，人们也不跟你做生意，要吃饭得提前3—5小时预订，不能选择，准时开饭，吃不上饭就得去镇上一个黑暗的地方买碗面……但这里仍不失为一个背包旅行者的天堂。"随着旅游业的发展，1987年以后各式各样的饭店、西餐厅、酒吧以及出售书画、陶瓷、面具的工艺品店和服装店在西街相继出现，从最初的五六家，发展到十多家，再到几十家。从1998年版"A Travel Survival Kit-China"中的描绘，我们可以了解一些阳朔当时的发展状况："阳朔，像云南大理一样，成为背包旅行者的圣地，在他们还没涉足中国以前，就闻名已久了。"对于背包客来说，阳朔正变得越来越好，"西式咖啡，好莱坞的电影，香蕉饼，阳朔也许看起来并不很'真中国'，但谁会介意呢，这确实是个休息的地方，看看景色，喝杯咖啡，几个星期的放松将路途中的疲倦一扫而空"。那么，是什么改变了阳朔在背包客中的形象？

资料来源：王晞. 旅游目的地形象的提升研究［D］. 上海：华东师范大学，2006.

第一节　城市形象与城市旅游形象

随着旅游业的蓬勃发展，越来越多的旅游研究者发现，形象是吸引游客最关键的因素之一。在未游览某个城市之前，旅游者通常会对这个城市的方方面面进行想象，而这个想象的过程对旅游者在城市旅游目的地中采取的决策判断和行为至关重要。一个城市要想在众多的旅游城市中引起潜在旅游者的注意，就要从品质竞争、服务竞争、营销竞争阶段进入到包括形象、品牌、员工及经营者素质在内的综合实力的竞争。只有最具识别性的旅游产品才能为旅游者所认同，只有最突出的城市旅游形象才能赢取人心，所以旅游城市更需要有效的传播策略，需要与其他城市有明显的差别，需要创造一种能表现城市经营理念的独特形象，从而强化社会大众对旅游城市的认知，树立良好的旅游形象，使游客在众多的同类旅游城市中选择自己，以实现吸引游客的最终目的。

一、城市旅游形象界定

（一）城市形象

城市形象是公众对城市总体的、抽象的、概念的认识和评价，是一座城市的内在历史底蕴和外在特征的综合表现，它代表了一种由个人或集体的意向所支持的现实。城市形象反映的是城市的总体特征和风格，是在城市功能定位的基础上，将城市的历史传统、城市标志、经济支柱、文化积淀、市民风范、生态环境等要素塑造成可以感受的表象和能够领会的内涵（孟凡荣，2003）。

城市形象是城市现实的一种理性再现，也是城市同公众进行信息交流、思想联络的工具，其核心是社会公众对一个城市的信息处理过程和结果，因此城市形象内涵极其丰富，既有有形的，又有无形的，可被总结概括为硬件形象和软件形象两个方面（张建忠，2001）。硬件形象是指城市的物象特征，具有直观性，如城市布局、街道、建筑物、各类装饰、标识、交通、基础设施，是城市形象的重要组成部分。软件形象是指人和物构成的有机整体，主要包括社会秩序、经济环境、公共关系、城市文化、人的精神面貌、文化素养、服务水平、职业道德、居民生活水平、生活习惯、城市特色等。

（二）城市旅游形象

城市旅游形象是指城市的内外部公众对城市旅游外在景观特征和内在历史文化底蕴所形成的总体的、抽象的、概括的认识与评价，是对城市旅游地的历史印象、现实感知和未来信念的一种理性综合，是旅游者在游览城市过程中，通过对城市环境景观的观赏

游览和对民俗民风、市民素质、服务态度等的体验所产生的城市总体印象。

城市旅游形象的实质是整个城市作为旅游产品的特色和综合质量的等级,是城市旅游的历史和现实发展实践与多方面功能融合所形成的知名度和美誉度,是城市旅游综合素质的反映(程金龙、吴国清,2004)。它是城市旅游吸引物、城市景观风貌、社会文化环境等因素在旅游产品生产中对旅游者综合作用的结果,是城市综合要素在旅游者心目中的反映。每个城市对旅游者都有一个趋于一致的感知形象,在某种程度上,这种形象几乎固化在旅游者的心中。因此,城市可以借由独具特色的旅游形象系统在世界城市之林中脱颖而出,呈现特定的形象光彩,以期实现有利于整个城市与市民的发展目标。

从视觉来看,城市旅游形象是一种标识,城市应以独特的标识和图形符号(如图案、标志、字体等)达到其旅游形象被迅速识别出来的目的;从内涵来看,城市旅游形象是一座城市旅游整体水平和个性特色的综合体现;从城市旅游来看,城市旅游形象是城市旅游产品与服务区别于其他竞争城市旅游产品与服务的特点的总称,是具有一定知名度与美誉度的城市旅游综合内涵的概括;从社会公众的角度来看,城市旅游形象是城市内外公众对城市旅游的产品、服务质量和整体实力等的体验和评价。

(三)城市形象与城市旅游形象的关系

城市形象和城市旅游形象是两个既有区别又相互联系的概念,两者相互制约,相互影响。城市形象强调城市整体的建设,侧重城市实体景观和城市经济环境等方面的发展;而城市旅游形象则是以城市旅游业的发展为出发点,重点关注城市旅游景区(点)的建设、形象定位、包装宣传和推广,以形成特色从而吸引更多的旅游者。城市旅游形象是城市形象系统中的一个子系统,主要探讨旅游者这一特殊人群对旅游城市这一特殊类型地理区域的感知形象,从而为设计城市旅游形象提供依据和指导,以增强旅游城市的吸引力和竞争力(董亚娟,2004)。

二、受众与特征

(一)城市旅游形象的受众

城市旅游形象的受众(即传播对象)不仅仅是"旅游者""城市旅游者"或"城市内部的居民与外来旅游者",而应该是所有与城市旅游相关的关系群体或个体,包括城市居民、城市旅游从业者、现实旅游者及所有潜在的旅游者,也就是说包括城市所有的内外部公众。不同的受众群体对于城市旅游形象的认识与评价也存在差异,例如青少年心中的香港是"流行时尚"的聚居集地,老年人感受最多的则是香港的"百年沧桑";女性游客更倾向于将香港认知为"购物天堂",男性游客则对香港的"自由、开放"极其向往;商人眼中的香港是"功利之地",学生则认为香港是"活力之都"(周娟,2007)。

(二)城市旅游形象的特征

城市旅游形象具有明显的时代特征和文化特征,这是显而易见的。相同的城市在不同的时代、不同的文化背景下具有不同的形象也是理所当然的。事物都是在不断变化发展的,城市旅游形象更是如此,其内在的特征包括客观性、主观性、相对性和稳定性

（张敏霞，2004）。

1. 客观性

城市旅游形象是公众对城市各方面有了具体的感知和认识之后才渐渐形成的印象，是城市各方面在公众视野中的反映，是实际存在的事物，可以用文字、图像、歌谣等具体表现形式来概括。如：说起大理，映入脑海的文字有"风、花、雪、月"，进而联想到"风城""月山"等美景。而丽江不禁让人留下"三山为屏，一川相连，三河穿城，玉水纵横半里许"的古城印象。

2. 主观性

城市旅游形象作为公众的一种综合性总体印象，必然会受到个人世界观、人生观、价值观、思维方式、道德标准、审美取向、性格差异等因素的影响。因此，每个人对于同一个城市都有其自身的看法。由于个体主观认知的差异，城市的旅游形象在每个人心目中也是有差异的。

3. 相对性

对城市旅游形象的认知受到与同期作为参照物的城市进行对比存在的差距的影响，又受到主、客观两方面因素的影响，任何一种主、客观的变化都会对其产生作用。并且，这种相对性有纵向和横向之分，纵向是与其自身的历史形象和未来形象进行比较而言的；横向则是与其他城市的形象比较而言的。

4. 稳定性

城市旅游形象是城市旅游综合行为的结果，无论是内在理念还是外在形象都会在一定的时空条件下，在公众心目中形成一种心理定式。因此，城市旅游形象具有相对的稳定性，不会随城市的某些变化而即刻变化，就如"春城"昆明、"山城"重庆、"泉城"济南、"古城"西安，这些城市已经具有较长历史的稳定形象，一旦形成就不容易变更。

第二节 城市旅游形象的构成与影响因素

一、城市旅游形象的构成

城市旅游形象涉及面极为广泛，是一个由众多要素构成的多层次、多结构的复杂系统。这些要素总体上可分为三个层次：基础要素、核心要素和辅助要素。基础要素、核心要素和辅助要素又可由若干基础层次构成，基础层次实质上也为操作层次。表3-1列示了三个层次要素的基本构成。

（一）城市旅游形象的基础要素

1. 城市自然条件

城市借助自然条件进行发展，可形成独特的景观效果，如山区城市依山就势进行建筑布局，能够增加城市的动感，形成丰富的山城景色；临江、临河城市把水景引入城市，依水布局城市建筑景观，从而展现临水城市的特色。

表 3-1　城市旅游形象的构成要素

城市旅游形象	基础要素	城市自然条件 城市旅游环境 城市旅游服务设施
	核心要素	城市旅游景观 城市形态 城市建筑物 城市道路 城市文脉 城市节点空间 城市景观轮廓 城市绿化和清洁
	辅助要素	旅游安全形象 旅游管理形象 城市人员形象 制度规范 旅游价格 服务质量

2. 城市旅游环境

城市旅游环境包括自然环境、经济环境、社会环境、氛围环境等。自然环境是城市旅游环境的本底基础，经济环境是旅游基础设施和服务设施得以顺利运行的重要支撑，社会环境是架设旅游服务的桥梁，氛围环境则是旅游活动得以开展的辅助要素，并综合影响着城市旅游形象的构建。

3. 城市旅游服务设施

城市旅游服务设施是餐饮、住宿、交通、游览、购物、娱乐等设施的综合，主要包括：①游道，含残疾人通道；②参观指引标识、图示、景点牌；③停车场地；④饭店与餐厅；⑤厕所；⑥购物中心（店）；⑦各类游客服务中心（点），如咨询服务、导游服务、婴儿服务、残疾人服务、行李寄存服务、书刊纪念品服务等。这些服务设施的便利程度及内容都影响着旅游者对城市旅游形象的评价和感知。

（二）城市旅游形象的核心要素

1. 城市旅游景观

旅游业的发展有赖于旅游资源的丰度与品质，一个优秀旅游城市必然有众多良好的旅游资源作为支撑。城市旅游景观，具体而言，是指城市的旅游吸引物，包括城市的旅游风物、旅游风光、旅游风情和旅游风貌等。与自然旅游资源不同的是，城市在历史发展过程中所形成的特色建筑、城市风格、城市文化、城市产业等，是发展城市旅游业的本底资源，在城市旅游形象构成中起着极为重要的作用。

2. 城市形态

城市形态是指一个城市在地域空间上的分布格局，是反映城市整体特色的最主要内容。不同的城市形态会影响到城市内部的功能分区、城市结构和城市道路交通网络，从而给人以不同的心灵感受。因此，结合自然条件，构建一个符合当地实际特征的城市形态，是创造城市旅游形象的一个重要方面。

3. 城市建筑物

城市中的建筑物是各种物质要素的主体，它们数量大、类型多，并对人们的视觉识别产生强大刺激，是反映城市旅游形象的重要内容，包括建筑风格和形式，如传统建筑、现代建筑、后现代建筑。其中，标志性建筑物是城市建筑物的精品，是构成城市特色的重要因素，对提高城市知名度有重要影响，如大型文化建筑、重要的古建筑、大型商业建筑、火车站、汽车站、飞机场等，北京天安门、悉尼歌剧院、科隆大教堂等标志性建筑物已成为所在城市旅游形象的重要组成部分。

4. 城市道路

城市中不同道路系统的形式，如方格网状道路系统、放射状道路系统、环状道路系统、自由式道路系统等，在方向指示、空间识别、道路起止点、组织城市结构等方面都可产生不同的效果，进而形成不同的城市特色。同时，旅游者在城市中开展活动，必然会观察到沿街的市容市貌，城市道路景观便成为城市旅游形象的重要内容。

随着休闲时代的到来，人们往往享受漫步城市的自由，各种步行街也应运而生。步行街解决了一部分交通问题，也使得一部分传统街区及历史建筑可继续发挥其历史作用和文化价值。尤其是拥有历史文化旅游资源的城市，在保护历史街区方面找到了新途径，使历史建筑重新焕发生命力。

5. 城市文脉

"文脉"这一概念是指旅游点所在地域的地理背景，既包括地质、地貌、气候、土壤、水文等自然环境特征，也包括当地的历史、社会、经济、文化等人文地理特征，是自然地理基础、历史文化传统和社会心理积淀的时空组合。"文脉"是相对定格了的、物化了的、主题化了的文化，具有综合性、地域性等特点，体现了一个城市的本质与内涵，对塑造独具特色的城市旅游形象有着重要意义。

6. 城市节点空间

城市节点空间是最重要的城市空间之一，一般都为城市的景观标志，是体现城市特色的重要组成部分，大致可分为两种类型：一是出入口空间，如车站、港口、机场、高速公路收费站，是城市对外的形象窗口，给予城市旅游者对城市的第一印象；二是各种广场空间，一般都精心设置雕塑、喷泉、广告牌、栏杆、灯柱、戏台、亭阁等精美建筑小品，并着力开展各类文化活动，如威尼斯圣马克广场、莫斯科红场等，对于游客来说该空间是城市旅游者的必到之处，是旅游者感知城市旅游形象的核心地带。

7. 城市景观轮廓

城市景观轮廓包括城市功能区（生活居住区、休闲游憩区、商业贸易区、厂矿企业区等）的界线与特色，交通沿线（铁路沿线、公路沿线、城市主干道、特色街道沿线等）风景，城市夜景（夜间照明、特色街区亮化工程等），等等。这些造型、色彩、布局、灯光能够展现城市不同方面的景观效果，对于城市旅游形象塑造具有直接的影响。

8. 城市绿化和清洁

城市绿化的比例、树种、草种、花种的选择，城市绿化轴线和绿色走廊的设置，城市公园绿化、广场绿化和道路绿化等，都对打造良好的城市旅游形象起到重要的作用。城市园林体现的不仅仅是城市绿化的特色风格，还体现了城市的精神面貌，为市民与旅游者提供了一个亲和的城市生态场所，对于城市旅游形象的塑造和维持十分有益。

另外，城市清洁系统的设计，包括道路清洁、水体清洁乃至公共厕所、垃圾箱等，都在一定程度上体现了城市形象。

（三）城市旅游形象的辅助要素

1. 旅游安全形象

旅游安全是旅游者出游所考虑的首要因素，是城市旅游得以发展的生命线。城市的治安情况、突发情况下的旅游紧急救援机制、相关人员的规范执法、旅游者合法权益的维护、旅游区（点）与游客集中场所的专职安全保卫人员和医疗救护点配套、城市重大旅游事故处理效率等，都影响着游客的旅游安全体验与信心，进而影响城市的整体旅游形象。

2. 旅游管理形象

管理部门的分工组织、调控预防等工作的行为表现与，也是旅游者评价一个城市的重要参考。在城市旅游业的管理中，机构健全、权责分明的旅游行政管理机构，爱岗敬业、业务熟练的工作人员，依法操作、训练有素的旅游执法队伍，都能给予旅游者信心与安全感，这是旅游者形成良好的城市旅游形象的重要因素。

3. 城市人员形象

与城市旅游形象相关的城市人员形象主要包括市民行为与旅游服务人员行为。市民行为是城市行为的主体，它代表着城市的人文历史、民族文化、民俗风情等特征；旅游服务人员的行为则会直接影响到旅游者的满意度和愉悦度，两者的表现在一定程度上构成了城市旅游形象。

4. 其他

其他辅助要素还包括制度规范、旅游价格、服务质量等。规范的旅游制度是维护旅游活动秩序和旅游市场秩序的重要保障；物有所值是旅游者在购买旅游产品时最在意的因素；而旅游服务质量则决定了旅游者与相关群体交流沟通的效果。

二、城市旅游形象的影响因素

（一）形成机制

Fakeye 和 Cormpotn（1991）提出，形象分为三类：原生形象、引致形象和复合形象。旅游形象的形成过程如图 3-1 所示：一个旅游者在未做出旅游决策之前，头脑中就已具有由过往经历或日常教育形成的对某一旅游城市的大概印象，即原生形象；一旦有了旅游动机，旅游者就会有意识地搜集城市信息，并对之加工、比较和选择，从而形成引致形象。原生形象的产生源于非旅游性交流，如电影传媒、报刊书籍及电脑网络，是内生的；而引致形象则通过外部的一系列广告、宣传推动形象的产生。在此基础上，旅游者到目的地实地旅行后，通过自己的经历，结合以往的知识形成一个更综合的复合形象（邹统钎，1999）。

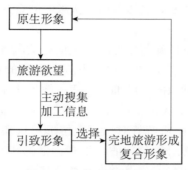

图 3-1　旅游形象形成过程

资料来源：Fakeye, Crompton. Image difference between perspective, first - time and repeat visitors to the lower rio grand valley [J]. Journal of Travel Research, 1991, 30 (02).

目前在中国大部分地区，城市旅游形象设计还基本停留在"传统历史文化沿革 + 民间口碑"的状态。虽然建立了原生形象的产生基础，但在运用引致媒介（如广告、媒体等）塑造形象方面还存在众多缺陷。此外，形象的塑造主要通过产品服务、公关宣传两大工具加以实现，而产品服务又对复合形象的形成具有决定性的作用。因此，在加大旅游宣传投入的同时，必须切实保障旅游产品服务的质量。

中国城市旅游形象发展大体经历了四个阶段，即资源导向、市场导向、产品导向、形象驱动。第一阶段是城市旅游业的兴起阶段，当时商品经济和市场观念尚未形成，旅游市场处于卖方市场，发展旅游形象的出发点往往是根据城市旅游资源的数量和质量来确定旅游区（点）的建设及有关旅游设施的配套等内容。第二阶段是市场导向阶段，学术界对该阶段存在广泛争论，即资源与市场二者究竟为何种关系，现在被学术界普遍接受的观点是应以市场为导向，但也不能忽视资源的基础作用。第三阶段是资源、市场、产品、形象策划和营销一体化的综合阶段，即产品导向阶段。它从分析、研究市场出发，对市场进行细分，确定目标市场，针对市场需求，有资源则对资源进行筛选、加工或再创造，没有资源也可根据市场和本地的经济技术实力进行策划和创造，然后设计、制作、组合成适销对路的旅游产品，并通过各种营销手段推向市场，如城市主题公园。第四阶段是形象驱动阶段，20 世纪 90 年代，城市旅游发展开始在城市旅游一体化综合开发的基础上，导入旅游识别系统（Tourism Identity System），更加重视旅游形象设计在旅游业发展中的作用，注重构造和完善视觉识别系统（Visual Identity System，VSI），强化景点的营销功能，增加其在旅游市场中的竞争力。

（二）影响因素

影响城市旅游形象的主要因素包括旅游者形象认知与偏好、城市旅游发展水平、城市形象（市民形象、治安形象与其他形象）、区域内外其他城市旅游形象以及决策者行为。

1. 旅游者形象认知与偏好

旅游者是城市旅游形象设计与传播的主要对象，城市旅游形象的作用主要在于向潜在旅游者推销旅游目的地，帮助旅游者更清晰、方便地了解该城市旅游的特点，促使其产生旅游动机，增强其购买信心，缩短其出游决策时间，并将其由潜在游客转变为现实游客。

旅游者对城市旅游的形象认知与偏好除了包括对城市所在地理环境的实体感知，还包括对城市当地人文社会的抽象感知，对城市旅游形象的构建产生直接影响。通常认为，有三种行为因素会影响到旅游者的抽象感知：旅游从业人员提供给旅游者的服务质量；与旅游者接触的城市当地居民的态度与行为；其他旅游者的行为（李蕾蕾，1999）。知名度和美誉度是衡量旅游者对城市旅游形象认知与偏好的定量评价指标。知名度是指现实和潜在的旅游者对旅游地的识别和记忆的状况，知名度本身无好坏之分，并且好、坏两方面都会提高知名度；美誉度是指现实和潜在的旅游者对旅游地的褒奖、赞誉和喜爱情况。

2. 城市旅游发展水平

城市旅游发展水平会从多方面影响城市旅游形象，但一般来说，城市旅游形象主要受城市旅游资源特征及配套设施、城市景观、城市社会文化氛围三个方面因素的影响（孟凡荣，2003）。

旅游资源特征及配套设施是城市旅游形象的构建基础，特别是城市旅游资源特征，它往往是构成城市旅游形象的主体。在旅游过程中旅游者通过对旅游资源的欣赏，产生对城市旅游最深刻的印象。旅游配套设施（包括住宿、餐饮、交通、娱乐、购物等方面）作为旅游产品的重要组成部分，是旅游者对某一城市旅游形象产生良好印象的关键环节，只有建立了良好的旅游配套设施，旅游城市才能树立良好的旅游形象。

城市景观是指城市的市容、市貌，既是旅游的基本环境要素，又是旅游资源要素，每个旅游城市的市容、市貌都会给旅游者留下深刻的印象。

城市社会文化氛围主要包括市民的素质、民俗民风、思想观念、社会秩序、服务态度等。从某种意义上说，城市社会文化氛围是城市的内涵，虽然不能给旅游者以城市的物质形象，但却能给旅游者带来深刻的心理体验，这种心理体验往往直接影响到城市旅游物质形象的形成。

3. 城市形象

城市形象是城市形态和城市地脉、文脉的有机结合，城市不仅具有外在的形态，更具有地脉与文脉的内在表征。虽然城市的形态容易仿照，但城市地脉与文脉是无法复制的，因此城市只有具备鲜明、丰富的地脉与文脉，才能展现城市的个性。

城市形象既包括城市的物质环境和外在形态给人的表面印象，又包括城市的内涵给人的综合印象，这也决定了城市旅游形象的形成过程是城市形象与城市内外部旅游者相互沟通的动态过程。不同的旅游城市特征传递了不同的城市旅游信息，通过不同个体的印象综合便形成该城市的整体旅游形象，影响着城市旅游者的态度，进而影响整个城市的旅游发展水平。

4. 其他城市旅游形象

对于一些城市而言，城市旅游形象的塑造过程可能会遇到与其旅游市场较为类似的其他城市的竞争，或者较能反映本地特色的形象已经被周边地区的其他城市抢先使用，这些城市就会面临一种直接的形象挑战。老牌旅游地声名不减，新兴旅游地也层出不穷，游客可以选择的旅游城市越来越多，城市之间的旅游发展竞争也愈演愈烈。

由于处于同一文化区域，区域内外其他城市的旅游形象会削弱本城市的旅游影响力和吸引力，从而直接影响本城市的旅游特色。因此，城市只有实施形象差异化战略，突出城市的特点，塑造自己优势特色的形象，才能使旅游城市在潜在旅游者心目中留下深刻而持久的印象，从而提高本城市的旅游市场竞争力。

5. 决策者行为

决策者行为关系到两个层次：一个层次是形象赋予主体的决策行为，另一个层次是政府的决策行为。

形象赋予主体的决策行为从两个方面影响城市旅游形象：一是形象导向模式的确定，二是形象实施策略。形象导向模式与形象赋予主体获取的形象信息的质量、数量和处理形象信息的能力联系在一起，同时与城市的地方性密切相关。而形象实施策略主要是微观形象策划和主题形象的确定及空间配置。政府的决策行为则通过政府的旅游政策制定、政府主导的旅游发展规划、政府的旅游行政管理效率以及政府对旅游行业的管理措施四个方面影响城市旅游形象的建立。

第三节　城市旅游营销

一、总体概述

（一）发展背景

城市营销源于欧美等西方发达国家，最早应该追溯到著名营销大师菲利普·科特勒的"地方营销"。科特勒认为，"地方营销"是将地方视为企业，将地方的资源和未来视为产品，分析其内外部环境、在全球性竞争中的强项与弱项，以及面临的机遇和威胁，确定包括目标人口、目标产业和目标区域在内的目标市场，并针对目标市场进行创造、包装和营销的过程。旅游地形象营销是一种基于公众评价的市场营销活动，就是旅游地政府及与旅游地存在相关利益关系的各个企业在整个旅游市场竞争中，为实现提升本旅游地知名度与美誉度、扩大旅游市场占有份额和增加旅游产品销售量等目标，运用各种营销手段对构成旅游地形象的各系统要素进行设计和包装，通过与现实已经发生和潜在可能发生利益关系的公众群体进行传播和沟通，使其对旅游地的形象营销形成较高的认知和认同，并在广大潜在旅游者心中打下良好的形象基础，从而促进旅游业的持续、快速发展。

西方城市营销的城市形象学派主张将城市营销理解为城市形象的形成与传播过程，认为城市形象对城市产品的购买者有着非常重要的影响，城市营销往往要从地方形象设计开始，而其中很多学者都是从旅游营销的角度入手，这也与旅游在经济中的地位有关。Stephen Page（1995）认为城市营销就是把旅游城市看成一种产品进行营销，认为把城市作为一种产品推销给顾客（观光旅游者和商务会议人士）即为促进城市旅游业发展。

（二）基本要素

由于涉及的利益相关者众多，关系复杂，这使得城市旅游目的地成为最难管理和营销的项目（Sautter & Leisen, 1999），因此城市旅游形象营销的构成要素首先是城市营销主体，即政府。城市旅游形象营销是一种以公共营销为实质的具有整体性和公益性的营销形式，大多数目的地的营销工作都是由地方政府主导，政府（地方旅游行政管理机构）承担了制定营销战略、推广旅游形象、安排营销计划、协调各种关系、改善服务环境、规范旅游市场等多方面的功能。尽管这种投资主体单一的公共营销会造成公共投入不足、投资效益低下等现象，但是，这种营销形式对于城市整体形象的提升、旅游业联动效应的发挥具有战略意义。随着旅游市场竞争的加剧，各城市的政府不断加大旅游营销方面的资金和人力投入，把营销工作放在了非常重要的位置。

城市旅游形象营销的构成要素还包含城市营销因素和城市营销客体。城市营销因素即城市旅游通过吸引既有的和潜在的旅游者，活跃城市旅游经济乃至整个经济发展的因素，也就是通常所说的城市旅游环境，主要包括旅游设施等城市硬环境和旅游服务、社会风气等城市软环境。城市营销客体即现实旅游者和潜在旅游者，城市旅游营销理念正在从"以城市为中心"转向"以城市旅游者为中心"，旅游者在很大程度上影响着城市旅游形象营销的实质效果。

二、城市旅游营销的手段

目前常用的城市旅游营销方式多种多样，主要包括口碑传播、事件营销、开发设计旅游纪念品、媒体广告宣传等。

（一）口碑传播

口碑传播是具有感知信息的消费者之间的非正式信息交流。由于旅游产品具有无形性、生产和消费同时性等特点，旅游者在做出消费决策之前无法通过试用等手段来了解旅游产品，而口碑传播是一种非正式的信息传播渠道，具有无功利性、可信性、针对性等特点，所以旅游者的口碑传播成为关键的营销要素。来城市旅游的任何一位旅游者都可以成为传播者，并拥有最真实、最直接的体验，他们对城市旅游产品的评价将对信息接受者的消费决策产生重要影响。

（二）事件营销

由于在事件发生期间高强度、多方位、大规模的宣传活动所引发的广泛的关注，并形成巨大的轰动效应，旅游事件能够使更多的人通过各种媒介或实地游览对城市留下深刻的印象，从而可在短期内强化城市旅游形象。因此，各个旅游城市纷纷通过开展一系列的主题节事活动，进行事件营销来吸引旅游者。2010年世界博览会为上海市带来了提高知名度、树立城市形象的契机，国内外各种媒体对上海世博会的大范围、高密度、全方位宣传，增进了人们对上海的感知印象，加强了人们对其城市旅游形象的认识，为上海城市旅游的再度飞跃创造了大量的潜在客源。

（三）开发设计旅游纪念品

体现浓郁地方气息的旅游纪念品不仅是城市旅游的盈利来源之一，还可以引发旅游者对美好体验的回忆，旅游者的再次回忆、品味会进一步加深其旅游体验，刺激其重复体验消费。一方面，旅游纪念品方便拿出来与好友分享，向别人讲述自己旅游的美好体验；另一方面，纪念品也可以作为礼物赠予他人，无形中旅游者成为了城市旅游的免费宣传员，从而带动其他人到该城市进行体验消费。可见，旅游纪念品具有极高的广告价值，是一种无声传播形式。

（四）媒体广告宣传

广告是一种具有大规模激励作用的信息传播技术，尤其对于营销效果的促进与提升甚为明显。通过媒体广告宣传，一是可以提升城市旅游的整体形象和知名度；二是可以使更多的旅游者了解城市的促销推广活动。因此，围绕事件营销、促销推广等活动制作展示城市整体旅游形象的宣传广告，充分利用媒体营销渠道进行城市旅游广告的传播，不仅影响范围广，而且信息交互快，能够快速地产生吸引游客的效果。

（五）影视旅游营销

在影视作品中进行植入式营销正逐渐流行于旅游城市形象营销之中，通过建立影视城、在当地拍摄影视作品，在影视作品中展示旅游城市的优美环境、风土人情等，对旅游城市进行宣传，往往能够吸引大量旅游者前往该地进行旅游活动。例如，2006年电视剧《乔家大院》在央视热播后，主要拍摄地山西祁县就迅速成为旅游热门城镇，游客数量实现了翻倍增长，最终成为区域内的重点旅游城镇。

三、城市旅游营销模式

目前在营销效果方面较为成功的三种旅游营销模式包括政府引导型营销模式、政府参与型营销模式、政府辅助型营销模式（宋佳，2010），其核心内容如下：

（一）政府主导型营销模式

1. 理论与现实依据

（1）城市旅游形象的综合性与公共性决定了必须以政府为主体来全面主导旅游形象的推广工作，因为政府是唯一能从宏观上有效整合各个感知要素的主体，它能全面有效地协调各类社会资源。

（2）城市旅游形象的营销工作是一个庞大的系统工程，需要持续、全方位的促销跟进。这种力度大、有魄力的促销，必须由政府牵头，多企业参与，多部门与地区合作才可能实施并取得成功。

（3）政府的权威地位决定了其是旅游业发展过程中的理想协调者、投资者和服务者。在统一城市旅游形象的推广与营销上，政府是协调者的最佳当选，也是投资者中的先驱者，更是服务者中的牵头人。

2. 定义

政府主导型模式是指在政府的统一领导之下，旅游企业、旅游相关行业、专家学者和社会公众共同参与的城市旅游营销工作（匡林，2001），其组织关系可以如图 3-2 表示：

图 3-2　政府主导型旅游营销模式

3. 特征

（1）政府的主导地位。政府是城市旅游形象营销行为的发起者，负责组织、协调、监督、控制其他社会群体共同参与城市旅游形象营销活动。政府的主导地位还表现在：它是游戏规则的制定者，是旅游目的地形象的最终决策者，旅游企业、专家学者的工作成果直接对政府负责。

（2）政府的财政支持。与政府主导地位相对应的是，政府财政预算对城市旅游形象营销工作的投入额度。通常在这种模式下，政府会拿出相当一部分资金用于城市旅游形象建设，或者对参与城市旅游形象营销的旅游企业、相关行业进行补贴，对从事城市旅游形象营销研究的专家学者给予一定的经济支持。

（3）政府的公信力。作为社会公众的代表，政府凭借社会赋予的公信力而不是行政权力来主导城市旅游形象营销工作，能够加强城市旅游形象营销工作的透明度，及时向社会反馈工作中出现的问题，并在决策阶段接受社会公众的监督。

4. 优缺点

政府主导型旅游营销模式的优点有：

（1）能充分发挥政府宏观调控、综合管理的优势，集中各种社会资源形成合力；

（2）能得到政府财政的有力支持，使得营销工作在资金方面的压力有所减小；

（3）对于发展滞后、资源有限的地区，政府主导是进行城市旅游形象建设的现实途径。

政府主导型旅游营销模式也有明显的缺点：

（1）政府作为公共管理部门扮演了过多的企业角色，导致政企不分，容易滋生问题；

（2）缺乏明确的利益分享和义务承担约定，导致旅游企业及相关支持行业被动地参与城市旅游形象营销工作，积极性不足；

（3）企业、学者、公众对城市旅游形象营销往往有不同的见解，政府在决策中容易陷入两难境地。

（二）政府参与型营销模式

1. 理论与现实依据

（1）政府参与型营销可以提高旅游企业及相关支持行业的积极性。单个利益相关者的资源和能力有限，其营销行为不能对潜在游客产生显著影响。营销规划过程中，利益相关者可以互相借力更有效地达成自己的目标。

（2）政府参与型营销的动机包括五个方面，即战略动机、交易成本动机、学习动机、竞争力集聚和社区责任。另外也有研究认为，促销渠道多样化、巩固市场地位、提高企业绩效是旅游相关企业参与营销的主要动机。

（3）政府参与型营销模式中政企分离的程度较高。旅游形象营销由政府发起、支持和参与，具体的营销活动则通过企业行为来实现。当地政府与旅游企业、旅游界专家学者及社会公众在人力、物力、财力方面通力合作，在区域范围内开展景点及企业联合营销，从而高效率地提高城市旅游形象竞争力。

2. 定义

政府参与型营销模式是指政府、旅游企业、相关支持行业、专家学者、社会公众在相对平等的位置上，以某种类似合约的方式，各尽其能，各司其职，共同参与城市旅游形象营销工作（如图3-3所示）。

图3-3　政府参与型旅游营销模式

资料来源：宋佳．"好客山东"旅游目的地营销模式研究［D］．济南：山东大学，2010．

3. 特征

（1）平等性。政府参与型旅游营销模式与政府主导型旅游营销模式的一个显著区别是参与者地位平等。在该模式下，政府不再居于主导地位，城市旅游形象营销工作由各方发挥自身特点分工完成。政府的职能由最终决策人转变为模式协调人，其作用是负责召集、协调、疏通各方面关系，促进旅游目的地形象营销工作的完成。

（2）激励性。参与者共同出资，共享利益，尤其是旅游企业按照出资额将获得更多的发言权，从而极大地调动了企业参与的积极性。由于地位平等，各方也获得了更多参与最终决策的权利。

（3）潜在合约。政府参与型旅游营销模式类似于按某种合约建立的专门从事旅游城市形象营销工作的公司，然而这种合约是模糊的、松散的，不具有法律约束力的。

（4）相互制衡。这种营销模式增强了具体操作工作的透明度，各方力量便于相互制衡。

4. 优缺点

政府参与型旅游营销模式有明显的优点：

（1）各方平等参与，政府不再居于主导地位，增强了企业的积极性；

（2）投入与回报分配更加合理，有效地预防问题滋生；

(3) 消除了低效率的工作影响，营销工作更具活力。

政府参与型旅游营销模式的缺点主要有：

（1）各方面的意见难以统一，难以产生有效决策；

（2）政府面临角色转换危机，从管理者变为地位平等的参与者需要进行心理调试；

（3）平等地位是否能在营销运作中得到体现，政府诚信面临考验；

（4）城市旅游形象营销的资金投入需要参与企业共同承担，因此对本地经济发展状况与企业实力有一定要求。

（三）政府辅助型营销模式

1. 理论与现实依据

在旅游城市的营销实践中，营销资本是非常重要的问题。很多大规模的促销活动必须有大量的先期和后期资金投入才能保证活动的顺利开展，因此足够的资金支持是必不可少的。在营销活动的资金投放中，不能单独依靠政府或某个企业的力量，无论哪一方的能力都不足以支持大规模营销活动所需的全部资金投入，因此出现了另外一种"政府辅助、企业运作"的模式。

这一模式中，政府的作用依然体现在宏观层面和整体利益上，企业才是真正通过市场化的运作来保证营销效果的主体。政府在政策、规划等方面进行引导和辅助，同时也可以让更多的行业或企业将资本投向旅游城市的品牌建设中，一方面有利于取得良好的市场营销效果，另一方面使旅游城市本身具有更强的市场竞争力。

2. 定义

政府辅助型旅游营销模式是指在政府营造良好的城市旅游形象营销环境的条件下，旅游企业、相关支持企业、专家学者和社会公众通过各自努力自发参与旅游目的形象营销（如图3-4所示）。

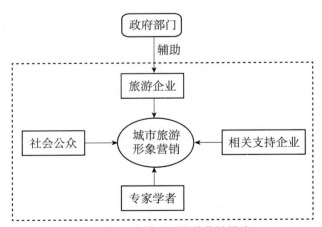

图3-4　政府辅助型旅游营销模式

资料来源：宋佳．"好客山东"旅游目的地营销模式研究［D］．济南：山东大学，2010．

3. 特征

（1）政府行为的服务性。在政府辅助型旅游营销模式中，政府是以服务者的姿态，帮助其他社会群体完成城市旅游形象营销的工作。政府的任务是为营销工作创造宽松良好的环境，当旅游企业遇到形象营销的困难时，给予必要的帮助。

（2）旅游形象的保持。适用政府辅助型营销模式的城市通常已经树立了稳定的旅游市场形象，因此形象营销的重点是城市旅游形象的保持，并通过传播手段强化消费者对它的记忆。

（3）旅游形象的微调。在这一模式下，城市旅游形象相对稳定，形象营销的工作重点是保持与局部调整。因此，政府应创造适合旅游业发展的良好环境，从而间接影响城市旅游形象营销的进一步完善。

4. 优缺点

政府辅助型旅游营销模式的优点有：

（1）政企分离，形成了相互配合的良好的旅游业发展模式；

（2）政府的服务为企业积极从事城市旅游形象营销带来更多的便利，节约了营销成本；

（3）政府作为营销活动的润滑剂，恰到好处地起到了间接调控的作用。

政府辅助型旅游营销模式的缺点有：

（1）政府职能转变难度较大；

（2）对相关社会制度、旅游业发展程度要求较高，中国大多数刚刚起步且规模较小的旅游城市并不具备应用这一模式的发展条件。

 拓展阅读

天价大虾事件

2015年10月4日，来青岛旅游的肖先生一家在青岛市乐陵路92号的"善德活海鲜烧烤家常菜"吃饭。在吃饭前，肖先生曾详细询问过是的价格，肖先生称当时老板说的是38元/份，但吃完饭后老板却称大虾价格为38元/只。结账时肖先生表示了异议和不满，并拨打电话报警，经当地派出所"调解"，2 150元的饭钱，肖先生当着警察面给了800元脱身。10月6日，《华西都市报》记者专访肖先生，并向全国推送了这一新闻，"天价大虾事件"瞬间引爆舆论。

事件发生后，青岛市市北区物价局市场监督管理局和旅游局等部门，对涉事烧烤店下达了退还非法所得并罚款5 000元，责令停业整顿并吊销营业执照的行政处罚告知。2015年10月9日中午，青岛市市北区物价局一名女工作人员就物价局未及时积极处理"天价大虾事件"以及对肖先生及家人造成的伤害表示诚挚的歉意。

"天价大虾事件"给青岛市的旅游形象带来了极大的负面影响。《人民日报》就此发表评论："在今后一段时间内，'天价大虾'会像一块狗皮膏药一样糊在这座美丽的海滨城市的脸上，揭都揭不下来。"由"天价大虾"持续发酵带给青岛这个旅游城市的城市形象的重创，不由得让人反思与警醒：城市旅游形象的建立、维护与营销需要旅游

城市旅游管理

城市全体人员的努力……

资料来源：佚名."青岛大虾欺诈"背后是公权力麻痹［EB/OL］.搜狐财经,http://business.sohu.com/20151008/n422710269.shtml,2015-10-08.

思考与练习

1. 列举几个著名旅游城市的形象口号。
2. 简述城市旅游形象的影响因素。
3. 以"天价大虾事件"为例，讨论负面新闻对城市旅游形象会产生何种影响，以及可采取哪些控制措施。

参考文献

［1］Fakeye, Crompton. Image difference between perspcetive, first-time and repeat visitors to the lower rio grand valley［J］. Journal of Travel Research, 1991, 30（02）.

［2］Stephen Page. Urban Tourism［M］. New York：Routledge, 1995.

［3］程金龙.基于系统论的城市旅游形象理论研究［D］.上海：上海师范大学,2006.

［4］董亚娟.城市旅游形象设计的研究［D］.西安：西北大学,2004.

［5］匡林.旅游业政府主导型发展战略研究［M］.北京：中国旅游出版社,2001.

［6］梁海燕.城市旅游形象的策划［D］.福州：福建师范大学,2003.

［7］刘德艳.城市旅游形象策划［D］.上海：上海师范大学,2001.

［8］孟凡荣.CIS战略与长春城市旅游形象设计［D］.长春：东北师范大学,2003.

［9］牛海燕.开封市旅游形象营销研究［D］.郑州：河南大学,2010.

［10］欧启均,李振亭."内部营销"理论在旅游目的地营销中的应用研究——以西安市为例［J］.资源开发与市场,2010,26（09）.

［11］宋佳."好客山东"旅游目的地营销模式研究［D］.济南：山东大学,2010.

［12］王义龙.体验经济背景下旅游目的地营销模式研究——以蓟县旅游目的地为例［D］.天津：天津理工大学,2012.

［13］伍弦,黄远水.城市旅游营销模式探讨——以"焦作模式"、"栾川模式"及"宁波经验"为例［J］.旅游研究,2009,（01）.

［14］熊元斌,柴海燕.从"二脉"到"四脉"旅游目的地形象定位理论的新发展［J］.武汉大学学报（哲学社会科学版）,2010,（01）.

［15］于希贤,于涌.塑造国际旅游城市形象［J］.思想战线,2001,27（01）.

［16］张凤真.武汉市旅游形象营销策略研究［D］.武汉：中国地质大学,2008.

［17］张建忠．泰安市城市旅游形象的设计与塑造［J］，旅游学刊，2001，23（05）．

［18］张敏霞．城市旅游形象建设初探－兼论西安市旅游形象建设［D］，西安：西安建筑科技大学，2004．

［19］朱洪瑞．城市旅游形象系统的构建及实证研究［D］，郑州：郑州大学，2013．

［20］朱健强．企业Cl战略［M］，厦门：厦门大学出版社，2001．

［21］朱璇．CIS在旅游规划中的应用［J］，桂林旅游专科学校学报，1998，9（04）．

［22］朱昱遇．城市旅游营销传播渠道变迁及创新研究——以张家界市为例［J］，城市旅游规划，2013，（10）．

［23］邹统钎．旅游开发与规划［M］，广州：广东旅游出版社，1999（02）．

第四章 城市旅游产品体系

 学习目的

通过本章的学习，了解和掌握城市旅游产品的概念、构成及特点；理解城市旅游产品的相关理论，掌握城市旅游产品体系的组成和典型的城市旅游产品。

 学习要点

- 城市旅游产品的概念、构成及特点
- 旅游产品生命周期理论
- 城市游憩商务区
- 环城游憩带
- 城市旅游产品体系
- 博物馆、主题公园、事件旅游、工业旅游

课前导读

主题公园能给城市带来什么？

2016年6月16日，上海迪士尼主题乐园在细雨中正式开园迎客，这个中国内地首座、全球第六座，号称"要为游客创造值得珍藏一生的回忆"的大型主题乐园一开园，便又成功吸引了大批中外"铁粉"和爱"尝鲜"游客的前往。

综合相关数据分析发现，购买上海迪士尼相关产品的用户中有高达75%的游客有孩子，70后、80后父母是主题乐园亲子游的主力消费人群，在孩子身上舍得花钱也是这类"新生代"父母的典型特征。这些70后、80后的年轻父母在经济水平、生活水平和受教育水平等方面都明显高于上一代，在消费理念、生活方式和培育孩子的观念等方面也发生了根本性变化，他们更会享受生活、更爱追求丰富新鲜的体验。尤其是生活在大城市里的这部分群体，每年把数千元用于看电影、欣赏音乐剧和参加演唱会之类的娱乐活动上已不是什么新鲜事。因此，迪士尼主题乐园这样的城市旅游产品受到追捧毫不

意外，因为它正好契合了当下的时代特征和消费需求。

此外，已经开业的迪士尼对上海相关商业餐饮、酒店度假、交通配套、金融服务的带动作用明显。据开业前期相关机构测算，上海迪士尼乐园游客人均消费将达 1 300 元，可以带动的销售额有望达到 195 亿元，将直接促进上海市的国内生产总值提高 0.8%，如果考虑游客的附带消费后该数字还将翻倍，城市旅游产品对于城市经济增长的促进力量不可小觑。

资料来源：李博. 迪士尼能给城市带来什么？[EB/OL]. 中国经济导报, http://www.ceh.com.cn/xwpd/2016/06/933502.shtml, 2016-06-22.

第一节　城市旅游产品概述

一、基本概念

学术界从不同的角度来定义旅游产品，因此城市旅游产品的概念也可从多角度来看待。对旅游目的地而言，**城市旅游产品是指在城市区域范围内旅游经营者凭借旅游吸引物、交通和旅游设施，向旅游者提供的以满足其旅游活动的需求的全部服务**；而对旅游者而言，**城市旅游产品是指旅游者花费一定的时间、费用和精力到城市所换取的一段经历**。

狭义的城市旅游产品指的是将城市的旅游吸引物及辅助物作为开发的主要内容，通过预先设计组织的有一定程序的方式引导游客在城市中的旅游活动，一般包括游览市容市貌和特色景观并且进行商务、休闲、购物和娱乐等各种活动。

广义的城市旅游产品涉及社会经济生活诸多方面，是在狭义概念的基础上，将其发展重点集中在整体开发上，把城市作为一个有机整体，一方面进行一般规律性体系的建设与协调，塑造城市旅游产品形象，实现旅游的可持续发展；另一方面强调城市旅游产品的个性挖掘，不同城市产品的个性特征决定了旅游系统要素发挥作用的不同。

二、产品构成

对于城市旅游产品，Jansen-Verbeke（1988）认为其由三类要素构成。第一类要素是城市的旅游吸引物，包括以各种活动场馆为依托的文化、体育、娱乐活动和城市自然与社会文化风貌所营造的休闲环境。这类要素是旅游者进行旅游目的地选择决策的最主要因素。第二类要素是指旅游服务体系，例如饭店、餐厅、商场、购物场所等，此类要素对旅游者决策的影响不是很大，但却是构成整个旅游者体验不可缺少的一部分。第三类要素是指各种基础设施，如公共交通、旅游者信息服务等，是城市旅游的辅助要素。

与一般的旅游产品类似，城市旅游产品也包含了食、住、行、游、购、娱六个方面的要素，不过城市旅游产品中的六要素由于在城市范围内而有了新的含义：

（1）城市旅游景观。包含历史性建筑物、都市风光、博物馆、画廊、戏院、体育馆等。

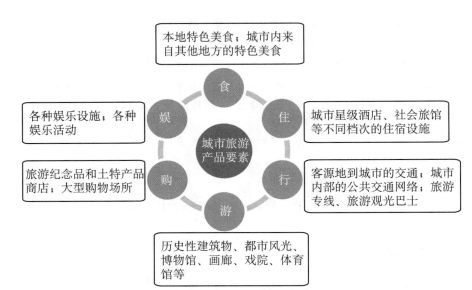

图 4-1　城市旅游产品构成

（2）城市旅游交通。既包含客源地到城市的交通、城市内部的公共交通网络，又包含城市为了发展旅游而开通的旅游专线和旅游观光巴士。

（3）城市旅游住宿。包括星级酒店、社会旅馆等不同档次的住宿设施。

（4）城市旅游购物。包括城市内经营旅游纪念品和土特产品的商店、大型购物场所等设施。

（5）城市旅游娱乐。既包含城市内各种娱乐设施，也包含城市内的各种娱乐活动。

（6）城市旅游餐饮。既包含本地特色美食，也包括城市内来自其他地方的特色美食。

三、主要特征

旅游产品不同于一般产品，其所具有的无形性、综合性、功能上的愉悦性、空间的不可转移性、生产与消费的同时性、不可存储性、敏感性等特征已经得到广泛认同（王大悟、魏小安，2000）。作为旅游产品的组成部分，城市旅游产品除了上述基本特征之外，还表现出区别于其他旅游产品的独特属性。

（一）吸引的整体性

城市作为一个旅游目的地，其旅游吸引力不同于旅游景区以某一方面的资源优势为主要吸引要素，而是来自以城市的整体形象形成的综合吸引力。这是城市自然、文化遗产及其政治、经济、文化、信息、科技等城市功能，以及动态、优美的城市环境，丰富多彩的城市娱乐活动、设施等多种因素综合作用的结果。

（二）内容的多元性

作为人类集中居住与活动的区域，城市的内涵极其丰富，城市旅游不同于主题相对单一的旅游景区，其旅游产品和旅游功能呈现出多元化的特点，人们在城市中的旅游活

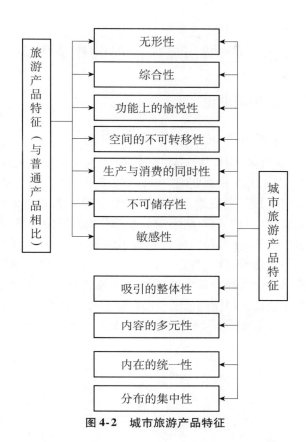

图 4-2　城市旅游产品特征

动往往呈现出形式多样、内容丰富的特点。因此，除了传统的观光旅游之外，城市还可满足多种旅游需求，提供包括商务、购物、会议、展览、度假、节庆、修学、美食、生态等方面的多元性的复合型旅游产品。

（三）内在的统一性

城市旅游的统一性，主要表现在三个方面：一是城市旅游主体的统一性，即城市居民既是城市游憩者又是城市旅游接待者；二是旅游客体的统一性，即作为城市旅游对象的旅游城市既是城市旅游的目的地，又是其他旅游城市的重要客源产出地，是旅游目的地和客源地的统一；三是城市旅游和休闲设施的统一性，城市范围内的旅游和休闲产品在内容与空间上虽然有所区别，但更多的是统一，在功能上既为旅游者服务，也同时为当地居民提供服务。

（四）分布的集中性

由于城市旅游是以城市吸引物作为主要旅游对象，因而，城市居民和旅游者的食、住、行、游、购、娱等要素基本上是在市区及其市郊景观和城市周边休闲娱乐场所的范围内里得以完成，而市郊及城市周边基本上是以市区为同心圆的小尺度空间，行车时间不超过两个小时，因此城市旅游的产品、设施大多集中在一定的圈层范围内，在空间分布上表现出明显的集中性。

第二节　城市旅游产品的相关理论

一、旅游产品生命周期理论

（一）旅游地生命周期理论

Butler（1980）在旅游区发展周期概述中借用产品生命周期模式来描述旅游地的发展过程。旅游地生命周期是产品生命周期的一个分支。Butler 提出旅游地的演化要经过六个阶段：**探索阶段、参与阶段、发展阶段、巩固阶段、停滞阶段、衰退或复苏阶段**（如图 4-3 所示）。他认为旅游地的生命周期始于一小部分具有冒险精神、不喜欢商业化旅游地的旅游者的"早期冒险"。在参与阶段，由于当地居民积极参与向旅游者提供休闲设施和随后的广告宣传，使旅游者数量进一步增加。在发展阶段，旅游者数量增速更快，而且对旅游经营的控制权也大部分从当地居民手中转到外来公司手中。到了巩固阶段，尽管旅游者总人数仍在增长，但增速已经放慢。直至停滞阶段，旅游者人数已经达到高峰，旅游地本身也不再让旅游者感到是一个特别热门的去处，被新的目的地逐步取代（郑嬗婷，2006）。

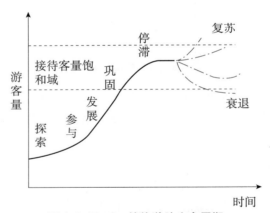

图 4-3　Butler 的旅游地生命周期

（二）旅游产品生命周期理论

旅游地生命周期与旅游产品生命周期不能混为一谈。许春晓（1997）的观点具有代表性："旅游地是旅游资源与旅游产品的空间载体，是旅游产品生命周期现象的发生地；真正具有生命周期的是旅游产品而不是旅游地。"从概念上分析，当以游客量、接待能力、从业规模等作为评价指标时，一个旅游地的旅游产品具有生命周期，并不一定导致旅游地本身就会产生生命周期。这是因为：旅游地始终只是旅游产品的一个载体（李舟，1997），当一个旅游地具有多种旅游产品的时候，不同旅游产品可能正处于生命周期的不同阶段；将这些不同阶段的指标归总起来作为旅游地生命周期的阶段特征是不科学的，也无法反映出旅游地真实的发展状况。以下两种情况除外：第一，该旅游地具有一种占据绝对优势的旅游产品;第二,该旅游地的主要旅游产品所处的生命周期的阶段正好重合。显然,这两种情况都非常特殊,无法作为一般研究的结论(郑海燕、保继刚,2008)。

分析城市这种复杂的旅游地的生命周期,一个简单、可行的方法就是分隔不同的产品和市场,分别进行分析。例如,Haywood(1986)根据不同的细分市场,将生命周期划分为若干个组成部分,即生命周期曲线实际上是由若干不同的细分市场所组成的,尽可能将这些细分市场对生命周期的贡献大小区别出来,以确定市场在不同时期的变化,并通过丰富旅游产品和完善旅游功能,来延长旅游地的生命周期(如图4-4所示)。

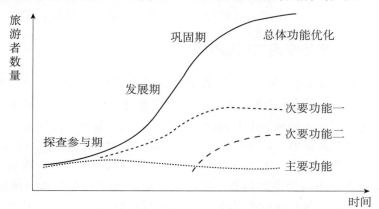

图4-4 通过增加目的地次要功能优化总体功能

资料来源:钟诚. 杭州城市旅游产品结构优化研究[D]. 成都:成都理工大学,2010.

另有学者提出了一个双周期模型(如图4-5所示),即长周期与短周期相互作用的模型。长周期是指旅游地从起步到最终衰落及消亡的漫长周期;短周期则是指旅游地在旅游吸引力环境保持不变的一段时期内所经历的周期,它可能完整也可能不完整。在短周期内,旅游地的演进只表现为旅游接待状况的变化。双周期模型的意义在于:短周期将告诫人们若不对旅游地做出复兴努力,那么它终将会"中途"衰落下去;长周期则是预示在未到最终衰落及消亡之前,旅游地永远存在复兴的可能性(余书炜,1997)。分析一个旅游地发展的短周期可能比分析数百年的长周期更有意义,因为长周期可能会受多个不同产品发展的影响而不能反映旅游发展的真实特征(Grabler,1998)。

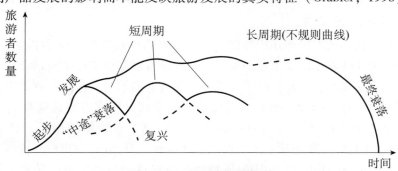

图4-5 旅游地双周期理论

资料来源:余书炜. "旅游地生命周期的理论"综论——兼与杨森林商榷[J]. 旅游学刊,1997(1).

从以上两个研究可以发现：城市旅游产品十分丰富，每种旅游产品可能满足不同方面的城市旅游功能，对城市旅游的贡献各不相同，绝对不能笼统地研究"城市"本身，而应抓住其中的关键部分。这是将旅游地生命周期理论应用于城市旅游研究时必须完成的基础工作。另一个启发是：当一种曾经的主要产品面临市场老化问题时，至少可以有两种解决战略。第一种可以称为"众星拱月"战略，即在进行深入的市场分析并得到相对科学的市场预测的基础上，增加其他多个能够适应市场发展趋势的次要旅游产品，从而支持原有主要旅游产品的形象和功能，并巩固整个城市的旅游形象和功能。第二种可以称为"改朝换代"战略，即不断推出新的主要产品，不断形成新的城市旅游热点，而不再勉力维持已经逐渐被市场淘汰的旅游产品（郑海燕、保继刚，2008）。

二、城市旅游产品空间布局理论

在旅游产品空间布局的研究中，旅游地理学者在"中心地理论"的基础上提出了"旅游中心地"的概念，认为旅游中心地是提供旅游吸引物的集中布局场所，围绕旅游中心地分布的客源市场区域称为中心地的市场腹地，也称为市场区域或中心地区域。实际上，市场区域就是从旅游中心地接受旅游信息并向旅游中心地输入客源的区域。

旅游吸引物的服务范围有上下限之分，**服务上限受中心吸引物的需求的限定，是旅游中心地吸引的客源市场的空间边界；服务下限则是由中心吸引物的供给所规定的边界**。旅游中心地为供给某种旅游产品或服务而必须达到的该产品最小限度的需要量，称为阈值或最小必要需求量。根据旅游吸引物服务范围的大小，可将其分为高级中心吸引物与低级中心吸引物。高级中心吸引物是指服务范围的上限和下限都大的中心吸引物，如高星级酒店、大型主题公园等；而低级中心吸引物是指服务范围的上限和下限都小的中心吸引物，如小型博物馆、城市公园等。旅游中心地的等级性表现为每个高级中心地都领属几个中级中心地和更多的低级中心地，决定各级中心地产品和服务供给范围大小的重要因子是经济距离。经济距离是用货币价值换算后的地理距离，主要是由旅行费用、旅行时间、消耗的体力、旅游者行为特征等因素决定的。而在这一理论的指导下，以城市为依托形成的城市旅游产品在空间上也表现出集中分布的特征，并且在旅游者和开发商各自经济成本的共同作用下，不同的旅游产品表现出不同程度和类别的吸引力，并进而在城市区域内形成游憩商务区、环城游憩带等旅游产品集中分布的空间布局。

（一）城市游憩商务区

伴随着经济活动的发展和知识经济的兴起，城市的功能呈现出多样化发展的特征。商务的发展一定伴随着休闲娱乐业的发展，并且随着财富聚集度不断跃升，人们对休闲娱乐的需求也愈加强烈，从而促进了娱乐业、服务业的繁荣。在这一背景下，城市旅游的发展使得城市中开始出现一些娱乐设施集中的地区，游客也往往聚集到这一特定地区。相对于城市中心商务区（CBD）的名称，旅游学者纷纷用中心旅游区（Central Tourist District，CTD）、旅游商务区（Tourism Business District，TBD）、城市游憩商务区（Recreational Business District，RBD）等概念来描述这一城市旅游产品集中区域，其中RBD成为比较流行的概念称谓。表4-1描述了TBD与RBD在形式上的比较。

表 4-1　TBD 与 RBD 的形式比较

	旅游商务区（TBD）	游憩商务区（RBD）
形式	全年指向	季节指向
	集中布局（如团状）	线性或 T 字形
	吸引物可能为人文类型	吸引物通常为原有禀赋资源
	可以与传统 CBDs 合作或单独建设	与居住区导向型的 CBD 分开开发，随时间变化可能与 CBD 融合或影响 CBD

资料来源：吴必虎. 区域旅游规划原理［M］. 中国旅游出版社，2001：360.

最先提出 RBD 概念的是 Stansfeild C. 和 Rickert J. E.，两位学者认为 RBD 是为满足季节性涌入城市的游客的需求，城市内集中餐饮、娱乐纪念品店等的街区。Smith（1990）则将其定义为：城市内吸引大量游客的一个特定的零售商业区，高度集中了各类纪念品商店、旅游吸引物、餐馆、小吃摊等，是旅游吸引物和服务设施十分集中的区域。在此基础上，学者们将 RBD 界定为城市中以游憩与商业服务为主的各种设施（购物、餐饮、娱乐、文化、交往、健身等）集聚的特定区域，是城市游憩系统的重要组成部分。

在城市中，RBD 不仅是城市旅游设施建设的重心，还是城市旅游业的主要分布空间。在功能上，RBD 不仅服务于旅游者，也给予本地居民足够的重视。一方面，RBD 满足旅游者的餐饮、住宿、信息获取等基本需求，为旅游者提供购物、观赏等多种服务，凭借完善而集中的旅游产品成为培育旅游者高质量旅游经历，协调购物、休闲与旅游之间关系的最佳场所，彰显城市的旅游功能。另外，随着城市居民自由时间的增多，其休闲需求也日益增加，休闲活动呈现出随居住地与休闲活动场所的距离增加而衰减的特征，集中了各种游憩设施的 RBD 恰恰适应和满足了本地居民的城市休闲要求，因此城市居民的休闲活动也相对集中于 RBD 区域。

（二）环城游憩带

环城游憩带（Recreational Belt Around Metropolis,）ReBAM 实际上是指发生于大城市郊区，主要为城市居民光顾的游憩设施、场所和公共空间，特定情况下还包括位于城郊的外来旅游者经常光顾的各级旅游目的地，一起形成的环大都市游憩活动频发地带（吴必虎，1999）。ReBAM 以回归自然为主题，形成了乡村旅游区、度假村、生态观光区等休闲活动场所，有时也包含以自然为主服务于外来旅游者的资源与设施，给游憩者提供一个休闲和放松身心的自然环境，其并不完全受行政界线的制约，有时会越出市域范围而延伸至周边县市。

ReBAM 是在土地租金和旅行成本的双向作用下，投资商和旅游者达成的一种妥协结果。从供给方（投资商）来看，距离城市越远，级差地租越低，投资商的资金压力越小，受城市中心高昂级差地租的外驱作用，资金投向逐步转移至城市郊区；而从需求方（旅游者）来看，距离城市越远，旅游者的旅行成本越大，其出行意愿和实际出游率越低，两者相互作用，最终会在某个适当的位置达到平衡，从而形成 ReBAM（见图 4-6）。这也意味着不同发展水平的国家之间，由于土地租金和旅行成本在空间上的变化不同，ReBAM 在城市范围内所处的位置也有所差别，例如发达国家城市居民的出游能力较强，旅游半径也大于中国城市居民，ReBAM 距离城市中心则相对更远。

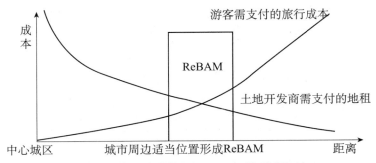

图 4-6　环城游憩带（ReBAM）的形成机制

资料来源：吴必虎. 区域旅游规划原理［M］. 中国旅游出版社，2001：360.

第三节　城市旅游产品体系

目前，国内学术界对城市旅游产品的分类多从某一个具体城市出发，结合其优势旅游资源和主要细分市场，得出该城市未来应该重点开发旅的游产品类型和辅助产品类型。从当前城市旅游产品开发的现状来看，城市旅游产品体系（图如 4-7 所示）主要包括：城市观光旅游产品、城市文化旅游产品、城市休闲度假旅游产品、城市事件旅游产品、城市会展旅游产品、城市夜间旅游产品、城市专项旅游产品。限于篇幅，本章节主要介绍博物馆、主题公园、事件旅游产品和工业旅游产品四种代表性的产品类型。

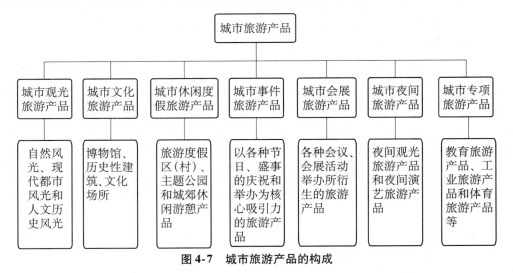

图 4-7　城市旅游产品的构成

一、博物馆

博物馆承载着一个城市乃至地区的历史文化内涵，是旅游者了解该城市的政治、经济、文化、社会发展历程的重要窗口，同时也能极大地丰富和提升城市旅游者的历史文化体验，满足旅游者的精神需求。近年来，随着城市旅游的发展，博物馆作为重要的文化旅游资源，其旅游功能日益突出，逐渐成为展示城市独特历史文化、提升城市文化旅游吸引力的重要载体。以加拿大多伦多为例，多伦多艺术展览馆、多伦多皇家博物馆和多伦多科学中心是促进多伦多城市旅游快速发展的主要吸引物。同样，上海博物馆、上海科技馆等景点也是人们在上海进行城市旅游活动的重要选择。

现代的城市博物馆旅游创新开发模式都是基于对旅游产品的分类来进行设计的，并且是对博物馆不同类型的旅游开发产品所进行的设想。从总体上来看，博物馆旅游创新开发模式主要分为：

（1）"酒店+博物馆"模式。该模式要求博物馆旅游设计出富有某种文化内涵或民族特色的房间名称和员工服饰，为广大游客提供文化感知环境，使其能够沉浸在浓厚的文化氛围中，进而获得文化的享受。

案例 4-1

北京玛雅岛酒店

北京玛雅岛酒店坐落于北京市南四环西路，于 2011 年正式开业，以博物馆与旅游结合为特色，因此得到酒店业与博物馆业人士的关注。

玛雅岛酒店总建筑面积 2.7 万平方米，由太阳宫和月亮宫等部分组成，拥有 199 间格调高雅、豪华舒适的客房及套房，1 个大宴会厅和 3 个多功能厅。

玛雅岛酒店不仅能满足客人的住宿需求，从入住酒店之日起，还可了解玛雅文化的历史和构成，体验玛雅文化的精华和神秘。玛雅岛酒店每栋楼皆为金字塔形状，尤其是在博物廊里，随处可见玛雅文化特色的饰物或壁画，图拉武士像、鳄鱼纹饰、玛雅象形字、太阳神……它们姿态各异，神态迥然，栩栩如生，或描述玛雅人对神灵的敬仰与祭祀场景，或再现玛雅人战争与凯旋的场面，或刻画出玛雅人易物交换的神情，或描绘玛雅人的游行及舞蹈……一幅幅形象生动的玛雅艺术珍品，带领人们回到那遥远而古老的玛雅时代。

在玛雅岛酒店，游客能了解到至今无法解释的神秘玛雅文明与中国古老文明的某种契合——玛雅金字塔的台阶为 365 阶，正好与一年 365 天吻合。玛雅岛酒店总台壁龛摆放了 18 个铜像，则代表着玛雅人的奇特历法。玛雅历法将一年分为 18 个月，每个月为 20 天，再加上 5 个忌日，共计 365 天。这与中国黎族的民间历法酷似，让人联想到玛雅人与中国人之间存在着某种联系。而更让人难以置信的是，玛雅人测算的地球年是 365.242 0 天，与现在计算的 365.242 2 天相比，误差不过 0.000 2 天。

玛雅岛酒店堪称一座大型玛雅文化博物馆，这显示出中国酒店业正由服务经济向文化体验经济转变，同时也为中国博物馆的未来经营打开了丰富的想象空间。

资料来源：佚名. 总部基地玛雅岛酒店：在古老京城邂逅异域文明 [EB/OL]. 新浪旅游，http://travel.sina.com.cn/hotel/2009-10-19/1155111909.shtml，2009-10-19.

(2)"景区+博物馆"模式。它依托景区办博物馆,以此增加旅游内涵,博物馆和景区相互依存、共同发展。该模式要求博物馆景区呈现多彩的文化特色,在景区的走廊和休息区设置可供游客欣赏的壁画复制品、画册和宣传册,创建出具有独特文化气息的博物馆旅游风景区,例如佛山的岭南天地、成都的宽窄巷子、福州的三坊七巷等。

(3)休闲体验博物馆模式。该模式以参与体验为方式、以满足游客心理要求为主要目标,彻底改善博物馆空间的压抑性、展示方式的陈旧性和高文化性等消极因素,消除游客的疲劳心理,重视游客的心理体验。表4-2列出了国外一些知名体育博物馆的运营模式。

表4-2 国外知名体育博物馆的体验式运营模式

体育博物馆名称	体验式运营特色
温哥华体育博物馆	设有特别"参与陈列室",利用现代科技手段,为参观者提供真实参与跑步、投掷、攀登和划船等项目的机会
新英格兰体育博物馆	有20个展区,体育名人用木头雕刻,还设有许多互动式展品,观众可亲身体验运动魅力;地下室还藏有数以千计的纪念品,以及专门为盲人准备的特别展品
国际游泳名人堂	有两个50米标准池,以及游泳池、教学池和游泳峡沟各一个,是可进行训练、游泳、跳水、水球和花样游泳比赛的世界级的游泳表演场所,还拥有博物馆和艺术陈列室。自1995年起,每年各举行一次名人入堂仪式和邀请赛活动
美国俄亥俄州职业橄榄球名人堂	收藏有铜制名人半身像、相片和私人物品,展出反映美国橄榄球联盟历史、职业橄榄球运动服的演变及橄榄球运动事件的展品、可视资料和录像,还能让游客亲身参与和体验橄榄球运动

资料来源:王军等.世界体育博物馆览胜[M].北京:中华书局,2003.

二、主题公园

(一)主题公园的重要价值

城市作为人类苦心经营的生活、生产空间,除了考虑基本的生活需求之外,还注重通过城市游憩设施的配套建设来满足人们日益增长的对于闲暇时间的休闲活动的更高要求。其中,主题公园就是城市旅游休闲体系中最为典型的产品形式,1955年7月美国加利福尼亚州迪士尼乐园的出现被视为主题公园产生的标志。

目前国内外学术界关于主题公园尚未有统一严格的定义,但人们普遍认为主题公园是为了满足旅游者多样化的休闲娱乐需求而建造的一种具有创意性的活动方式的现代旅游场所。它是现代旅游业在旅游资源的开发过程中所孕育产生的新的旅游吸引物,是自然资源和人文资源的一个或多个特定的主题,采用现代化的科学技术和多层次空间活动的设置方式,集诸多娱乐内容、休闲要素和服务接待设施于一体的现代人工旅游产品,由于对客源规模、设施设备、外围环境都有一定要求,主题公园集中于城市范围内。

对于城市旅游产品体系来说,主题公园的出现无疑是一个补充,其产生的意义主要体现在以下三个方面：

第一，为某些无形旅游资源（如民俗、传说、文学作品等）向有形旅游产品的转化，即潜在资源优势向现实经济优势的转化，提供了一条有效的途径，并且突破了旅游资源利用的地区限制，拓宽了旅游资源开发的形式和内容。

第二，为市场区位优势明显但旅游资源贫乏的城市提供了发展旅游经济的可能性。一般来说，旅游业的发展是以旅游资源为主要依托，以旅游市场为前提条件的，但旅游资源和旅游市场在空间分布上并不是均衡的。在旅游资源贫乏而市场区位条件又相当优越的城市，通过建设主题公园可以促进当地旅游经济的兴盛，深圳华侨城就是一个成功的典型案例。

第三，为一些城市适应旅游市场的需求变化、优化旅游产品结构、提高旅游经济效益，提供了新的选择。许多旅游城市由于旅游资源构成单一或集聚程度较低，致使旅游产品的结构、布局存在明显的缺陷，不能很好地满足市场需求，导致游客数量少、停留时间短、消费水平低，严重影响旅游业的稳定发展。而主题公园的出现，不仅可以从整体上弥补原有旅游资源和产品的种种不足，最大限度地满足游客的需求，而且可能创造出新的市场，促进当地旅游业再上新台阶。

（二）中国主题公园的发展历程

中国第一个真正意义的大型主题公园是1989年9月在深圳开业的"锦绣中华"，其成功在中国产生了轰动性的示范效应，带动了此后20多年中国主题公园的迅速发展。在这个发展过程中，中国主题公园的发展可分为：探索发展期、规模化建设期和品牌化发展期三个阶段。

1. 探索发展期（1978—1989年）

改革开放后的中国，随着经济发展，城市居民生活水平有了显著提升，人们需要新的游乐方式，以大型机械娱乐项目为主的游乐园便盛行起来。但是以机械游玩为主导的游乐园并不是严格意义上的主题公园，1989年9月，深圳"锦绣中华"的建成开业标志着中国现代意义上的主题公园正式诞生。

2. 规模化建设期（1989年9月—1997年）

"锦绣中华"取得的成功，在全国范围内引起了轰动，掀起了20世纪90年代初至1997年全国建设主题公园的热潮。据相关部门的不完全统计显示：截至1990年年底全国共有50多个主题公园，到1997年年底数量已超过1 750个。但是需要引起注意的是，该阶段中国已开发的主题公园中，多数是模仿、复制，大多缺乏个性与创造性，投资与回报极不相称，全国主题公园中只有10%盈利，20%勉强维持收支平衡，而70%处于亏本运营状态。由于这一时期所显现的经营问题，主题公园的开发在后期逐步陷入低潮。

3. 品牌化发展期（1997年至今）

1997年9月10日，深圳华侨城股份有限公司在深圳交易所挂牌上市，标志着中国主题公园开始向品牌化模式迈进。华侨城自1997年起相继开发了深圳欢乐谷、北京欢乐谷、成都欢乐谷、上海欢乐谷、深圳东部华侨城，致力于打造中国主题公园的连锁品牌。2005年9月12日，香港迪士尼主题公园正式开业；2016年6月16日，上海迪士尼主题乐园正式开园，这些大品牌主题公园的开发建设对实现中国主题公园的良性发展具有积极的影响和重要的意义。

三、事件旅游产品

（一）基本概念

若旅游者去一个地方旅游，主要是或仅仅是因为这一地方发生或即将发生什么事情，这种吸引就是事件吸引，由事件引起的旅游可称为事件旅游，作为吸引物的事件则称为旅游事件。通过策划、举办旅游事件来促进旅游业的发展，提升旅游地知名度已经成为城市旅游发展中运用的主流手段，事件旅游产品也成为城市旅游产品体系中的典型代表。

事件旅游专指以各种节日、盛事的庆祝和举办为核心吸引力的一种特殊旅游形式（罗秋菊，2002），而这种事件本身足以吸引当地居民与旅游者参与其中，事件活动的举办具有"庆祝"性质的文化内涵，当地居民与旅游者也是被这种独特的文化内涵所吸引而产生旅游活动（陈慧莎，2012），这是与其他类型旅游产品的不同之处。Getz（1997）从事件管理和事件营销的角度出发，从两方面对事件旅游进行阐释：一方面，事件旅游是对事件进行系统规划、开发和营销的过程，其出发点是使事件成为旅游吸引物、促进旅游业发展的动力、旅游形象塑造者，以及提升旅游目的地地位的催化剂，事件旅游发展战略还要对新闻媒介和不良事件的管理做出规划；另一方面，事件旅游要对事件市场进行细分，包括分析和确定什么人将进行事件旅游、哪些人可能会离开家而被吸引前来参与事件，强调了对事件本身进行事先规划的重要意义。

（二）主要类型

Getz（1997）将事先经过策划的事件分为八大类：文化庆典、文艺娱乐事件、商贸及会展、体育赛事、教育科学事件、休闲事件、政治/政府事件和私人事件，其中每个大类又分别包括不同的事件类型。

（1）文化庆典，包括节日、狂欢节、宗教事件、大型展演、历史纪念活动；

（2）文艺娱乐事件，如音乐会、文艺展览、授奖仪式；

（3）商贸及会展，包括展览会、展销会、博览会、会议、广告促销、募捐/筹资活动；

（4）体育赛事，如职业比赛、业余竞赛；

（5）教育科学事件，包括研讨班、专题学术会议、学术讨论会；

（6）休闲事件，如游戏和趣味体育、娱乐事件；

（7）政治/政府事件，如就职典礼、授职授勋仪式、贵宾VIP观礼、群众集会；

（8）私人事件，包括个人庆典（如周年纪念、家庭假日、宗教礼拜），以及社交事件（如舞会、同学、亲友联欢会）。

Roche（2000）从研究事件的现代性角度出发，综合事件的规模、目标观众及市场、媒体类型覆盖面等标准，把事件划分为重大事件、特殊事件、标志性事件和社区事件四类（如表4-3所示）。

表 4-3　依据 Roche 提出的标准划分

类型	目标观众及市场	媒体类型覆盖面	实例
重大事件	全球	全球电视	世博会、奥运会、世界杯
特殊事件	世界/国内	国际/国内电视	国际汽车人奖赛、区域性体育赛事
标志性事件	国内区域	国家电视、本地电视	国家体育赛事、大城市体育赛事
社区事件	区域/地方	本地电视/报刊	乡镇事件、地方社区事件

资料来源：Roche, M. Mega-events and Modernity: Olympics and expos in the growth of global culture [M]. London: Routlodse, 2000.

根据学者的研究，再结合中国城市的事件旅游发展，对能产生事件旅游并事先经过策划的事件旅游产品按事件活动的性质进行重新分类，城市事件旅游产品主要分为三类。

（一）节庆型事件旅游产品

真正的节日是完完全全为公众而产生的，而绝不是一种针对个人的消费，它是为社群之中有价值的事情所举行的庆祝活动，可以简单地定义为有主题的公众庆典活动。

节庆型事件旅游产品主要以传统民俗活动和现代商业活动为吸引内容。传统民间节庆作为一种周期性的民俗传承活动，其形成与发展同当地所处的地理环境、生产状况、生活条件、文化内涵有着密切关系，因此往往带有明显的人为因素，地方文化的色彩十分浓厚，如北京的庙会、广州的花市。节庆型事件旅游产品的内容丰富，有传统的民俗节庆，如春节庙会、中秋节赏月、端午节赛龙舟等；有因自然条件而形成的特殊节庆，如牡丹节、荷花节、荔枝节等；也有传统文化和现代生活相结合而形成的新兴节庆，如美食节、草原音乐节等。另外一种类型则是为了振兴某种特定形式的艺术或体育运动而发起的商业活动节庆，主要体现在体育比赛、商业促销或者是会议和表演等一些领域，这种商业活动与节庆融合的产品类型正越来越多地出现在城市旅游领域当中。

（二）娱乐演艺型事件旅游产品

娱乐演艺事件是最为大众所喜闻乐见的形式，包括狂欢节、音乐会、艺术节、舞蹈节、戏剧节、化装舞会或者一般的文化节都可以成为当地居民和旅游者的重要旅游吸引物。如果此类文化事件已经存在了，那么旅游活动需要被组织来利用这些事件，同时避免产生如城市交通阻塞或者宗教文化冲突等任何严重问题。有时候，娱乐演艺文化事件需要被进一步地开发、改善和促销，如果在一个地区没有特殊的文化事件存在，那么有可能基于一些当地文化中独一无二的因素来组织一个事件，例如桂林阳朔的印象·刘三姐，就是取材于当地民间传说故事中的人物形象所策划设计而成的娱乐演艺型事件旅游产品，得到了游客的好评。

（三）展览/博览型事件旅游产品

时代的进步、社会的发展使人们更加注重提高自身的素质、培养高尚的情操、拓宽知识面，不同类型的展览活动正是顺应了人们这些方面的需求，以琳琅满目的各类展品吸引大量游客前来观赏，增长见识，如一年一度的珠海航空展览会、2006 年杭州世界休闲博览会、2010 年上海世界博览会等，此类旅游产品将在会展旅游城市相关章节中进行介绍，在此不再赘述。

四、工业旅游产品

工业旅游是近年来在城市中兴起的一种新型旅游形式,是指以现有的工厂、企业、公司园区建筑及产品生产、体验、销售等为吸引,满足旅游者精神需求,以及食、行、住、游等旅游享受,能提供集求知、购物、观光等多方面为一体的综合型旅游产品。随着中国工业化的迅猛发展,工业旅游正在逐渐成为国内城市旅游的新卖点,青岛海尔集团、广州珠江啤酒厂、北京798文化创意园区等各种形式的工业旅游都搞得红红火火,不仅介绍了企业、提升了形象、增加了销量,更是通过工业旅游发展了一大批稳定忠诚的城市旅游消费群体。

(一) 工业旅游产品的特点

1. 丰富的知识性

工业旅游的游览对象是工业企业的厂区、生产线、生产工具、劳动对象和产品,而这些都从不同角度体现了科学、技术和经营管理方法在工业生产中的应用,如先进的设备是科学技术的结晶,独特的工艺蕴藏着丰富的科学知识,井然有序的生产线是现代管理技术的合理运用,良好的工作氛围和优美的环境是企业文化的充分表现。这一切都充分说明工业旅游区别于其他旅游项目的最大特点就是知识性强、科技含量高。

2. 独特的观赏性

工业旅游的观赏性不同于其他观光旅游产品,其游览对象决定了其带给人的必然是独特的感受,钢花飞溅的车间、井然有序的生产线、震撼人心的卫星发射都给人以独特的视觉感受,这是其他旅游产品所无法提供的体验。有些工业企业由于其自身性质,如果不是借由工业旅游的对外开放,普通民众就永远不识其庐山真面目,比如在国外参观造币厂的活动就深受游客青睐。此外,各个工业企业独特的企业文化,游客可以在旅游中充分感受到,这是通过其他旅游方式所无法领略到的。总之,工业旅游较好地满足了旅游者求新、求奇、求知的需求,激发了旅游者的游兴。

3. 强烈的依托性

旅游资源的不可转移性决定了旅游消费只能在旅游目的地进行,工业旅游在这一点上体现得尤其明显。工业旅游除了像其他旅游项目一样需要依赖交通、通信等基础设施,更需依附于工业企业及其周边环境作为其旅游吸引物。工业企业自身条件对工业旅游开展的可能性和程度至关重要,如工业企业科技含量的高低、生产设施的先进程度、生产流程的复杂程度和企业自然人文环境等决定了工业旅游的观赏性和吸引力;工业旅游的活动形式取决于工业生产的要求,对于游览环境的依托性非常强。

4. 多重的效益性

工业旅游的开展使工业企业、旅游业、游客和地方经济多方受益,形成多赢的局面。对工业企业来说,它不仅得到参观费、直销产品利润等收入,而且宣传了企业品牌,提高了知名度,树立了良好的企业形象。在这一过程中,企业也能够了解消费者的需求和市场动向,适时推出适销对路的产品。对旅游业来说,工业旅游是旅游产品体系完善过程中的必然结果,为城市旅游产品体系的丰富与发展拓宽了思路,也部分缓解了城市旅游产品供给与需求之间的矛盾。对游客来说，工业旅游满足了游客观光、采购、求知等多方面的需求。对地方经济来说，工业旅游为各地产业结构调整做出了贡献，促进了地方经济的发展。

（二）主要产品模式

凡能对旅游者产生吸引力的企业生产场所、设施设备、展示设施、生产过程、生活环境、管理经验、企业文化和生产成果等，以及工业遗产、工程项目都可成为工业旅游的发展依托，工业旅游产品由此也可以分为工厂企业、工业遗产和工业项目三类。其中，工厂企业最为常见，中国现有的工业旅游示范点多属于此类；工业遗产是具有历史、工艺、建筑、科学和社会价值的工业文化遗迹和遗物；工业项目主要是矿产、电力和港口物流等领域户外露天的在建或建成的工业工程项目（谢红彬，2005）。

从工业化程度、企业资源类型和旅游业发展水平出发，结合工业旅游实际情况，可以将工业旅游产品发展模式归纳为：生产流程型、文化传承型、创意产业型、工艺展示型、工业景观型等，每种模式的资源内容、游览方式和适用范围等如表4-4表示。

表4-4 工业旅游产品的开发模式

开发模式	资源内容	游览方式	适用范围	开发实例
生产流程型	研发机构、车间厂房、生产场景、工艺流程、高新技术、管理特色、企业文化和产品	在生产场所开辟游览通道，游客参观生产过程	食品、服装、汽车、电器等制造业企业	长春一汽工业园旅游
文化传承型	业内资深企业或龙头企业，拥有传统配方、驰名商标、历史渊源、独特企业文化或产业文化	在纪念馆追溯企业历史、企业文化或产业文化，参观生产车间、生产流程、厂区，参与体验项目或购物等	中国工业史上里程碑式的企业和中华老字号企业	贵州茅台酒厂、四川剑南春酒厂工业旅游项目
创意产业型	将废弃厂区建筑等工业遗产改建成创意产业园；在原有产业基础上发展成的技术研发、建筑设计、文化传媒、时尚消费创意产业	在主题公园、影视动漫基地、艺术园区、节庆演出地、新兴街区等创意区域，参观展览、艺术写生、聆听讲座、参加派对、观看表演、访问社会名流	广告、建筑、艺术、工艺品、时装设计、音乐、表演、出版、电视广播、电影、IT等行业	北京798文化创意园区、广州红砖厂创意园等
工艺展示型	生产过程和产品本身具有较高的艺术性和观赏性	观看工艺流程、参观工艺品展示厅、参与产品制作过程、购买产品	玻璃、陶瓷、雕刻、首饰等工艺制造	周大福顺德珠宝文化中心、景德镇陶瓷股份有限公司工业旅游
工业景观型	矿产采掘加工、发电、港口物流的建筑、生产场景和机械设备等，与深山、峡谷、沙漠、戈壁和海湾等环境结合	观赏生产过程、设施设备，与探险旅游、滨海旅游、沙漠旅游等结合，满足游客好奇心、回归自然、欣赏奇景	矿产、电力、港口物流类工业项目	四川西昌航天城旅游、甘肃酒泉航天城旅游

资料来源：杨文森，付业勤. 工业旅游资源类型、发展模式与产品设计研究：以福建省晋江市为例［J］. 衡水学院学报，2013，（01）.

 拓展阅读

茅台酒厂的工业旅游

香飘四海的茅台酒,起于秦汉、熟于唐宋、精于明清、尊于当代,在中国酒文化史上辉映了两千多年,是中国名酒之冠,享有国酒、外交酒、政治酒的美誉。它是中国酒文化的卓越典范、世界酒文化的璀璨明珠,也是中华民族文化的瑰宝。随着旅游业的兴起,茅台酒厂紧紧围绕酒文化这个龙头,利用茅台的品牌效应和独具特色的工业资源,开发酒文化旅游产品,使工业旅游成为贵州旅游产品的精品之一,并基本形成了特色文化旅游业体系。

开办以酒文化为主要内涵的工业旅游,茅台酒厂对此谋略良久,早在1994年,集团公司领导就与仁怀市市政府领导一道赴全国旅游发展好的省区参观考察,并成立了茅台国际旅游区开发领导小组。1994—1997年,仁怀市市政府与茅台酒厂围绕酒文化加大旅游投入,形成一批展示和承载酒文化特色的景观,同时责成相关部门就工业旅游进行专题调研,从1997年开始运作工业旅游。酒是民族灵魂的一种载体,生动地反映着各民族的历史和现实的经济发展风貌,加之改革开放以来,特别是近年来,茅台酒厂实行"绿色茅台、人文茅台、科技茅台"的品牌战略之后,加大了厂区环境治理力度,使企业成为具有高科技含量和绿色生态环境的现代化工厂,提升了对游客的吸引力。自1997年开办工业旅游以来,赴贵游客人数猛增。集团公司共投入资金2.5亿余元开办工业旅游,相继建成了国酒门、巨型茅台酒瓶、国酒文化城、巨型摩崖石刻、国酒园林等具有酒文化特色的人文景点、景观、绿化、美化、亮化了厂区环境;茅苑宾馆、西苑宾馆、国酒宾馆、国酒门度假山庄等服务设施的兴建,开创了政府主导、企业投入开发工业旅游资源的新格局,极大地推动了贵州旅游业的发展。

茅台酒厂的厂区面积约3平方千米,旅游资源非常丰富。一有生产景观,如生产车间、包装车间、酒库车间等,可观看生产、包装和贮存现场;二有环境景观,厂区环境绿化、美化好,种植了各种花草树林,形成花园式的厂房、车间和办公环境;三有赤水河自然水体景观,厂区依河而建,倒影水中,杨柳婀娜,榕树茂盛;四有江泽民题写塔名的红军四渡赤水纪念塔景区;五有国酒门、巨型酒樽、飞天雕塑、国酒园林、杨柳湾古井等景观;六有巨型茅台酒瓶,高耸入云,高31.25米,直径10.20米,能容纳500毫升装的茅台酒294万瓶,堪称举世无双的大酒瓶(1997年5月,经上海大世界吉尼斯总部确认为最大的实物广告);七有汇古今建筑艺术精华于一堂的国酒文化城,占地3万多平方米,建筑面积8 000多平方米,规模浩大,气势恢宏,建有汉、唐、宋、元、明、清及现代馆7个馆,馆内大量的群雕、浮雕、匾、屏、书画、文物、图片,从不同的角度介绍了中国历代酒业的发展过程,反映出酒与政治、经济、文化的联系,展示了酒类生产沿革、工艺过程和酒的社会功能,体现了人们造酒、饮酒过程中的民族性格、宗教信仰、伦理道德和精神风貌,整个酒文化城纵贯上千年的历史,再现了中华民族绚丽灿烂的文化(于1999年6月被上海大世界吉尼斯总部确认为规模最大的酒文化博物馆);八有"美酒河"摩崖石刻,这三个字分别高40米、宽40米,石刻总面积4 800平方米，笔画最宽处 6.8 米，字刻深 1 米左右，1999 年 6 月被上海大世界吉尼斯总部确认为最大的摩崖石刻汉字。

近年来，茅台酒厂还陆续开发了观厂游"重走长征路，品尝茅台酒""游览赤水河，赏国酒风采"等旅游产品，丰富了酒文化旅游的内涵，使旅游者能更充分地了解国酒茅台的文化和神奇卓绝的酿造工艺，揭开茅台酒的神秘面纱。经过不懈的努力，茅台酒厂的工业旅游已得到充分的发展，逐渐成为集团公司新的经济增长点。

资料来源：www.moutaiching.com，贵州茅台酒股份有限公司官网，2016。

思考与练习

1. 列举城市旅游产品的类型。
2. 简述城市游憩商务区的特点。
3. 简述环城游憩带的形成机制。
4. 举例说明工业旅游产品的开发模式。
5. 请展望一下未来城市旅游产品开发的方向和趋势。

参考文献

［1］Getz D. Event Management & Event Tourism［M］. NY：Cognizant Communication corporation，1997.

［2］Grabler K. Cities and the destination life cycle［A］//Mazanec J A eds，International city tourism：analysis and strategy［M］. London：Pinter，1998.

［3］Haywood K M. Can the tourist‐area lifecycle be made operational?［J］. Tourism Management，1986，（07）.

［4］保继刚. 旅游地理学（修订版）［M］. 北京：高等教育出版社，1999.

［5］崔凤军. 中国传统旅游目的地创新与发展［M］. 北京：中国旅游出版社，2002.

［6］范能船. 上海都市旅游的产品构架［J］. 旅游科学，1999，（01）.

［7］李舟. 关于旅游产品生命周期论的深层思考——兼与杨森林老师商榷［J］. 旅游学刊，1997，（01）.

［8］王大悟，魏小安. 新编旅游经济学［M］. 上海：上海人民出版社，2000.

［9］吴必虎. 大城市环城游憩带（ReBAM）研究——以上海市为例［J］. 地理科学，2001，21（4）.

［10］谢红彬，高玲. 国外工业遗产再利用对福州马尾区工业旅游开发的启示［J］. 人文地理，2005，（6）.

［11］徐红罡，郑海燕，保继刚. 城市旅游地生命周期系统动态模型［J］. 人文地理，2005，20（5）.

［12］许春晓.“旅游产品生命周期论”的理论思考［J］.旅游学刊，1997，（05）.

［13］杨文森，付业勤.工业旅游资源类型、发展模式与产品设计研究——以福建省晋江市为例［J］.衡水学院学报，2013，（01）.

［14］余书炜.“旅游地生命周期的理论”综论——兼与杨森林商榷［J］.旅游学刊，1997，（01）.

［15］郑嬗婷.杭州城市旅游空间结构的演变及优化分析［D］.芜湖：安徽师范大学，2006.

第五章 特殊类型的旅游城市

 **学习目的**

通过本章的学习，了解和掌握城市旅游发展的特殊类型、特殊模式，理解这些城市发展特殊类型旅游的原因、过程及其影响，了解全球范围内有哪些特殊类型的旅游城市，以及这些城市所具有的特点。

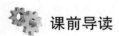 **学习要点**

- 会展旅游、会展旅游城市的概念
- 会展旅游城市的市场特征与发展模式
- 博彩旅游城市吸引物的构成
- 遗产旅游城市的概念及面临的问题

课前导读

博彩业与澳门城市旅游

澳门博彩业历史悠久，是澳门最重要的经济支柱产业。2003年，澳门特别行政区政府（以下简称"特区政府"）鉴于澳门旅游娱乐有限公司40年的博彩专营合约即将到期，实施了开放赌权计划，标志着澳门博彩业进入了新的发展时期。1999年，澳门博彩收入仅140亿澳门元，2013年实现收入3 619亿澳门元，增长约25倍。

博彩业的发展，直接带动了旅游业、服务业和其他相关行业的共同发展，逐步实现特区政府回归初期确定的"以旅游博彩业为龙头、以服务业为主体，带动其他行业协调发展"的经济定位和目标。特区政府还将赌台数量审核批准和博彩企业多元化经营成效挂钩。六家博彩企业做出多元化承诺，大力发展非博彩产业，其中大运河购物中心、水舞间表演、啤酒美食节等都是博彩企业成功打造的多元品牌，有助于改变澳门单一的赌城形象。2013年澳门城市游客接待量为2 932万人次，2014年更是达到3 152万人次，博彩业对澳门建设世界旅游休闲中心城市起到了显著的作用。

资料来源：李少冰. 澳门旅游业发展方向研究 [D]. 武汉：华中科技大学，2009.

第一节 会展旅游城市

一、概念界定

会展旅游（Meetings、Incentives、Conventions、Exhibitions，MICE），是包括各类专业会议、展览会与博览会、奖励旅游、大型文化体育盛事等活动在内的综合型旅游形式。作为一种综合型旅游产品，会展旅游以会议和展览作为主要的旅游吸引物，借举办会议和展览之机吸引旅游者前往会展举办地洽谈业务、交流沟通和旅游参观访问，为他们提供食、住、行、游、购、娱诸方面的良好服务，从而为当地创造良好的经济、社会和环境效益。从这个意义上说，会展旅游者旅行的主要目的是会展，即商务或会议，会展旅游仅仅是其在闲暇或会后的休闲行为。

会展通常会选择在一个城市举办，会展活动将直接或间接地对举办地城市及周边区域的产业发展和社会文化事业繁荣等产生促进作用，而通过举办各种会展活动来促进城市旅游业的发展、增加旅游地的知名度已经获得旅游城市的广泛认同。在这一背景下，具有会展业发展的比较优势，会展综合实力、集聚力、辐射带动能力与发展潜力较强，以会展业为其重要城市职能的城市，即会展业在城市的产业结构中占有相当大比重的城市，被称为会展城市。学者们提出了界定会展城市的两种标准：①根据会展业的总产值占当地 GDP（国内生产总值）的比例而定，据估测，一个城市的会展业产值需占到 GDP 的 0.5%—1%，才称得上是会展城市；②根据城市会展经济发展的媒体曝光率来评判，但必须对媒体的级别进行明确的限定。可见，会展城市首先应该是会展举办地，但是举办过会展的城市并不一定是会展城市，举办会展是城市成为会展城市的基本条件，而只有城市会展业的发展满足一定的条件、达到一定标准才能称之为会展城市。

同样，会展举办地不一定是会展旅游城市，这仅仅只是基本条件，结合会展旅游特点，张娟玲（2009）拟定了会展旅游城市的界定指标（如表 5-1 所示）。会展旅游城市与会展城市的不同之处是要把反映旅游业的发展指标融入其中，包括旅游业的效益和旅游业与会展业的融合情况。同时，会展曝光率、会展对城市文化的影响、政府和相关协会对会展的管理、城市会展教育发展等方面也对城市会展旅游的发展具有不可忽视的作用，因而也被采纳进入指标体系。

表 5-1 会展旅游城市的界定指标

一级指标	二级指标	三级指标
基础设施条件及接待服务能力	交通条件	国际机场的位置及服务能力
		港口位置及服务能力
		铁路位置及运输能力
		公路运输便利度及运输能力
	口岸条件	口岸是否直达及其功能
	饭店宾馆	数量及档次
		距离展馆的距离

（续表）

一级指标	二级指标	三级指标
会展业发展水平	会展效益	举办会展的等级（区域、国内、国际）规模
		会展业在城市产业结构中的比例
		会展业对旅游业的拉动系数
	发展潜力	潜在参展商数量
		友好商务联系国家
		潜在年均观众人数
		会展企业数量及规模
旅游业发展水平	旅游效益	年接待入境旅游者中会展旅游者的比例
		会展旅游外汇收入比例
		旅游增加值占 GDP 的比例
	参与状况	旅游企业参与状况
		会展旅游资源利用及开发
		会展旅游产品销售及开发
其他	社会影响力	会展文化传播状况
		会展曝光率
	管理环境	政府政策支持力度
		会展行业协会管理职能的发挥
	教育发展	专业院校教育发展
		专业培训体系建立

资料来源：张娟玲. 我国城市会展旅游发展研究［D］. 石家庄：河北师范大学，2009.

通过以上分析，可以对会展旅游城市做出如下的界定：**会展旅游城市是指以完善的基础设施及接待服务能力为支撑，以良好的旅游资源为补充，以较高的会展业发展水平为核心，通过举办各种形式的会议或展览活动，吸引大批与会、参展人员及一般游客前来进行经贸洽谈、文化交流或旅游观光，以此带动相关产业发展的现代化城市。**

二、会展旅游城市的市场特征

（一）组团规模大，以短距离旅游为主

由于各类会议、展览会、交易会举办时间集中，参展人数多，会展旅游组团的规模通常较大。据国际大会和会议协会（ICCA）的界定，国际会议的与会人数应在 300 人以上。一般来说，各类展览会、博览会、展销会等的规模要大于会议，而影响会展活动举办效果的直接因素就是会展人气指数。一般有良好发展前景的城市，通常历史悠久，特色鲜明，具有高知名度品牌的会展，大多能够吸引众多团队和人士参与。例如，广州的中国进出口商品交易会（广交会）距今已有 60 年历史，是中国目前历史最长、层次最高的综合性国际贸易盛会，每年都能吸引国内外数十万的参展商、采购商和相关人员的参与。

由于与会者来到异地参与会展活动前，往往经历了一段远距离的疲劳旅行，因此他们一般都选择会展地周边的地点进行旅游。例如，外商来到广州，一般选择广州及其附近的景点，或由于时间原因而仅仅去会展地附近的地方游览。

（二）停留时间长，以会前、会后旅游居多

会议、展览可以延长游客的停留天数，这已成为业界的共识。根据ICCA的界定，国际会议的会期在3天以上，因此会展旅游城市的消费者群体通常停留时间较长。例如，到香港参加会议展览的商务客人停留的天数比一般游客平均多两天；到新加坡的一般旅游者平均停留3.7天，而会展旅游者则平均停留7.7天，这对酒店、餐厅、商店等城市旅游业的关联企业具有极为重要的意义。另外，会展活动期间的日程通常会安排得非常紧凑，与会者很难在中途离开去进行旅游活动，因此具有旅游意愿或计划的与会者，往往会把旅游时间安排在会前或会后。

（三）消费水平高，价格弹性较低

参与会展活动的人员大多是代表企业实体或政府机构，与会人员的费用通常由企业或政府负担。因此，参加会展的机构、企业和人员一般不太计较价格，舍得投入人力、物力和财力，相比一般旅游消费者来说，他们对价格不太敏感，在消费能力上表现出较高的水平，人均消费多数高于整体的旅游消费平均水平。从这个角度来讲，会展旅游城市在总体经济收益指标上显示出良好的业绩，也因此成为众多城市努力发展的目标类型。

（四）季节性不强，以自由行为主

一般的休闲消遣旅游，由于旅游地区的自然条件和旅游者的闲暇时间分布不均衡，具有明显的季节性。例如，每年的春秋两季，尤其是重要的节假日期间，往往是各大城市的旅游旺季。而会展旅游和一般的休闲消遣旅游相比，其季节性不太明显，因此可以增加会展地旅游淡季的营业收入，进而促进旅游业的稳健发展。会展旅游城市也充分利用了这一特征，通过调节举办会议和展览的数量、频率和时段，实现对城市旅游淡旺季差异的有效改善与优化。

另外，由于与会者普遍文化程度高、消费多、旅游个性强，他们参加旅游活动时，通常有很强的独立性，不愿受人支配。因此，他们一般会选择更自由随性的自助游或半包价旅游方式，活动的内容与范围都较为分散，进一步促进了会展旅游城市游客流的平衡分布。

三、会展旅游城市的发展模式

由于各个城市拥有的资源和功能不同，它们所吸引会展的数量、质量也各不相同，从而形成了不同风格的会展城市和会展旅游城市。结合当前会展旅游发展的实际，会展旅游城市的发展可划分为以下三种主要模式。

（一）资源依托型发展模式

资源依托型发展模式是指通过依托城市的自然、人文旅游资源来推动城市会展旅游的发展，形成独特的优势，不断完善会展旅游业的相关配套设施和服务，通过开展多层次、多种类的会展旅游活动来吸引游客，创造商机，进而带动其他产业的发展，构建一

个以自然、人文旅游资源为主体的城市会展旅游经济体系。

会展与旅游有着相辅相成的关系，很多时候会展的策划设计就是冲着举办地的名胜古迹、美丽风光和良好的城市环境而来，城市丰富的自然和人文旅游资源会提高会展活动的吸引力。瑞士东部小城达沃斯，是阿尔卑斯山脉中海拔最高的城市，也是世界知名的温泉度假、会议、运动度假胜地。世界经济论坛选择每年在达沃斯召开，就是考虑到该城市优质的度假资源与设施。会展与旅游在达沃斯中形成了良性的互动，每年除了有400多个大小会议在此召开，还有70万游客前来度假，仅会展旅游每年就能给达沃斯带来7 000万美元的收入。世界上著名的会展城市如德国的汉诺威和法兰克福、法国的米兰等也都在旅游资源和旅游设施方面具有独特的优势，显然，具备独特的旅游资源已经成为会展旅游城市发展的一个必备条件。

（二）产业依托型发展模式

产业依托型发展模式是指依托城市的优势产业来推动会展业的发展，通过形成独特的品牌来确立会展旅游城市的区域性地位，实现会展旅游业、城市贸易与优势产业的有机结合和互动。

城市会展产品的形成与城市本身的产业发展特点密切相关，只有具有特色的城市产业才能培育出具有特色的展览项目。例如，法国巴黎凭借全球领先的服装、化妆品等时尚产业，成为众多国际著名时装展、化妆品展汇集的"时尚之都"。在德国，许多专业性展览会也都是以城市产业为基础发展起来的，如工业重镇汉诺威的工业博览会、杜塞尔多夫的国际印刷包装展、旅游城市纽伦堡的玩具展等，专业性展览会使得这些会展城市在世界会展舞台上各领风骚，打造了自身会展旅游城市的品牌。

产业依托型发展模式为那些旅游资源条件并不占优势的城市提供了机会，它们可以结合地区的产业特色，举办与自身综合实力相适应的会展。例如，浙江台州拥有各类商品交易市场600余家，台州充分利用这一特色，举办"2013中国日用商品交易会"，吸引了800多家企业，成交额达21.3亿元，这不仅大大提高了台州的知名度，还为城市带来了大规模的旅游消费。浙江宁波的服装节、奉化的水蜜桃节、海宁的皮革展也同样带动了当地的第三产业发展，促进了城市会展旅游业的创新发展。

（三）市场需求导向型发展模式

随着人们整体生活水平的提高，旅游者的个性化特征日益突显，有偏好某种生活方式的群体存在，就意味着有一个特定的市场空间。锁定自身的目标客户群体，以相应的产品或服务、价格及促销组合来开发、吸引、留住这样一群客户，就给参与特定会展旅游活动的各相关单位找到了一个产品开发的新机会，就能够逐步创造并形成一个城市的特色会展旅游产品，并取得相应的竞争优势。市场需求导向型发展模式的会展旅游城市其会展业和旅游业总体实力强；城市经济发达，辐射力强；会展旅游市场供给需求旺盛，具备了前两类模式会展城市的所有条件。目前香港、北京、上海等地也呈现出这种特征。

表5-2对以上三种发展模式做了对比。

表 5-2 会展旅游城市的发展模式

发展模式	会展地特征	主导因素	辅助因素	实例
资源依托型	具有高强度的旅游、文化吸引力；又有较广的经济、文化联系	城市自然、人文旅游资源的独特性高；节庆活动吸引；经济基础较好；有一定的经济影响力	城市综合配套设施、会展旅游服务等	杭州、昆明、博鳌
产业依托型	区域性的会展中心；传统意义上市场与贸易的有机结合和良性互动；经济联系较广泛	依靠城市某些特色产业或支柱产业而形成一定规模的会展旅游业	完善的会展旅游服务基础设施；灵活的市场交易环境；信息、交通畅通	深圳、南京、青岛、宁波、温州、义乌、东莞等
市场需求导向型	会展旅游业总体实力强；对外社会、经济、文化联系广泛	城市经济发达；人均GDP较高；经济辐射力强；市场开放度高；产业体系完备；市场供给与需求旺盛	城市基础设施完善；人文自然环境优越；城市总体形象良好；会展服务和接待条件完备等	香港、上海、北京、广州等

四、会展旅游城市的产业链结构

会展旅游城市中，会展业和旅游业互动发展，逐渐结合形成了既服务于旅游者又服务于参展商和观众的会展旅游。会展产业链和旅游业链各自延伸，以服务会展旅游者为核心，融合形成了会展旅游城市独特的互动产业链（如图 5-1 所示）。

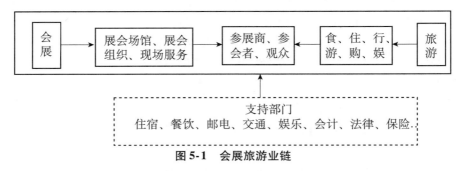

图 5-1 会展旅游业链

图 5-1 左半部分反映的是会展产业链，生产要素围绕会展产品的生产，主要为参展商、参展商和观众提供展会场馆、展会组织和现场服务等产品。会展业和旅游业结合后，会展活动中的大量人流为旅游业开发出一个极大的市场，会展活动代替了旅游业链上的旅游景区作为吸引物招徕游客。图 5-1 右半部分反映的是旅游业链，其主要为会展活动参与者提供参会期间的食、住、行、游、购、娱等服务。旅游业的介入使参展商、观众等除能够享受优质的食、住、行等基本服务外，还有机会参加丰富多彩的文化娱乐活动，享受周到的旅游服务，旅游业的专业化操作提高了会展活动的举办效率和举办质量。

由此，会展旅游业链是以会展业和旅游业为主的行业，围绕共同的终端——会展旅游者形成的。根据会展旅游的活动过程，会展旅游城市产业链的生产主要分为五个环节。

（1）会展活动的策划与申办是会展旅游业链的核心环节，该环节主要掌握在组展商或受组展商委托的专业会议/展览组织者手中。从会展旅游业链的结构来看，会展旅游的形成依赖于展会活动带来的大量人流、物流和资金流，有吸引力的展会是会展旅游城市形成的核心要素，策划与申办直接决定着会展活动的市场影响力，对会展旅游城市产业链的建设与形成意义重大。

（2）会展活动的组织是会展旅游业链的关键环节，在整个产业链中扮演着核心角色，是沟通产业链各环节的主要生产环节部分。组展商负责将城市环境中各种支持产业以场馆为中心结合起来，为参展商（参会者）提供一套综合的会展服务，从而通过延伸的消费将各个产业纳入产业链的整体体系。

（3）会展活动的招展、招商是会展产品的销售环节，招展是指将展位及展会现场的服务出售给参展商，招商则是通过广告宣传吸引会展观众。这一环节决定了策划、组织等环节成本的回收和盈利状况，更决定了展会所吸引的客户群体规模与质量。客户的数量决定了会展旅游城市产业链的规模与范围，客户的质量影响着这一产业链的总体效益，因此会展旅游城市发展的成功与否在某种程度上取决于招展、招商工作的成效。

（4）会展活动的实施是会展旅游业链实现价值的最终环节。实施环节是会展产品与受众见面的关键环节，会展参与者到达会展现场后，一次完整的会展活动才得以实现，旅游业在这一环节中才能面对会展旅游者提供服务，发挥作用。在这一过程中，客户群体才能体验到服务质量，良好的会展活动实施能够让客户群体产生相应的满意度甚至美誉度，从而促成会展旅游的形成与发展，推动会展旅游业链的持续成长。

（5）展后观光旅游是会展旅游业链的衍生环节。展会结束后，一部分会展参与者可能转变角色，游览会展举办地及周边地区的旅游景点，成为会展旅游者。这一环节真正体现了会展与旅游的互动发展，能进一步挖掘和创造会展旅游业链的价值，对会展旅游城市的发展起着非常重要的作用。

第二节　博彩旅游城市

博彩（Gaming）是指博得各种中奖机会的游戏活动，它与游戏（Games）一样具有娱乐性和规则性的特征。但博彩不是一般的游戏，它还具有三个基本属性：强烈的竞争性、高度的投机性和独特的随机性，能满足人类不同层次、不同种类的心理和生理需求。博彩业就是以博彩活动为支撑的产业（王鹏，2010），按照国际通常的划分标准，博彩业大体包括赌场、赛马、彩票等三类，三者因玩法不同而具有不同的特征，但相互间又有其特定意义上的内在规律和联系。

在博彩业的发展初期，它主要为成人尤其是男性成人提供服务，与旅游业是分开的。但是，随着竞争机制的引入以及市场化的操作，逐渐形成了博彩业经营与酒店、餐饮、休闲娱乐、度假和会议展览等行业的配套发展，实现了博彩业与旅游业的有机结合。在过去的几十年里，博彩业与旅游业保持着千丝万缕的联系，凭借其特殊的吸引力成为旅游业的一部分并且与旅游促销追求较高经济效益的目标联系紧密（Przybylski，1998）。伴随着世界博彩业以前所未有的速度蔓延和扩张，博彩旅游业也发展成为一个非常巨大的产业，并促进了数量不少的博彩旅游城市的产生与成长。

一、博彩业与旅游业的关系

（一）博彩业是旅游业的一部分

理解博彩业与旅游业关系的关键在于了解博彩业需求的来源并将其与旅游业需求的来源进行比较。需求源于市场，而市场最简单的划分即为本地市场和非本地市场。纵观旅游业的发展，可以发现其主旨就是招徕和吸引外来游客。众所周知，博彩业对本地市场和非本地市场均有较大的吸引力。为了阻止本地需求"渗透"出去，博彩业充当"取代进口部门"，有效地阻止本地市场向外"进口"博彩服务。另外，博彩业又充当"出口部门"，即吸引和满足外来需求，以促进本地经济的发展。基于此，博彩业对当地经济具有双重影响：一是实现财富在本区域的重新分配，二是吸引外来游客，产生财富扩大效应。因此，从地方经济发展的角度来看，博彩业满足非本地需求的能力使其成为旅游业的一部分。

此外，需求的来源也影响赌场位置的选择及市场细分策略与促销力度（Morrison，1996）。如果博彩是一项旅游活动的话，为了满足来自区域外部的需求，赌场很有可能位于区域交界处。实际中的情况也是如此，为了实现博彩业的财富扩大效应，大部分政府会选择将赌场规划到区域边界或者国界线附近，如加拿大温莎的赌场以满足美国底特律市场的需求为主；埃及的塔巴以满足以色列市场的需求为主。博彩业并不创造财富，只分配财富。一国或一地政府在决定实现赌业合法化时，其真实动机不可能仅是为了本国或本地财富的"内部分配"，只有当赌场能够出口它们的产品时，才能为政府增收做出有意义的贡献。本地经济不会从本地人的赌博中受益（Thompson，2002），博彩"产品"如何"出口"？只有一个途径：旅游。

综上所述，博彩业是旅游业的一部分。那么博彩业在旅游业中的地位如何呢？这一点可以通过博彩业的"取代效应"（Displacement Effect）来说明。取代效应是指博彩项目的推出会导致其他经济活动的即时减少。一般地，满足本地需求的博彩活动会取代已有的经济活动，而满足旅游者需求的博彩项目则不会取代已有的娱乐活动，即博彩娱乐项目和其他旅游娱乐项目是共生并且可以相互融合的。另外，根据世界旅游组织的定义和不同的旅行动机，旅游类型主要分为休闲度假旅游、探亲访友旅游、保健旅游、宗教旅游和公务旅游五大类。博彩旅游属于休闲度假旅游，并且和其他娱乐休闲活动有着较多的共性（Cook，1993），是随着博彩业的发展以及旅游业的变化而出现的一种新兴旅游类别。

（二）博彩业可以提升旅游业的竞争力

随着社会经济的进步，人们可用于休闲娱乐的时间和金钱越来越多，对休闲活动类型的需求越来越多，包括博彩在内的特殊兴趣旅游已经成为相当广泛、可被接受的休闲行为。与此同时，以商业行为观念开发的合法博彩项目大幅增加，并且产生了以企业形式经营的博彩旅游集团，开始专业化经营博彩旅游业。再加上前文所述的一些国家、地区或城市政府出于财政、旅游和经济发展等目的也越来越接受赌博的合法化，故博彩业与现代旅游发展是非常紧密的（Maclaurin，2003）。

多个发展博彩旅游的国家、地区和城市的实际经验表明，对于一些自然资源严重缺乏，或周边竞争日益激烈的地方或城市来说，在发展旅游业的时候增加博彩元素无疑是提高自身旅游业竞争力的新思路。为数不少的博彩旅游研究者指出，加入博彩元素的旅游活动会对旅游业产生推动作用，因此采取增加博彩元素吸引游客策略的国家、地区或城市正在逐渐增加，未来的博彩旅游市场需求仍会持续增长。在博彩旅游业界这样的观点也占据主流，通过博彩旅游这一战略工具来维持城市旅游业的竞争优势是很有必要的（Henthorne，1995）；澳大利亚博彩旅游业的发展也是因为它能为游客提供多元化的娱乐选择，丰富了国内外游客的行程，从而能提高城市旅游业的竞争力（Smeral，1998）。

二、博彩旅游城市吸引物的构成

博彩旅游城市，顾名思义就是以博彩旅游业为核心经济产业的城市。一般来说，凡是能吸引人们前去参与赌博的各种因素都可称之为博彩旅游吸引物，但其核心主要还是博彩活动本身。博彩活动之所以吸引人，主要是其富有投机性和娱乐性，而且，现在的博彩场所，例如赌场或博彩娱乐场等往往还兼具购物、文艺演出、餐饮、会议展览等功能，甚至博彩场所本身的建筑风格、风貌和形态也富有较高的观赏性。因此，**博彩旅游吸引物是指那些能够吸引人们前去参加赌博、游览、观光、度假、购物、娱乐活动的赌场、娱乐场、跑马场等，以及与博彩相关的所有要素**。博彩旅游吸引物主要依托于赌场，赌场作为博彩旅游吸引物可以视为一个整体，也可进行切割分类（华钢，2010）。

（一）核心吸引物

它指赌场内的博彩活动，包括各式纸牌（扑克牌）活动、老虎机（角子机）、大转盘、骰子等。随着科学技术在赌博活动上的运用，现代赌场的博彩活动形式更加丰富，同一类型活动的玩法也更加多样化，"百家乐""大小点""牌九""番摊"等花样百出。

（二）辅助吸引物

它包括赌场内的住宿、购物、餐饮、文艺演出、会展活动等。与传统赌场相比，现代赌场也特别重视相关辅助产品的设计和经营，这也逐渐成为赌场核心竞争力的主要构成部分。例如，澳门的新葡京娱乐场，在赌场大厅内安排了现场文艺演出，供赌客观赏和娱乐；威尼斯人酒店（赌场）、永利酒店（赌场）等引进了商店、会展等业态，方便赌客和一般观光游客购物、参观和进行商业会议活动。

（三）外延吸引物

它包括赌场的服务质量、建筑风貌等。如今世界各赌场间的竞争非常激烈，鉴于其硬件设施水平已经趋于一致，软实力竞争正趋于白热化。澳门赌场纷纷开设免费巴士运送游客和赌客到赌场赌博，赌场内提供免费饮料、甜点等。此外，赌场专门为豪赌客人开设贵宾厅，成立专门部门为这些赌客提供高档次服务，包括豪华轿车接送，免费入住，免费预订机票、船票，有的甚至不用现场支付现金就能预先领取巨额筹码等，赌场服务的内容和质量已经大大丰富和提升。此外，赌场的建筑风貌也颇具特色，不同的赌场风格迥异，室内装修更是各富深意，这些同样是博彩旅游吸引物的主要构成，并逐渐成为博彩旅游城市旅游吸引体系的重要部分。

三、博彩旅游城市实践案例

（一）澳门

1. 澳门博彩旅游业的形成原因

澳门的博彩业可上溯至19世纪，鸦片战争以后香港逐渐取代澳门成为中国贸易中心，澳门经济逐渐衰退，由此带来的澳门转口贸易衰落成为博彩业兴起的重要因素。

1844年葡萄牙政府赋予澳门省级独立管治权后，当时的澳督便批准了跑马合法化，这为赌博在澳门的合法化奠定了基础。1847年，澳葡政府颁布法令，把赌博当作一种商业活动从中收税，并将其正式列为其财政收入。澳葡政府的这种政策导向，事实上承认了赌博的合法地位，这使得澳门的赌博从此名正言顺地获得了政府的保护，标志着澳门赌博业的兴起。

在20世纪60年代，澳门单是"番摊"馆（赌场）就已超过200家，当时的澳葡政府对各类赌馆开征"赌铜"（税收），并将每年的财政收入转移至里斯本。1872年，港英政府明确禁赌，遂进一步刺激了澳门的博彩业增长，并且由于外来人士逐渐成为当时澳门赌场的主要客源，澳门博彩业因此演化为城市旅游业的重要组成部分。

2. 澳门博彩旅游业的发展现状

澳门的博彩旅游主要由旅游业、博彩业、酒店业、娱乐业等组成。旅游业方面，迅速发展的旅游业及服务业成为澳门最重要的创汇来源；博彩业方面，发放3张博彩牌照，大型赌场筹建，对澳门经济带来长远的促进作用。博彩旅游已经是澳门经济的支柱产业之一，在城市经济结构中占重要的地位，并且确定了澳门博彩旅游城市的品牌地位。

澳门博彩旅游业快速增长的主要原因是内地、香港、台湾访澳人数的持续高速增长。随着内地经济的持续增长，居民可支配收入的不断提高，外出旅游需求将进一步增大。在这一背景下，内地居民赴澳门自由行政策的实施，自由行城市的不断增加，使得内地居民访澳旅游更加便利。与此同时，澳门特区政府提出的"以旅游博彩业为龙头，以服务业为主体，带动其他行业协调发展"的经济发展定位，明确将发展博彩、旅游及服务行业作为重点，也极大地提升了澳门对内地游客的吸引力。因此，在过去十余年，内地访澳游客一直是澳门城市旅游的第一大客源，大量游客都将澳门博彩娱乐场所作为主要的旅游场所，除了体验博彩项目之外，他们更多的活动是旅游购物、观看表演、度假住宿。随着澳门历史街区成功申报世界文化遗产，历史建筑、传统街巷也成为游客在澳门旅游观光的重要选择，澳门作为博彩旅游城市正进一步显现其独特的综合吸引力。

3. 澳门博彩旅游城市的发展经验

（1）城市历史悠久，形象鲜明，资源丰富。澳门博彩业在经过博彩合法化、规定固定区域开设、垄断专营、赌权开放等100多年的历史变革之后，已经形成了澳门城市的独有特色，2006年澳门博彩业收入首度超越美国拉斯维加斯，成为当之无愧的世界第一,"赌城""赌城"形象深入人心。此外,澳门作为中西文化交汇的城市,400多年中西文化融合的历史给澳门留下众多的名胜古迹和独特的文化风情,丰富的旅游资源在促进澳门城市旅游形象多元化的同时,也为博彩旅游业的发展提供了良好的资源基础,直接推动了澳门博彩旅游城市的发展。

(2) 政府支持博彩旅游的发展,政策优惠。早在2001年的施政报告中,时任澳门特区行政长官的何厚铧就提出"以旅游博彩业为龙头、以服务业为主体,带动其他行业协调发展"的产业政策。2006年开始,特区政府明确提出以会展业为主促进澳门城市经济的多元化发展。特区政府一方面通过赌牌开放政策推动博彩业发展,另一方面实施一系列优惠政策努力扩张澳门的非赌旅游业,鼓励博彩旅游企业建设包括食、住、行、游、购、娱在内的独具文化体验和享受的设施与服务,开发新的目标市场,吸引更多的游客,把澳门打造成集赌、玩、乐、赏、展于一体的休闲娱乐及会展中心。

(3) 良好的产业集群。自2001年赌权开放以来,澳门博彩业已经逐渐形成了市场竞争机制,产业规模也不断扩大。目前澳门已经有"三正三副"六个赌牌,形成了由"澳博""银河""永利""米高梅""威尼斯人""新濠博亚"所构成的澳门半岛新口岸区域博彩产业集群和路氹填海区的"金光大道"产业集群,澳门博彩业除了保障娱乐场数目、角子机数、赌桌数等博彩硬件设施处于世界首位之外,还通过聚集在一起的度假酒店、餐饮商店、演艺表演、会展设施等促进旅游业的发展,使得澳门博彩旅游城市的品牌名副其实。

(4) 全面深入的城市旅游营销活动。政府对于发展旅游业极为重视,从20世纪60年代起澳政府实施了一系列有效的城市营销工作,努力通过发挥博彩优势来带动旅游业的发展。从1976年起,澳门先后加入了亚太旅游协会、东亚旅游协会和世界旅游组织等相关国际组织,此后还在香港、东京、悉尼、伦敦和新加坡等世界各大都市设立旅游服务处来加强城市旅游宣传推广活动,宣传城市博彩旅游,扩大客源市场,推进旅游的进一步发展。经过数十年的努力,澳门已经从"赌城"转变为"博彩旅游城市",城市旅游营销取得了良好的效果。

(二) 拉斯维加斯

坐落于美国内华达州东南部沙漠腹地的拉斯维加斯,是一块被荒凉的沙漠和半沙漠地带包围的山谷地区。从自然条件来看,这里雨量少,夏热冬寒且多风沙,本不具备城市发展的条件,然而一个国际旅游都市却在如此恶劣的环境中诞生了。如今,拉斯维加斯不仅是一个标准的美国大都市,也是全球著名的旅游城市。

1. 拉斯维加斯博彩旅游业的形成与发展

20世纪30年代的经济大危机使内华达州的采矿业受到了沉重打击,导致州政府财政紧张。为了寻找新的收入来源,内华达州政府决定将赌博合法化提上日程。1931年3月19日,著名的《托宾法案》经内华达州议会通过,博彩正式合法化。许多赌场旅馆在赌博合法化后修建起来,因胡佛大坝的建设被吸引过来的人群为城市博彩业带来了充足客源,铺就了发展的基础。

20世纪40年代,来自加利福尼亚州、得克萨斯州等其他州的赌博业主通过开发南部地区,不仅将拉斯维加斯变成了一个巨大的赌场,而且在当地形成了一个后来被称为

Strip 大道（拉斯维加斯大道）的旅游胜地。40 年代末至 50 年代，"艾尔瑞秋"（El Rancho）、"弗拉明哥"（Flamingo）等四家大赌场式旅馆在 Strip 大道建成；1955—1958 年，"里维埃拉"（Riviera）、"沙丘"（Dunes）、"热带雨林"（Tropicana）等更多世界级的大赌场式旅馆相继修建，带动了 Strip 大道沿线众多娱乐场所如游泳池、网球场、高尔夫球场等的配套建设，旅游式赌场的兴起使得传统意义上的赌场增加了更加丰富的娱乐活动，极大地改变了拉斯维加斯传统博彩业的发展，博彩旅游逐渐成为拉斯维加斯的最大产业。

随着 60 年代大企业在拉斯维加斯掀起并购热潮，它们大量购买酒店及娱乐场，并纷纷兴建豪华旅馆，拉斯维加斯变成集博彩、娱乐、休闲度假等功能为一体的繁华娱乐之城。自 1989 年起，新的投资热潮促成更多的超级酒店在拉斯维加斯兴起，这些酒店多以主题式环境，如巴黎大酒店的法国风情、金银岛的童话环境，创造出独特的气氛，多元化娱乐元素的引入又使得这些超级酒店与拉斯维加斯传统的酒店区别开来。90 年代后，拉斯维加斯的城市旅游业增加了许多新的内容与形式，如适合儿童游乐的场所、异军突起的零售业、不计其数的大型购物中心、规模庞大的会展中心等等，赌场业务占总收入的比重已跌至不足 50%，而一些旅游相关的花费如饮食和购物等，涨幅分别为 30% 及 45%，赌场已不再是博彩酒店的核心业务，"酒店为重、赌场为次"的新商业模式不断放大城市的旅游功能。

2. 拉斯维加斯博彩旅游业的发展经验

（1）以高端的人工服务设施弥补自然资源的不足

拉斯维加斯是一个沙漠城市，自然资源条件恶劣，几乎没有产业发展的基础资源，城市发展完全通过人工建造的服务设施来弥补自然资源的不足。整个城市以博彩业为中心，进行了多元化的旅游设施建设，尤其是大量人造景观和度假旅馆的建设，充分挖掘博彩业所带来的巨大客流潜力。高端完善的人工服务设施使博彩业得到了城市观光、商业购物、休闲度假、会议展览等城市旅游功能的支撑，作为博彩旅游城市的拉斯维加斯得以每年吸引 4 000 万游客，居于全球城市前列。

（2）以博彩业为基础，进行旅游业多元化发展。随着美国国内博彩业的扩展、拉斯维加斯地区市场的饱以及网络赌博的兴起，城市博彩业开始走下坡路，拉斯维加斯的城市发展面临重大挑战，非博彩类的城市旅游发展，包括歌舞表演、购物美食和周边自然景观，给拉斯维加斯带来了新的曙光。2007 年开始，拉斯维加斯的非博彩盈利正式超过了博彩盈利。这个拥有艺术画廊、主题公园、高尔夫球场、豪华 Spa 中心、购物中心、会议中心等的全球顶级娱乐之都，已经摆脱了"赌城"的原有形象，向全世界展现着综合类旅游城市的全新面貌。

第三节　遗产旅游城市

一、遗产旅游

（一）遗产

遗产与历史相关，是祖辈传承给子孙后代的东西，其中既包括文化传统，也包括人造物品（Hardy，1988）。在现代社会发展进程中，遗产从"祖辈传下来的物品和传统"发展到"与个性概念密切相关的象征性形态"，经历了从物质遗产向非物质遗产发展，从国有遗产向社会、民族和社区拥有的遗产发展的过程。换言之，关于遗产的理解经历了从"特殊的"遗产系统走向"一般的"遗产系统，从作为历史的遗产时代走向作为纪念的遗产时代的过程，真实地反映了人类文明大众化、普及化的发展演变规律。

（二）遗产旅游

尽管遗产旅游活动早在18世纪晚期的欧洲就已经产生，但一般认为1975年欧洲的"建筑遗产年"是遗产旅游成为大众消费需求的标志。近几十年来，遗产已成为旅游业中最重要与发展最快的部分。遗产旅游可将某个社会或地方的历史、文化要素捆绑为一体，成为吸引游客的资源，包括宗教观光、侨民地旅游、生活文化体验、参观历史名城及建筑遗迹、探讨考古遗址与远古遗迹等。遗产旅游的产生与遗产概念的不断商业化紧密相关，有学者指出，当遗产与旅游结合成为一个产业时，遗产便将其所在的地方转换为旅游目的地，纳入全球化的旅游经济体系。

毫不夸张地说，在世界范围内，遗产与旅游相互依赖、密不可分（朱煜杰，2014）。遗产通过旅游经历了全球化的过程，遗产保护得到很大促进，现在人们比以往更尊重物质的、活态的文化。旅游借助遗产获得了新的发展空间，所形成的遗产旅游产品以崭新的面貌出现在旅游市场中，获得大量旅游者的青睐。从旅游者动机的角度来看，遗产旅游是"关注我们所继承的、一切能够反映这种继承的物质与现象——从历史建筑到艺术工艺、优美的风景等的一种旅游活动"（Yale，1991）。

（三）遗产旅游城市

城市化的进程通常伴随着城市及其内部各要素的更新演替，从而形成大量的历史遗存即城市遗产。这些城市遗产包含的内容极其广泛，城市的自然环境，城市中的文物、建筑群和遗址，以及城市居民传统的生产、生活方式都属于城市遗产的范畴，它们真实地再现或反映了历史上城市的地理特征、城市风貌、文明程度，以及人们的生产、生活状态和水平。各种类型的遗产能够满足旅游者观光、娱乐、文化体验、学习交流、增长见识等多种需求，城市遗产往往能够代表一个城市或街区与历史、过去的联系，具有历史性、真实性、综合性等特点，在旅游市场中具有很强的卖点。

20世纪70年代以来，随着欧美工业化城市开始"去工业化"，许多城市都面临从生产经济向消费经济的转型，寻找新的经济增长点成为城市发展的关键。物质遗产和非物质遗产所具有的时间和空间的双重特征能够真实地体现某一地方或城市的独特性，这种具有地方独特性的城市遗产往往会加深潜在游客对一个地方的认可，从而吸引更多的潜在消费者。目前，许多城市已开始关注城市遗产，力图挖掘现有城市历史空间的商业潜力来吸引高端游客，由此产生了遗产旅游城市。遗产旅游城市是以城市遗产为主要吸引物，以城市完备的功能、良好的设施为重要条件，以完善的服务为主要内容的旅游城市类型，可以让游客根据自己的个人经历，借助遗产旅游城市的具体载体去想象历史，挖掘时间和空间在城市中的沉淀，从而增加自身的文化资本。

二、遗产旅游城市面临的主要问题

城市遗产不仅要面临自然损毁（如建筑文物的风化磨损或自然灾害的影响）、年久失修、人为破坏等问题，更承受着城市旅游发展建设给遗产保护带来的强大压力。所以相对于其他地方的遗产，城市遗产又具有易毁（损）性。城市遗产的特点决定了遗产旅游城市必须走以保护为主、开发并举的可持续发展道路。遗产旅游城市发展中所面临的根本问题，即遗产保护和旅游开发的矛盾，具体表现在以下三个方面。

（一）遗产保护与城市建设在空间上的矛盾

"千城一面"的城市在现代化发展中日益丧失了传统文化和地方特色，现代化发展毁掉了许多弥足珍贵的历史遗产，例如旧城改造过程中对传统建筑和民居的破坏，重建中被高楼大厦取代而不复存在的传统城市建筑景观，从而导致城市遗产特色的逐渐丧失。

而上述问题，可以通过在城市中实施新旧分区的方式进行规避。国内外城市建设的实践表明，凡是在高速发展阶段没有实现城市功能空间分离的城市，都面临历史文化遗迹的大量消失，如北京、东京、汉城等；凡是在高速发展阶段实现了新旧城市功能空间分离的城市，大多取得了良好的保护效果，如罗马、巴黎、丽江等。因此，新老城市区域承担不同的功能，彼此共存、共同发展，有助于城市遗产的保护与旅游利用。

（二）对遗产保护的认识不足

对遗产旅游城市保护的整体性理念认识不足，遗产旅游城市中的遗产保护应该包括城市环境（自然环境、人工环境、人文环境等），城市生态（自然生态、人居生态、文化生态等），城市景观（自然景观、历史景观、人文景观），城市特色（场所精神、地方特征、街区风貌等），城市历史（文物古迹、历史建筑、历史地段、历史街区、古村落等）的全面保护（王景慧，1999）。

但是在城市旅游开发与文化精髓的保护利用上，仍以消极静态的保护和片面单一的保护为主，表现在以划定保护区、限制建筑高度体量甚至建筑风格形式为主要内容；以保存文物的数量、历史价值和革命意义为选定标准等。尤其是建设性破坏严重，热衷于做"假古董"，旧城改造开发对有特色的街区建筑毫不留情，上述这些都是由于对遗产保护的认识不足所导致的保护误区，亟待解决。

（三）遗产"原真性"保持和内涵价值挖掘不足

"原真性"是遗产保护与利用中的核心问题，强调注重遗产的整体保护，其理论重心在于客体对象的完整与延续，并逐渐从物质功能开发转向社会文化功能开发。在旅游领域，"原真性"概念已经从关注客体（产品）到关注主体（旅游者），进一步演变成主体对客体的"原真性"的感知和体验，逐渐走向主客体间"原真性"的表达、阐释与认知。

在具体的遗产旅游城市发展过程中，对遗产的过度开发利用和内涵价值展示不足的问题同时存在，造成对遗产过度开发利用的原因主要在于，遗产旅游冷热点差异过大，对热点资源过度利用，而对冷点资源保护乏力。此外，遗产内涵价值开发不足则与旅游利用形式单一直接相关，两方面的原因引发了遗产旅游城市中围绕遗产"原真性"的开发与保护冲突。

三、遗产旅游城市实践案例——丽江古城

丽江古城始建于宋末元初,坐落在丽江坝中部,距今已有 800 多年的历史。独特的地理位置和古城内纵横的供水系统让这座古城兼具山城风貌和水乡韵味,又因为丽江是少数民族传统聚居地,具有纳西民居、民族音乐、象形文字等丰富的文化遗产,成为当地大力发展旅游业的"灵魂"。1997 年 12 月,丽江古城被联合国教科文组织评为世界文化遗产,吸引了大量游客前来旅游,旅游业自此成为丽江的支柱产业。

2001 年 10 月,联合国教科文组织亚太地区遗产管理第五届年会在丽江举行,并在此次会议上宣布"创建了指导文化遗产旅游在市区级发展的模式与方法……命名为'联合国教科文组织亚太地区可持续文化旅游发展丽江合作模式'……'丽江合作模式'将由联合国教科文组织制定为工作文件,供市政府、遗产地管理者和旅游开发商使用"(段松廷,2002),成为遗产旅游城市应对遗产保护与旅游利用的指导理念。

"丽江合作模式"实际上是将发展生态文化旅游作为城市遗产保护的工具,最终目的是使旅游业作为一项可持续发展的产业,注重对遗产的保护以确保旅游业赖以生存的文化遗产与自然资源得以存活,核心思路是在旅游开发与遗产保护这看似对立的两者之间建立良性合作的桥梁。该模式主要由四个相互关联的部分组成:

一是文化遗产资源保护的财政管理模式,针对遗产保护、维护和发展而实施地方性财政管理。丽江古城管理委员会采取了向游客征收古城维护费的方式来筹集保护资金,所征收的资金全部用于古城保护工作,有效地解决了公共资金不足的困难。

二是旅游业对文化遗产保护的兼容和投资模式,在文化遗产持续性发展的基础上,利用旅游发展实现旅游与遗产的利益共享。例如,2000 年 7 月,恢复丽江古城特有的"用水冲洗四方街"活动及"放河灯"习俗;2002 年 5 月,开展"茶马古道"和"传统民间手工艺"的展示等,通过旅游业促进传统文化活动的复兴。

三是对社会团体进行教育和开展技能培训的模式,通过对当地居民、游客、旅游从业者进行宣传、教育和培训,使其充分认识到遗产的价值,自觉地保护遗产。同时,通过教育和培训,使当地居民掌握与遗产旅游业相关的知识、技能,对已从事经营活动的人员进行全面的遗产知识和古城历史、风土人情、职业道德等培训,借助旅游业创造的就业机会让遗产旅游造福当地居民。

四是遗产管理者之间的矛盾解决模式,要化解旅游从业者、房地产开发商、当地居民和文化遗产保护专家等利益方之间的冲突,其核心是与遗产相关的利益各方加强交流、沟通和合作,消除分歧,达成共识,促进旅游业发展。

 拓展阅读

新加坡会展旅游城市的发展实践

新加坡地处东南亚地区的中心,是连接亚洲和太平洋的桥梁,沟通太平洋和印度洋

城市旅游管理

的航运要道，在国际航线上占据极为重要的位置，现已成为世界第一大港。城市内的樟宜机场是连接欧洲、亚洲、非洲和大洋洲的航空枢纽，2016年旅客吞吐量达5 870万人次。优越的地理位置和完善的基础设施给新加坡带来了大规模的流动人口，也为城市会展业的发展创造了优良的外部发展环境。新加坡已成为亚洲领先的会议城市，在2010—2015年国际会议协会（CICA）排名中，新加坡均位列世界会议城市前10名，它也是亚太地区最大的会议城市。

新加坡从会展活动诞生起，就坚持会展业与旅游业相互依存、共同发展的原则，把会展旅游作为国民经济的支柱产业，从而使新加坡蓬勃发展的城市会展旅游在竞争激烈的亚洲，乃至世界会展业中都占有一席之地。2010—2015年新加坡每年举办的各种展览和会议有3 000多个，齐全的设施和良好的旅游配套服务使其会展旅游在国际上有口皆碑，期间被评为世界第五大会展城市，并连续十几年成为亚洲的首选会展举办地。城市会展旅游每年可带来10亿新元收入，同时还解决了1.5万多人的就业问题。

在新加坡会展旅游城市的发展实践中，政府的全方位市场推广功不可没。新加坡会展局是新加坡旅游促进局下属的一个非营利部门，其主要职能是市场推广和宣传促销。会展局在伦敦、巴黎、纽约、东京等国外大都市设有办事处或联络处，通过以下工作维护和巩固新加坡作为世界级会议会展举办城市的地位：吸引大众对新加坡的关注，使之成为举行会议会展和进行奖励旅游的目的地；展示在新加坡筹备会展所享受的有利条件和各类设施；招徕、扩大与会代表及其随同的人数；协调政府与企业的行动计划，保证在新加坡举办的各类会展活动能顺利策划和筹备。近年来除了在东南亚、欧美等海外重点客源市场招展外，会展局还积极开拓中东地区等客源市场，并于1998年成立了新加坡全球会议推介活动组织，进行全球性的市场营销和推介活动。全面的促销计划取得了良好的效果，新加坡连续十几年成为亚洲第一的会展城市，目前有几十家颇具实力的会展公司和旅游集团，每年举办的大型国际会议和展览数量增长迅猛，会展旅游城市的国际地位已经得到确立与强化。

资料来源：伍鹏．新加坡会展旅游业（MICE）发展的优势和成功经验［J］．东南亚纵横，2012，（01）；胡明婕．新加坡旅游业发展阶段及特点研究［D］．上海：华东师范大学，2010．

思考与练习

1. 举例说明国内外都有哪些会展城市，这些城市有什么特点？
2. 简述博彩业与旅游业发展的关系。
3. 如何理解澳门与拉斯维加斯博彩旅游城市发展的经验？
4. 请举例说明遗产旅游城市发展所面临的问题。

参考文献

［1］Cook R. A. Towards understanding today's changing gaming participants［J］．

Journal of Travel & Tourism Marketing, 1993, 1 (02).

［2］Henthorne T. L, Williams A. J. The gaming industry：The role of competitive analysis and market positioning［J］. Economic Development Review, 1995, 13 (04).

［3］Maclaurin T, Maclaurin R. Casino gaming and tourism［J］. International Journal of Contemporary Hospitality Management, 2003, 15 (02).

［4］Morrison A. M, Braunlich C. G. A profile of the casino resort vacationer［J］. Journal of Travel Research, 1996, 35 (02).

［5］Przybylski M. Does gambling complement the tourist industry? some empirical evidence of tourist substitution and demand displacement［J］. Tourism Economics, 1998, (04).

［6］Smeral E. Economic aspects of casino gaming in Austria［J］. Journal of Travel Research, 1998, (36).

［7］陈才，武传表. 中国城市会展旅游发展潜力研究［J］. 桂林旅游高等专科学校学报, 2003, (12).

［8］程建林，艾春玲. 会展经济、会展城市竞争力与城市功能提升［J］. 城市规划, 2008, (10).

［9］段松廷. 从"丽江现象"到"丽江模式"［J］. 规划师, 2002, (06).

［10］胡燕雯. 会展旅游理论与实践模式——以上海为例［D］. 上海：华东师范大学, 2004.

［11］华钢. 大陆居民博彩旅游目的地选择与影响因素研究——以周边国家和地区为例［D］. 上海：华东师范大学, 2010.

［12］琚胜利，陆林，杨效忠等. 基于城镇体系的中国会展经济空间结构研究［J］. 城市规划, 2006, (01).

［13］李云霞. 会展业与会展旅游市场开发［J］. 学术探索, 2003, (05).

［14］梁圣蓉. 城市会展旅游发展的动力机制及评估—以武汉市为例［J］. 旅游学刊, 2008, (10).

［15］毛小岗. 武汉会展旅游发展研究［D］. 武汉：武汉大学, 2004.

［16］年继伟. 2003 年丽江模式自我评估报告［R］. 丽江古城管理委员会办公室, 2003.

［17］戚能杰. 会展旅游城市发展模式研究——以长三角四城市为例［J］. 法制与社会, 2007, (04).

［18］单霁翔. 城市化发展与文化遗产保护［M］. 天津：天津大学出版社, 2006.

［19］史建华. 苏州古城的保护与更新［M］. 南京：东南大学出版社, 2003.

［20］王春雷. 会展城市营销的几个基本问题［J］. 旅游科学, 2004, (06).

［21］王方华，过聚荣. 中国会展经济发展报告 2008［M］. 北京：社会科学出版社, 2008.

［22］王婧，吴承照. 遗产旅游中的原真性理论研究综述——一个新的整体框架［J］. 华中建筑, 2012, (07).

[23] 王景慧，阮仪三等. 历史文化名城保护理论与规划［M］. 上海：同济大学出版社，1999.

[24] 王鹏. 澳门博彩业与文化创意产业的融合互动研究［J］. 旅游学刊，2010，25（06）.

[25] 张朝枝，保继刚. 国外遗产旅游与遗产管理研究——综述与启示［J］. 旅游科学，2004，（04）.

[26] 张黎. 会展旅游产业链研究——以成都为例［D］. 成都：四川师范大学，2009.

[27] 张翱. 会展业能否成为经济的亮点［J］. 江苏商论，2003（11）.

[28] 张松. 历史城市保护规划与设计实践［M］. 上海：同济大学出版社，2006.

[29] 张巍. 以旅游开发为主导的丽江古城遗产保护案例研究［D］. 重庆：重庆大学，2007.

[30] 朱煜杰，努尔·撒拉萨. 全球化语境下的遗产旅游研究及其反思［J］. 西南民族大学学报（人文社会科学版），2014，（07）.

第六章　城市旅游企业

学习目的

通过本章的学习,了解和掌握城市旅游企业的概念、特征、划分及其组织形式,掌握城市旅游企业的体系架构和主要的城市旅游企业类型,理解城市旅游企业横向与纵向发展、线上与线下发展的重要趋势。

学习要点

- 城市旅游企业的概念与类型
- 城市旅游企业的特征
- 城市旅游企业的体系架构
- 主要的城市旅游企业类型
- 城市旅游企业的发展趋势

课前导读

啤酒博物馆——青岛啤酒股份有限公司的旅游尝试

青岛啤酒博物馆,是青岛啤酒股份有限公司投资 2 800 万元建成的具有世界一流水平的、国内唯一的专业啤酒博物馆,展出面积达 6 000 余平方米。博物馆设立在青岛啤酒百年前的老厂房、老设备之内,以青岛啤酒的百年历程及工艺流程为主线,以翔实的史料,浓缩再现了中国啤酒工业及青岛啤酒的发展史,基本分为历史、文化、生产工艺、多功能四个展示区,集感受历史文化、体验工艺流程、啤酒娱乐、休闲、餐饮、购物于一体,具备了旅游的知识性、娱乐性、参与性等特点,体现了"世界视野、民族特色、穿透历史、融汇生活"的文化理念,是进行旅游娱乐、文化交流的工业旅游景点。青岛啤酒博物馆运营以来,吸引了大量游客,迅速成为青岛城市旅游的新亮点,青岛啤酒股份有限公司也凭借"情醉百年"的服务品牌成为全国知名的城市旅游企业代表,被誉为"中国工业旅游企业旗帜"!

资料来源:佚名.青岛啤酒博物馆[EB/OL].凤凰网,http://qd.ifeng.com/special/qdwuyif/zmsk/detail_2013_04/28/758163_0.shtml,2013-04-28.

第一节 城市旅游企业概述

一、城市旅游企业的概念与类型

(一) 基本概念

城市作为旅游发展的重要场所和战略依托,对旅游业的发展起着至关重要的作用。城市旅游可以视为一种旅游活动类型,即发生在城市范围内的各种游憩活动的总称,实质上是对城市文明的向往和追求。据此,城市旅游可以理解为以城市设施为依托,以丰富的自然风光和人文景观、独特的城市风貌、便利周到的旅游服务等为吸引物招徕游客的各种旅游活动的总称,城市旅游吸引物因而被视为一个系统,包括多个层次的内容。Smith(1994)认为,目的地旅游吸引物由内向外包含五个层次:第一层为核心层,即旅游吸引物实体;第二层,服务;第三层,友好的态度;第四层,自由的选择;第五层,参与性(如图6-1所示)。由此可见,城市旅游吸引物是引发城市旅游的主要原因,也是城市旅游目的地系统的核心要素,城市旅游的经营和管理都要围绕城市旅游吸引物来进行。

图6-1 城市旅游吸引物系统

资料来源:Stephen L. J. Smith. The tourism product [J]. Annals of Tourism Research,1994,21(3).

随着城市旅游业的深入发展,如何持久地保持旅游城市的核心竞争力逐渐引起广泛关注与重视。然而在城市旅游实践的发展过程中,人们通常对城市旅游业的核心竞争力问题存在一个误区,即把营造一个或一批具有竞争力的旅游景区(点)作为城市旅游业的核心竞争力所在。虽然优秀的旅游景区（点）对于提升城市旅游品牌、发展旅游经济、吸引旅游客源等方面具有十分重要的作用，但是旅游景区（点）自身还不足以构成核心竞争力。真正的核心竞争力来自城市旅游企业，旅游景区（点）作为旅游产品的重要组成部分，要转化为旅游经济效益，还需要相关旅游企业的不懈努力。具体来说，城市旅游企业指以城市旅游资源和旅游设施为依托，为旅游城市中的旅游者提供各种物质产品和旅游服务的旅游企业，主要包括旅行社、旅游饭店、旅游吸引物企业等。

在城市旅游企业中，上市旅游企业是现代资本市场发展的新产物。1993年，上海新锦江大酒店股份有限公司于上海证券交易所上市交易，成为国内第一家旅游上市公司。经过二十多年的发展，越来越多的旅游企业进入资本市场进行交易，目前已经成为证券市场上的一个重要板块。根据学界普遍的分类方法，中国旅游上市公司主要分为三大类：第一类是以旅游资源为经营主体的资源类旅游公司，企业以景区管理为主营业务，主要收入来源是门票、景区交通及住宿、餐饮、客运等方面；第二类是以酒店经营为主的酒店类旅游公司，企业以酒店经营管理为主营业务，其收入主要来自酒店的住宿、餐饮、会议、娱乐及其他附带业务；第三类为综合类旅游公司，公司的业务构成更加多元化，经营范围除与旅游业直接相关的领域外，还会涉及会展服务、房地产开发等与旅游业相关性不大的业务。目前，我国资源类旅游上市公司和综合类旅游上市公司数量比较多，酒店类旅游上市公司相对较少（如表6-1所示）。

表6-1 旅游上市公司概况

类型	公司股票名称	数量
资源类旅游上市公司	华侨城A、张家界、峨眉山A、桂林旅游、丽江旅游、三特索道、宋城演艺、世纪游轮、黄山旅游、大连圣亚、曲江文旅、长白山、九华旅游	13
酒店类旅游上市公司	全新好、新都酒店、华天酒店、岭南控股、大东海A、西安饮食、号百控股、锦江股份、金陵饭店、首旅酒店	10
综合类旅游上市公司	西安旅游、北京旅游、云南旅游、腾邦国际、中青旅、国旅联合、西藏旅游、中国国旅、凯撒旅游、众信旅游、北部湾旅、海航创新、携程网、去哪儿网、途牛网	15

注：携程网、去哪儿网、途牛网在美国上市。

（二）类型划分

从城市旅游业的发展角度来看，旅游业主要由旅行社、住宿接待、交通运输、游览吸引物经营和各级旅游管理五大类别组成。在这五大类别中，除城市的各级旅游管理部门不是以直接营利为目的的企业外，旅行社、旅游住宿、旅游交通、旅游吸引物都属于具有商业经营特征的旅游企业，再加上其他类型的旅游企业（如图6-2所示），共同构成了主要的城市旅游企业类型。

其中，根据旅游吸引物种类的不同，城市旅游吸引物企业还可以划分为不同类别，包括企业化经营的旅游景区、旅游演艺企业、旅游购物企业、旅游餐饮企业和旅游会展企业等。根据承担功能的不同，其他类型的旅游企业也可以进一步划分，其中具有代表性的旅游企业有：旅游规划企业、旅游出版企业、旅游装备制造企业等。

旅行社	旅游住宿	旅游交通	旅游吸引物	其他旅游
旅游经营商 旅游批发商/经纪人 旅游零售商/代理商 会议组织商 预订服务代理商 奖励旅游代理商	饭店、宾馆 出租公寓/别墅 分时度假公寓 会展中心（供住宿） 提供住宿功能的船坞或船只	公路交通企业 铁路交通企业 航空交通企业 水上交通企业 特种交通企业	企业化经营的主题公园、度假区、动物园等旅游景区 旅游演艺企业 旅游购物企业 旅游餐饮企业 旅游会展企业	旅游规划企业 旅游出版企业 旅游装备制造企业

图 6-2 主要的城市旅游企业类型

二、城市旅游企业的特征

由于旅游行业的特殊性，城市旅游企业除具备一般企业的共同属性外，还具有一些专有属性。

（一）依赖性

根据产业关联理论，旅游业符合最终需求型产业的特征，在生产过程中显著依赖于其他产业提供的产品作为中间投入的生产要素。因此，城市旅游企业往往依赖于城市旅游资源、旅游环境设施以及其他产业所提供的产品为旅游者提供旅游服务。城市的基础设施建设、市政工程配套、资源环境条件、物资设备配置、旅游者所需的各种生活用品的生产供应以及水电能源消耗等方面，都会在一定程度上对相关的城市旅游企业的发展产生影响，这种依赖性也导致旅游企业更多地集中于城市范围内。

（二）敏感性

由于旅游活动受到经济事件（如经济危机、汇率变动、货币贬值等），政治事件（如政局动荡、外交危机等），自然灾害（如雪灾、地震、洪水、火山爆发、山体滑坡等），社会灾难（如突发性公共卫生事件、恐怖事件等），流行疫病（如动物流行病、人类流行病等），意外事故（如旅游安全事故等），旅游犯罪（如旅游盗窃、欺诈、暴力事件等）等因素的影响，城市旅游企业经营活动往往表现出较为明显的敏感性。例如在 2003 年的非典疫情事件中，为防止疫情辐射范围的扩大，全国有组织的入境旅游、国内旅游和出境旅游都被暂停，旅游企业经营活动陷入停顿，受到严重影响。

（三）关联性

从旅游经济的发展来看，由于旅游需求的多样性和旅游活动的广泛性，城市旅游企业不仅要提供食、住、行等基本的旅游服务，而且还面临旅游者对于游、购、娱等核心旅游服务，以及通信、汇兑、医疗、保险等相关服务的需求，从而决定了城市旅游企业之间具有较强的关联性。不同类型的城市旅游企业在旅游经营过程中为旅游者提供不同的服务，如旅行社负责组织客源、旅游交通企业提供旅游运输服务、旅游景区提供游览体验服务、旅游饭店提供食宿服务，以及其他企业提供各种相关配套服务等。只有各类城市旅游企业通力合作、有效配合，才能整体提升旅游服务水平，也正因为旅游企业之间的紧密关联性，集中于城市才能更好地携手配合、协调经营。

（四）技术性

人们通常认为作为服务企业的城市旅游企业技术含量不高，实际上为了不断提高旅游者的体验质量，城市旅游企业经营也越来越须借助先进的技术设备。例如，旅游景区企业借助新一代移动定位技术对景区内游客流进行监控，通过有效地引导分流实现景区游客分布的平衡；旅行社企业应用智能数据挖掘技术对客户资源进行再开发，不仅有助于提高销售量，而且能够根据游客的行为习惯设计新的线路产品。可以说，互联网、云计算、通信网络、信息处理等新兴技术正在被各类旅游企业应用到旅游体验、产业发展、行政管理等各方面，形成了服务于市场的全新旅游形态，这也意味着城市旅游企业技术应用水平的高低将对城市旅游产品质量产生直接的影响。

三、城市旅游企业的组织形式

在旅游经济的运行过程中，城市旅游企业的组织形式主要有三种：独资、合伙和公司制。此外，还有旅游企业集团和旅游企业战略联盟两种高级组织形式。

（一）独资旅游企业

独资旅游企业由个人出资经营、归个人所有和控制、由个人承担经营风险和享有全部经营收益，是一种最简单的城市旅游企业组织形式。独资旅游企业一般规模很小、结构简单，几乎没有专门的内部管理机构，通常出现在旅行社、旅游交通、旅游住宿、旅游餐饮、旅游购物等领域中，存在的形式有：以家庭为单位的旅行社、个体旅游客运、家庭旅馆、家庭餐馆、小纪念品商店等。

独资旅游企业的平均寿命较短，主要原因包括：①难以筹集大量资金，这限制了旅游企业的扩展经营；②基于业主对旅游企业负无限责任，抑制了他们向风险较大领域投资的积极性；③所有权和经营权高度统一的产权结构，制约了旅游企业的连续性发展。当然，独资旅游企业也有其独特优势，如企业资产所有权、控制权、经营权、收益权相统一，有利于个人创业精神的发挥；企业经营与个人利益紧密联系，有利于业主全身心地投入企业经营；旅游企业的外部法律法规等对企业经营管理与决策、进入与退出、设立与破产的制约性较小。

（二）合伙旅游企业

合伙旅游企业指由两个或两个以上的合伙人通过订立合伙协议，共同出资、合伙经营、共享收益、共担风险，并对合伙旅游企业债务承担无限连带责任的营利性组织。与独资旅游企业相比，合伙旅游企业的资本规模、筹资能力有所增长和提高；由于合伙人共同对旅游企业盈亏负有完全责任，有助于增强经营者的责任心，提高合伙经营业绩。

但是，合伙旅游企业也存在一定的劣势，主要表现在两个方面：其一，每个合伙人都对合伙旅游企业承担无限连带责任，而不是以每个合伙人投入的那部分资本为限，这样会导致不能对合伙旅游企业完全行使权利的合伙人面临相当大的风险。其二，合伙旅游企业进入、退出机制比较松散，稳定性差，易造成决策延误。

（三）公司制旅游企业

公司制是现代企业制度的一种主要和有效的组织形式，一般指由两人以上经营某项共同事业所组成的一个法人团体。公司制旅游企业是指两个以上旅游投资者依法出资组建，具有独立法人财产，自主经营、自负盈亏的法人企业。公司制旅游企业的产权属于公司股东，股东有权分享公司的盈利，而且公司股东不对公司负无限责任，只是在股东投入的股本范围内对债务负责。

因此，与合伙旅游企业相比，公司制旅游企业的优势在于：①公司股东只对公司债务负有限责任，风险要比合伙人小得多，这有助于公司制旅游企业筹集大量的经营资本；②公司的生命是可以无限存续的，公司制旅游企业在最初的所有者和经营者退出后仍然可以运营，除非公司破产歇业；③在法律框架内，公司股东可委托专业的代理人进行经营管理，这保证了公司制旅游企业决策的科学性和连续性，能够促进公司制旅游企业的健康、稳定和持续发展。

另外，公司制旅游企业也存在其劣势：第一，公司法对于建立公司制旅游企业的要求比较高，因此公司制旅游企业的组建不像独资或合伙旅游企业那样方便灵活；第二，股东购买公司制旅游企业股票，只为获取股利和从股票升值中谋利，对公司缺乏像独资或合伙旅游企业那样的所有者与企业之间血肉相连的关系；第三，由于公司经营者往往不是拥有公司股权的股东，而是股东聘请的经理人，由此产生了委托人（出资人）和代理人（经理人）之间授权与控权的复杂博弈，容易出现代理人损害委托人利益的问题。

（四）旅游企业集团

旅游企业集团是以一个或者多个实力强大、具有投资中心功能的大型旅游企业为核心，以若干个在资产、资本、技术上有密切联系的企业为外围层，通过产权安排、人事控制、商务协作等纽带所形成的一个稳定的多层次经济组织。旅游企业集团主要具有以下特征：

（1）旅游企业集团本身不是独立法人，不具有法人地位。旅游企业集团是一个多法人的经济联合组织，其成员企业主要通过资产或契约关系进行联合，法律上各自保持独立的法人地位。

（2）旅游企业集团的组织结构是多层次的，一般包括核心企业、紧密层企业、半紧密层企业和松散型企业等。

（3）核心旅游企业在旅游企业集团中起主导作用。核心旅游企业必须具有法人地位和一定的经济实力，通过控股、持股所赋予的控制权，掌握成员企业的投资决策、人事安排、发展规划，以及服务、开发、营销等各个环节的经营活动，维持成员企业行为的一致性和协调性，实现企业集团的整体发展战略。

（4）旅游企业集团内部不存在单方面控制其他旅游企业的支配性资本。旅游企业集团本身并不具有资本积累的能力，需要依靠各个旅游企业积累。同时，核心旅游企业也不对其他成员企业形成单方面的控制关系,也不能对其他成员企业单方面强行规定利润率等。

(5) 旅游企业集团实力雄厚,成员规模庞大,通过不断扩大经营范围朝多元化、综合化方向发展,容易实现跨部门、跨行业、跨地区甚至跨国经营。

案例 6-1

广州岭南国际企业集团有限公司

广州岭南国际企业集团有限公司(以下简称"岭南集团"),是一家以旅游和食品为主营产品的大型国有企业集团,其业务涵盖了酒店、旅行社、旅游景区、旅游交通、会议展览、主副食品等多个领域,业务范围和渠道网络遍及国内外主要旅游城市。

岭南集团发挥集团统筹资源优势,建立了六大产业链:①以全国三家"白金五星饭店"之一的广州花园酒店、顶级的商务酒店中国大酒店、大都市园林式酒店东方宾馆等多家五星级酒店引领岭南品牌的酒店业;②以华南地区最大的旅游服务商、全国最大的地方旅行社广之旅为龙头的旅行社业;③以华南地区政务接待的标杆——广州白云国际会议中心引领的会展演艺业;④以星级服务标准、广东省著名商标广骏旅汽引领的汽车服务业;⑤以中国驰名商标致美斋、孔旺记、皇上皇等一批家喻户晓的老字号和岭南穗粮等著名品牌引领的主副食品业。

目前,岭南集团已成为引领华南地区旅游及食品行业的龙头企业,将以成为具有岭南特色、代表广州形象、位居全国前列、享誉国际盛名的大型综合性旅游和食品企业集团为发展目标,为将广州打造成国际旅游目的地和国际旅游中心城市发挥重要的作用。

资料来源:岭南集团官网,http://www.gzln.cn/cn/profile1.html,2017。

从长远来看,走旅游企业集团化发展的道路是中国旅游业发展的必然选择。从国际经验来看,旅游企业集团表现为以产权为基础性的连接纽带,能够在投融资、产品研发、市场营销、品牌培育、人力资源等商业活动中保持密切联系,并且能够为了集团的总体战略目标而协调成员的行动。作为旅游业先进生产力的代表、旅游商业创新的探索者与产业使命的践行者,旅游企业集团在中国旅游发展历程中承担了引领者的重任,发挥着核心作用,扮演了旅游国际竞争中国家队的角色,在做大旅游市场、做强旅游业和提升国家旅游竞争力等方面做出了重要贡献(如表6-2所示)。

(五) 旅游企业战略联盟

旅游企业战略联盟是指两个或两个以上的旅游企业为了实现共同拥有市场、共同使用资源等特定战略目标,在保持自身独立性的同时通过各种协议、契约而结成的优势互补或优势相长、共担风险、共享利益的一种松散的旅游企业合作模式。关于旅游企业战略联盟,需要明确以下几点:①旅游企业战略联盟的建立有着明确的战略目标,双方或多方合作更多的是出于战略层面的考虑,而不仅仅是为了谋求短期或局部利益;②战略

表 6-2　2016 年度中国旅游集团 20 强名单

排名	企业名称	排名	企业名称
1	携程旅游集团	12	景域国际旅游运营集团
2	中国旅游集团公司	13	安徽省旅游集团有限责任公司
3	海航旅业集团有限公司	14	广州岭南国际企业集团有限公司
4	锦江国际（集团）有限公司	15	众信旅游集团股份有限公司
5	同程网络科技股份有限公司	16	杭州市商贸旅游集团有限公司
6	华侨城集团公司	17	黄山旅游集团有限公司
7	北京首都旅游集团有限责任公司	18	山东银座旅游集团有限公司
8	万达旅游控股公司	19	中青旅控股股份有限公司
9	开元旅业集团有限公司	19	大连海昌集团有限公司
10	南京金陵饭店集团有限公司	20	福建旅游发展集团有限责任公司
11	上海春秋国际旅行社（集团）有限公司	——	

资料来源：佚名.2016 中国旅游集团 20 强丨你期待的企业上榜了吗？[EB/OL].搜狐网，http://www.sohu.com/a/121069682_468683，2016-12-09.

联盟关系的建立和维持包括契约联结（即通过签订各种协议来保护各成员企业的利益或约束彼此的行为）和股权参与（即通过相互持股或共同出资建立一家新企业，使联盟各方紧密结合在一起）两种形式；③联盟企业的合作并不一定是全方位的，可能在某些领域合作，而在其他领域竞争，也就是说，联盟各方的合作在大多数情况下是在有限领域内进行的。

旅游企业间的战略联盟比较广泛，体现在旅行社、旅游景区、旅游酒店、旅游交通等一系列旅游企业间的合作联盟。较高程度的战略联盟目前主要存在于航空公司、旅行社和旅行酒店之间，并且随着信息技术的发展其合作不断加强。此外，随着经济全球化的发展，国际旅游企业之间开展了更为广泛的联盟。旅游企业战略联盟的特点具体表现在以下几方面：

（1）合作伙伴资源互补，联盟成员互利共赢。只要战略联盟管理得当，合作各方都将比单方在技术、营销等方面具有更为广阔的经营灵活性，并且获取大于各自独立或对立行动时所获取的收益。

（2）组织结构上的松散性。参加联盟的旅游企业主要是通过契约形式联结起来的，表现为一种合作伙伴的关系，即各方在密切合作的同时，仍然保持独立性和平等性。因此，旅游联盟企业之间很难用传统组织内部的行政方式进行协调管理，而主要通过协商的方式解决各种问题。

（3）组建方便，运营灵活。一般来说，组建旅游企业战略联盟要比新建或兼并等形式所花费的时间短，过程简单，也不需要大量投资，因而可以迅速发挥作用；联盟成员之间的关系十分松散，没有固定的存续时间，可以随环境的变化而迅速解散。

案例 6-2

全球小型豪华酒店联盟

全球小型豪华酒店联盟（Small Luxury Hotels of the world，SLH）是全球最优秀精品独立豪华酒店联盟之一，其注册地在英国，总部设在伦敦，亚太总部在澳大利亚的悉尼。1995 年 9 月，SLH 与 Select Hotel and Resorts International 合并，从此积极发展亚太市场，目前中国已有十多家特色精品酒店加入 SLH。

SLH 拥有遍布 80 多个国家的 520 多家酒店，当众多的国际性酒店集团都在全球积极扩张生意，酒店规模越建越大的时候，SLH 的经营者们却恪守着"小的，却是最好的"（The Champions of Small）的理念，努力把每一个环节都做到极致，各具特色的酒店可能是典型的市中心酒店、历史悠久的乡村静居、田园诗般的私人岛屿，也可能是非洲中部偏远的游猎度假屋，都致力于为顾客提供非凡的入住体验。

SLH 在工作简章中对申请加入的会员酒店作出严苛的规定：
- 酒店在当地必须是最好的；
- 酒店的运作管理是高标准的；
- 服务必须是个性化的、高效率的、亲切的；
- 酒水必须是高质量的，服务必须是最专业的；
- 装饰必须是高档次、关注细节的，营造出让顾客舒适、放松的最佳氛围。

不论您有何种喜好，SLH 都确保能为您提供具有独特风格和魅力的酒店。

资料来源：佚名. 如果小，但是极致奢华精致，这种酒店你见过吗？[EB/OL]. 搜狐旅游，http://www.sohu.com/a/121070551_ 383658，2016-12-09；全球小型豪华酒店联盟（SLH）官网：http://www.slh.com/about-us/，2017.

第二节 城市旅游企业的体系

一、城市旅游业的体系架构

城市旅游业作为一项综合性产业，包括交通业、城市旅游景区、信息咨询、中介服务（旅行社）、旅游住宿业、餐饮业、商业等内容。根据与城市旅游的联系紧密程度，城市旅游业体系主要分为以下四个序列（如图 6-3 所示）：

（1）第一序列，城市旅游企业等；
（2）第二序列，旅游集散中心、旅游信息中心、旅游推广中心、旅游购物中心等；
（3）第三序列，旅游网站、旅游报刊、旅游出版社、旅游研究机构等；
（4）第四序列，各级旅游管理组织、旅游协会、民间旅游组织等。

其中，城市旅游企业构成了城市旅游业的重要内容，对于城市旅游业的发展起着重

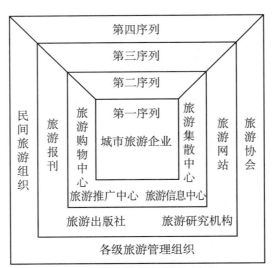

图 6-3 城市旅游业的体系架构

要的推动作用和引领作用，而城市旅游企业的体系内容包括旅行社、旅游饭店、旅游交通企业、旅游吸引物企业以及其他旅游企业等。

二、主要的城市旅游企业

（一）旅行社

旅行社主要从事招徕、组织、接待旅游者等活动，为旅游者提供安排交通、住宿、餐饮、观光游览、休闲度假、旅游咨询、旅游活动设计等服务，开展国内旅游、入境旅游或者出境旅游业务。作为城市旅游业内部各要素的重要中介和旅游客源的重要组织者，旅行社对于城市旅游业的发展起着重要作用。从运营模式来看，旅行社可以分为传统旅行社和新型旅游代理商两大类型，二者区别在于对信息技术的依赖程度。

1. 传统旅行社

传统旅行社的经营业务主要涉及三大板块：①产品开发，包括市场调研、产品策划与采购等业务；②市场营销，包括促销与销售等业务；③旅游接待，包括咨询、接团或发团与售后服务等业务。

西方国家的旅行社业多数采用垂直分工体系，即将旅行社按照业务流程分为旅游批发/经营商、旅游零售/代理商两种类型。旅游批发商一般不从事零售业务，而是通过独立的零售商或代理商向旅游者销售产品；旅游经营商除了选择独立零售商或代理商作为其销售渠道外，也可以通过某下设的零售机构进行销售业务；旅游零售商是直接面向旅游者销售旅游批发/经营商的产品并提供相应服务的中介组织；旅游代理商是旅游零售商存在的主要形式，数量多、规模小、分布广泛，与旅游批发/经营商签订代销合同，通过收取佣金的方式获取收入。

在中国、日本等亚洲国家，旅行社业主要采用水平分工体系，这种分工体系一般是在政府约束下形成的。例如中国旅行社行业的分工体系一直是由国家相关政策所决定的，旅行社统一划分为两类：第一类是经营国内旅游业务和入境旅游业务的旅行社；第二类是经营国内旅游业务、入境旅游业务和出境旅游业务的旅行社，反映出中国政府主导型旅游业发展战略的显著特色。在全国旅行社业中，以国内旅行社为主体的小规模旅行社占绝大多数，地理分布基本合理，而为数不多的大规模旅行社主要分布在北京、上海、广州等人口集中的城市（如表6-3所示）。

表6-3　2015年度全国旅行社集团20强

排名	旅行社名称	排名	旅行社名称
1	中青旅控股股份有限公司	11	重庆海外旅业（旅行社）集团有限公司
2	中国旅行社总社有限公司	12	北京神舟国际旅行社集团有限公司
3	上海春秋国际旅行社（集团）有限公司	13	广东南湖国际旅行社有限责任公司
4	北京众信国际旅行社股份有限公司	14	湖南省万达亲和力旅游国际旅行社有限公司
5	广东省中国旅行社股份有限公司	15	福建省宝中旅游集团有限公司
6	中国国际旅行社总社有限公司	16	浙江省中国旅行社集团有限公司
7	中国康辉旅行社集团有限责任公司	17	浙江万达旅游集团有限公司
8	北京凯撒国际旅行社有限责任公司	18	中国国旅（广东）国际旅行社股份有限公司
9	广州广之旅国际旅行社股份有限公司	19	黑龙江天马国际旅行社集团有限公司
10	上海锦江国际旅游股份有限公司	20	江西光大国际旅行社有限公司

资料来源：国家旅游局.2015年度全国旅行社统计调查排强名单公示［EB/OL］.国家旅游局官网，http://www.cnta.gov.cn/zwgk/tzggnew/201612/t20161207_808710.shtml，2016-12-07.

2. 新型旅游代理商

随着信息技术的发展和互联网的广泛使用，旅游者足不出户就能了解到旅游目的地的各种信息，这使得传统旅行社在发展形式和经营方式上出现了新的变革，即出现了旅行社新的商业形态——在线旅游服务商。这一新型旅游代理商利用先进、高效的信息技术，涉及订票、订房等单项或多项旅游业务，为旅游者提供快捷灵活、优质优惠、体贴周到而充满个性化的旅行服务。

自20世纪末开始，新型旅游代理商逐渐发展成为中国旅行社业中的生力军，携程（www.ctrip.com）、艺龙（www.elong.com）、同程（www.ly.com）、途牛（www.tuniu.com）、去哪儿（www.qunar.com）、驴妈妈（www.lvmama.com）、磨房（www.doyouhike.net）等在线旅游服务商，借助移动通信与信息技术的优势积极推动着旅行社业的蓬勃发展。其中，携程旅行网通过旅游代理模式，借助互联网和呼叫中心销售客房和机票等产品；去哪儿网是面向价格敏感型旅游者的垂直搜索引擎，凭借其便捷、人性、先进的搜索技术，对互联网上的机票、酒店、度假和签证等旅游信息进行全面整合，为旅游者提供准确、实时的旅游产品价格查询和比较服务；磨房网作为一个主题为自助旅行和户外运动的网络平台，逐步以半商业化的模式进行运作，从事登山远足、穿越露营、自行车、滑雪、游泳、攀岩、探洞、溯溪、滑翔、潜水等旅游活动的服务支持。近年来，这些新型旅游代理商已经迅速成长为极具竞争力的旅游企业，成为旅游市场中不可忽视的力量。

（二）旅游饭店

旅游饭店是为旅游者提供住宿、餐饮及其他综合性服务，以满足旅游者对住宿、餐饮、娱乐、健身、商务、购物等旅游需求的旅游企业，不仅是旅游者进行旅游活动不可或缺的重要依托，而且还是旅游经济发展、吸纳社会就业的重要渠道。随着旅游饭店业的发展，为了更好地参与国际、国内的旅游市场竞争，城市旅游饭店日益呈现出明显的多元化发展趋势。目前城市旅游饭店主要有以下类型：

1. 城市观光饭店

城市观光饭店多设在城市交通便利、周边综合配套设施齐全的地段，其目标客户主要是观光型游客。城市观光饭店价格适中，不仅可以满足游客基本的食宿需求，还可以满足游客外出游览、娱乐、购物等综合需求。

2. 城市度假饭店

城市度假饭店不同于一般的围绕或远离城市的度假饭店，多位于滨海、温泉等资源丰富的城市。城市度假饭店的目标客户主要是休闲度假型游客，饭店除具备一般饭店的服务项目外，还注重营造舒适、宜人的度假环境氛围，以及配备齐全的休憩、娱乐、康体设施设备。

3. 城市商务饭店

城市商务饭店的主要客户群体为商务、公务游客，多靠近城市商业中心，消费档次比较高。城市商务饭店在地理位置、饭店设施、服务项目、价格等方面都以商务为出发点，尽可能地为商务客户提供便利，如营造良好的商业氛围、提供专业的商务服务、配备专门的商务设施等。

4. 城市会议饭店

城市会议饭店主要接待从事商业、贸易展览会、专业讲座的商旅客人，通常建在区域。城市会议饭店除具备相应的食宿设施外，还配有一定数量的会议场所，如大小规格不等的会议室、展览厅、演讲厅、谈判间等，同时配套投影仪、同声传译、录像、扩音、通信及视听等会议服务设备。

5. 城市特色饭店

城市特色饭店是指通过引入独特的自然、文化资源和现代科技成果，使饭店外形、氛围或者服务等方面与传统酒店有所区别，能够带给顾客独特体验的饭店，包括主题酒店、精品酒店等独特概念饭店企业。随着消费群体偏好的变化和饭店行业的纵深发展，非标准化的特色酒店越来越多地受到客户的青睐和热捧，逐渐成为饭店企业中的新亮点。

（三）旅游交通企业

旅游交通是指旅游者利用某种手段和途径，实现从常住地向旅游目的地往返的空间转移过程。旅游交通业作为一个交叉性产业，介于旅游业与公共交通运输业之间，属于第三产业的范畴（如图6-4所示）。一方面，它借助旅客列车、民用客机等公共交通设施，从事包括旅游者及其行李在内的公共运输活动；另一方面，它利用旅游列车、旅游包机、游船邮轮等旅游专项交通设施，在旅游客源地与目的地之间以及旅游目的地内部各旅游区域之间，从事旅游者及其行李的旅游专项运输活动。

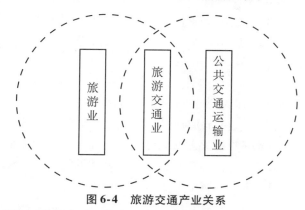

图 6-4　旅游交通产业关系

资料来源：崔莉．旅游交通管理［M］．北京：清华大学出版社，2007．

作为实现旅游者空间位移的经营者和服务者，旅游交通企业是指为旅游者从常住地向旅游目的地往返以及在各旅游目的地内部提供空间转移服务的经济组织。随着旅游者对旅游交通安全性、快捷性、舒适性等要求的不断提升，旅游交通企业在旅游活动过程中的重要性越发突出。不同的旅游交通工具可以满足旅游者对时间、舒适度、价格等方面的不同要求，据此旅游交通企业可以划分为多种类型，具体包括旅游公路、旅游铁路、旅游航空、旅游水运以及特种旅游交通等。旅游公路、旅游铁路、旅游航空、旅游水运是城市旅游中比较常见的交通方式，它们各自的优劣势如表 6-4 所示。

表 6-4　四种常规旅游交通方式的优劣势

旅游交通方式	优势	劣势
旅游公路	灵活方便、便于游览、高效省时	速度慢、运距短、舒适性较差、安全系数低
旅游铁路	经济实惠、快速高效、安全正点	灵活性和舒适性较差
旅游航空	速度快、航程远、乘坐舒适	价格高、灵活性差、游览功能弱
旅游水运	水上客运：价格低廉 水上游览：豪华舒适、安逸浪漫	水上客运：速度慢、舒适性差 水上游览：速度慢、价格昂贵

注：旅游水运交通包括水上客运和水上游览两种类型，前者以运送旅游者为主要功能；后者以观光、度假为主要功能。

此外，除上述四种常规的旅游交通企业外，随着旅游业的快速、深入的发展，主要从事游览性运输活动的特种旅游交通企业也逐步发展壮大起来，其运输优势表现为类型繁多、游览性强、文化底蕴浓厚，劣势表现为灵活性差、客运功能弱、舒适性差。特种旅游交通方式有着优越的游览性，原因有二：其一，它们在运输形式上千奇百怪，在功能上千差万别，具有浓厚的民族或者地方特色，能够满足旅游者求新、求奇、求特、求异的多样化游览需求；其二，它们一般具有极强的参与性，多数可以由旅游者亲自驾驭并且从中得到独特、刺激的体验和经历。

（四）城市吸引物企业

正如前文所指出的，城市旅游企业就是城市旅游吸引物体系的重要组成，从城市旅游发展的实际情况来看，城市吸引物企业主要包括旅游景区企业、旅游演艺企业、旅游餐饮企业等主要类型。

1. 旅游景区企业

企业化经营的旅游景区指以旅游资源和旅游环境为依托，通过开发具有旅游功能的观光、文化、休闲、度假等类型的旅游产品，以满足人们旅游需求的旅游企业。从旅游消费构成、旅游活动中各旅游要素所占的地位和作用等方面来看，企业化经营的旅游景区无疑是支撑城市旅游业发展的核心旅游企业。比较常见的企业化经营的城市旅游景区主要有主题公园、城市工业遗产、城市工业旅游景区等。

2. 旅游演艺企业

旅游演艺可以视为以游客为主要受众群体，通常依托旅游景区现场或其他旅游地演出场所，综合运用歌曲、舞蹈、戏曲、杂技等多种艺术手法以及声、光、电等现代高科技手段，以表现地域文化背景或民俗风情为主要内容的主题商业演艺活动。旅游演艺产品丰富和改变了传统旅游产品的内涵，提升了文化旅游的质量，在完善旅游设施和功能、延伸旅游业链条、提升城市知名度和综合竞争力等方面发挥着重要作用。因此，一些企业特别是民营企业，看好旅游演艺产品的市场前景，积极投身其中；还有一些专业艺术演出团体，也把旅游演艺作为扩展自身生存发展空间的新的演出市场来开拓。于是，城市旅游演艺市场出现了涉及演艺产品的城市旅游景区企业、介入旅游演艺业务的企业单位以及专业艺术演出团队等多元化主体的格局。

3. 旅游餐饮企业

旅游餐饮是指餐饮业中为旅游者提供餐饮产品与服务的部分，在旅游的六大要素中，餐饮是保证游客旅游行程能够持续进行的基础性支撑要素，游客途中或在旅游目的地的饮食状况直接影响其对旅游行程满意度的评价。同时，饮食所具有的强烈的地域性、民族性、民俗性等人文特性，又使它成为城市旅游吸引力的重要构成要素，各种社会力量纷纷投入旅游餐饮资源的开发，呈现出多类型、多形态的城市旅游餐饮企业供给格局，其中若干餐饮企业甚至成为城市旅游的典型吸引物。例如，存留下来的餐饮老字号企业，其跌宕起伏的发展历史、具有传奇色彩的美食典故，已经与当地的城市历史融为一体，成为当地美食文化、传统商业文化及民俗文化的代言人，这种文化符号价值使得类似北京全聚德、天津狗不理、广州莲香楼等诸多老字号餐饮企业对于旅游者形成极大的旅游吸引力。

（五）其他旅游企业

在城市旅游企业体系中，除了上述四种重要的城市旅游企业类型外，还包括一些其他的城市旅游企业，它们共同推动了城市旅游业的发展。

（1）旅游规划企业，如开展旅游规划、策划、咨询等业务的企业。

（2）旅游出版企业，如主要出版旅游刊物的企业。

（3）旅游装备制造企业，如制造旅游房车、邮轮游艇、景区索道、旅游飞行器材、游乐设施和数字导览设施等旅游设备的企业。

 知识卡片

旅游装备制造业

旅游装备制造业,指生产旅游用途装备的企业以及生产相关零部件企业的集合,包括生产制造高端旅游装备的企业及生产这些零部件的企业、生产制造旅游户外运动装备的企业及生产这些初成品的企业等。旅游装备制造业大致可分为三类:一是科技密集型设施设备制造业,即高端装备制造业,生产装备如邮轮游艇、旅游直升机、旅游房车、景区索道、主题公园游乐设施等;二是户外运动所需装备制造业,涉及装备如滑雪设备、高尔夫设备、潜水设备、睡袋、帐篷、救援器具等;三是旅游基础设施装备制造业,从事旅游景区的安全保障设备、旅游景区的讲解系统设备等的制造。

当前中国旅游装备制造业发展的重点任务有:加快实现邮轮自主设计和建造;大力发展大众消费游艇产品;提升索道缆车本土化制造水平;促进游乐设施装备制造业的转型升级;推动低空飞行旅游装备的产业化发展。

资料来源:耿松涛,彭建. 产业融合背景下的中国旅游装备制造业产业集群发展研究[J]. 经济问题探索,2013,(11).

第三节 城市旅游企业的发展趋势

近年来,城市旅游企业规模随着旅游市场范围的扩大而不断扩张,企业的大规模重组已成为一种必然趋势,而组建旅游企业集团则是行业内企业重组的重要内容。目前城市旅游企业集团化发展的方向包括:横向与纵向发展,线上、线下及无线领域发展等。

一、城市旅游企业横向与纵向发展

(一)城市旅游企业的横向发展

1. 基本概念

横向发展也称为水平一体化发展,是指企业的业务活动沿现有产品与劳务的方向扩展,形成比原有业务活动更大的规模和更大的市场支配能力。城市旅游企业的横向发展具体是指通过兼并、联合同类型旅游企业或投资组建新的经营单位而形成多地点的旅游企业集团,如旅行社之间、旅游饭店之间、航空公司之间的横向扩张经营等。横向发展具有速度快的特点,因此横向发展已经成为中国城市旅游企业规模扩大的一个重要途径,比如目前广州、上海、北京等城市的旅游饭店管理集团通过兼并、合并重组等方式就使企业规模在短时间内得到了壮大。

2. 实现形式

城市旅游企业横向发展可以通过两种形式来实现：一种是企业间的兼并收购；另一种是企业间的横向联合。

（1）城市旅游企业兼并收购。城市旅游企业横向兼并指两家或两家以上具有相同服务功能并且相互独立的旅游企业合并成为一家旅游企业，通常是由一家占优势的旅游企业吸收另外一家或多家旅游企业；城市旅游企业横向收购是指一家旅游企业通过购买股票或者股份，取得与自己经营业务相同的另外一家旅游企业的控制权或管理权。

兼并和收购都可以实现城市旅游企业的横向扩张，但是这两种行为存在很大的不同。兼并行为是在两个旅游企业的行为主体间进行的，是通过兼并企业和被兼并企业法人代表的行为实现的，这种行为属于企业重大经营行为。而收购行为是收购企业和被收购企业股东之间的行为，被收购企业的股东可以是法人也可以不是法人，只要双方股东达成收购协议便可，不用经过企业法人的同意，也无须经过股东大会的批准。

（2）城市旅游企业横向联合。城市旅游企业横向联合是指两家或者两家以上的同类型旅游企业为了实现互利的目的共同投资或者分享信息和资源所结成的一种合作关系。不同于旅游企业的兼并和收购，联合是在不变更产权和控制权的前提下进行的，因此是一个松散型的运营方式。

城市旅游企业实现横向联合主要是通过联号、管理输出、租赁三种形式实现的。①联号指一家具有优势的旅游企业通过出让特许经营权，向与本企业具有相同服务功能的其他旅游企业提供品牌、技术等经营性资源以及客源组织、销售渠道而形成的旅游企业横向经营的方式；②管理输出指旅游企业依托自身的管理优势资源，通过订立合同的方式为其他同类型旅游企业输出和提供成熟的管理思想、管理模式、管理技术和管理人才等管理资源，甚至直接接管其他旅游企业的一种横向联合方式；③租赁指旅游企业通过订立合同的方式，向其他同类型旅游企业租借土地、建筑物等生产要素资源，然后由该旅游企业以法人资格从事一切旅游经营管理活动的横向联合方式。

3. 优势与劣势

城市旅游企业横向发展的优势如下：

（1）降低经营成本，获取规模经济效益。城市旅游企业横向发展主要是通过收购同类型企业达到规模扩张，可以使旅游企业获取充分的规模经济，从而大大降低经营成本，取得竞争优势。

（2）减少竞争对手，提高市场控制能力。通过实施横向扩张，可以减少竞争对手的数量，降低产业内相互竞争的程度，为城市旅游企业的进一步发展创造一个良好的产业环境。

（3）增强抗风险能力，有效规避风险。城市旅游企业通过横向发展，可以很快实现规模扩张，随着实力的增强和竞争力的提升，能够有效规避经营风险。

（4）操作相对简单，有效实现扩张。在城市旅游企业进行拓展的过程中，横向发展路径是相对简单、容易操作的方式，能够使城市旅游企业在较短的时间内得到有效的扩张。

城市旅游企业横向发展的劣势如下：

（1）城市旅游企业通过横向扩张，往往会涉及收购后母子公司在管理协调上的问题。由于母子公司在历史背景、人员组成、业务风格、企业文化、管理体制等方面存在较大的差异，因此各方面的协调非常困难，这也是城市旅游企业在横向发展过程中所面临的主要问题。

（2）城市旅游企业横向经营还会涉及相关法律的问题，如横向扩张容易造成产业垄断，因此各国法律都对此做出了限制。

（3）城市旅游企业在横向经营过程中，还面临企业的内部整合问题。如果整合不成功，可能会与自身横向扩张的初衷背道而驰。

（二）城市旅游企业的纵向发展

1. 基本概念

纵向发展也称为垂直一体化发展，即通过向后延伸到原材料的生产或者向前延伸到面向最终客户的产品批发与分销，从而提高企业在产业链条中的覆盖程度。城市旅游企业纵向发展具体是指把旅游上游或下游企业组合起来，按照"原材料—制造—分销—销售"的流程构建一个纵向销售链式的旅游企业集团。

2. 实现形式

一般而言，城市旅游企业向上下游扩张需要较强的资金实力，其纵向发展可以分为两种形式：前向一体化和后向一体化。前向一体化是指城市旅游企业向自己业务链的前方发展而采取相应的战略措施，如旅游批发商兼并旅游零售商、航空公司兼并旅行社；后向一体化是指城市旅游企业的发展受到自己的供应商影响时，采取进入自己业务链后方的战略，如旅游经营商兼并航空公司或者旅游饭店。

在实际的旅游经济活动中，前向一体化战略更为普遍。作为一个旅游服务中间商，要实现前向集中兼并处于旅游服务生产层次的组织，如旅游饭店、航空公司，需要有强大的资本作支撑，资本扩张的能力要更为强大。相比之下，这些组织要兼并处于代理层次上的旅游代理商则不需要太多的资本，相对容易得多。从这个意义上讲，由于旅游企业的特殊性以及各个旅游企业所需要的资本投入不同，纵向发展往往发生在旅游服务链的高层次与低层次之间，形成高层次向低层次的前向集中发展。

3. 优势与劣势

城市旅游企业纵向发展的优势如下：

（1）城市旅游企业采取纵向发展战略，可以降低经营中的搜寻成本、签约成本、履行契约的交易费用，另外所产生的规模经济和整合定价还可以降低旅游成本。

（2）城市旅游企业通过扩大经营范围，增加旅游产品种类，生产两种或两种以上的产品可以降低单位成本。

（3）城市旅游企业实施纵向一体化的组织形式，可以防止机会主义及契约的不完全对其经营活动的损害。

（4）城市旅游企业纵向一体化制度的安排，用内部组织替代市场，可以相对减少市场的外部干扰以及道德风险的发生。

城市旅游企业纵向发展的劣势如下：

（1）增加了城市旅游企业所需的资本投资水平，如果新增的价值不能弥补额外所需的资本，那么整个资本密集度将会提高，从而造成对利润和获取能力的压力。

城市旅游管理

（2）城市旅游企业在行业中的战略范围扩大，受力面增加，会给企业带来额外的风险。

（3）城市旅游企业纵向发展使自身退出旅游行业变得更加困难，难以抵抗技术和生产设施的迅速变化所带来的影响，因而这样的城市旅游企业在面对外界环境变化时会变得相对脆弱。

（4）旅游纵向发展需要一体化产业链中的每个环节之间相互协调。由于城市旅游企业纵向发展链条中的多个环节都是直接面对外部市场，受外部环境因素影响较大，导致协调不易，链条容易被打破。

（三）城市旅游企业的综合发展

在现实中，大多数城市旅游企业会同时采取横向一体化和纵向一体化的发展战略，也称为综合发展战略。这种发展模式可以发挥横向发展模式和纵向发展模式的各自优势，同时可以避免它们某些方面的劣势。但是由于这种发展模式大大扩展了城市旅游企业的经营范围，使城市旅游企业面临专业化和多元化共同发展的要求，从而带来了更大的技术风险和管理风险，造成规模、范围不经济。表6-5简要归纳了城市旅游发展的三种模式的优劣势及主要特征。

表6-5 城市旅游企业的发展模式及主要特征

	优势	劣势	组建运作
横向发展模式	规模经济，提高市场控制能力，增强抗风险能力，容易实现扩张	管理问题，法律问题，整合问题	旅游企业兼并联合，统一经营、统一管理
纵向发展模式	范围经济，降低经营成本，防止市场的不稳定性和道德风险	资本压力，管理风险，退出机制困难，产业链条不易协调	旅游业链的上下游企业扩张，多元化经营
综合发展模式	兼有以上两方面的优势	容易诱发大企业病	旅游价值链横纵双向拓展，整体战略管理

二、城市旅游企业线上与线下发展

随着信息技术和网络科技的发展，以及旅游业自身内在需求的变化，中国旅游网络消费开始兴起并逐步发展起来，这对中国城市旅游企业尤其是在线旅游企业产生了巨大的影响，在过去近20年的发展过程中，已经出现了三代在线旅游企业（如表6-6所示）。

表6-6 三代在线旅游企业的发展概况

代型	代表性企业	发展概况	出现年份
第一代	携程、艺龙	极大地促进了以"机票+酒店"商旅为主的在线旅游市场的发展	1999年
第二代	去哪儿、酷讯	以更低的价格促进了休闲为代表的在线机票、在线酒店市场的发展	2005—2006年
第三代	途牛、悠哉、驴妈妈	以自由行、线路跟团等产品刺激了在线休闲度假市场的发展	2006—2008年

资料来源：《2011—2012中国在线旅游行业年度监测报告》。

目前世界主要旅游城市约 1/4 的旅游产品订购都是通过互联网实现的，旅游电子商务已经成为 21 世纪旅游业发展的重要趋势，快捷、多样、灵活的旅游网络经营方式强劲地冲击着传统旅游企业的经营空间（如表 6-7 所示）。因此，信息技术的运用既给城市旅游企业的业务发展创造了更多的机会，又使城市旅游企业的传统经营方式面临极大的挑战。信息技术在城市旅游企业的运用主要体现在两个方面：对企业内部运营而言，可以借助信息技术实现企业内部管理的规范化和科学化；对企业外部经营来说，可以开展旅游电子商务，实现咨询、预订和销售环节的变革。未来，我国城市旅游企业的经营活动将实现全面信息化，推动旅游业发展成为高信息含量、知识密集的现代服务业，实现基于信息技术的"智慧旅游"。

表 6-7 中国在线旅游市场经营方式

经营方式	代表性企业
航空公司直销	中国国航、南方航空、海南航空、东方航空
酒店直销	七天连锁酒店
预订代理	携程网、艺龙网
传统旅游服务商线上服务	芒果网、遨游网
网络旅游平台	B2C 平台：淘宝旅游频道、通用旅游网、乐途旅游网 B2B 平台：同程旅游网 B2B 平台
垂直搜索	去哪儿、酷讯
用户点评网站	到到网
专业推荐网站	Travelzoo（旅游族）

资料来源：《中国在线旅游市场发展趋势白皮书（2012—2015）》.

（一）传统旅游企业线上发展

21 世纪以来，伴随电子商务市场的不断成长和成熟，传统旅游企业已经无法忽视旅游电子商务经营活动，更多地选择在维持已有业务的基础上，将线上旅游业务作为未来重要的拓展领域。传统的旅行社、旅游酒店、旅游景区企业、旅游交通企业等通过投入一定的资金，开展企业信息化建设，全面进行企业信息化管理和电子商务运营。从最初的无纸化办公到企业综合信息化管理，从简单的静态展示型网页到实时更新、在线支付的电子商务平台，如香港中旅、中国旅行社总社、中国青年旅行社等老牌传统旅行社，通过构建芒果网、国旅在线、遨游网等电子商务平台在线销售旅游产品；中国国航、南方航空等大型航空公司通过构建官方网站，网络直销航空机票；高星级酒店应用信息技术进行酒店信息化建设甚至尝试开展客房网上预订，最大限度地将线上旅游客户转化为传统旅游企业的业务对象。

尽管线上旅游市场前景诱人，但是传统旅游企业自主发展电子商务还是存在投入和推广成本高、盈利模式单一、盈利能力不强等问题。大部分传统旅游企业的电子商务网站仅仅是一个信息发布的平台、一种替代的沟通方式和一种新的宣传媒介，只有部分旅游网站可实现与用户之间的简单互动，但业务的完成仍然需要通过电话等传统人工服务的方式进行，信息发布功能远大于其交易结算等功能，多为线下交易，或线上交易、线下支付。另外，大型传统旅游企业凭借雄厚的实力容易在电子商务平台构建上取得成效，然而中小型传统旅游企业由于人力、资金、技术等方面的限制，开展旅游电子商务存在诸多困难和风险，传统旅游企业线上业务的发展仍然任重而道远。

（二）OTA 线下、线上、无线领域发展

1. 传统 OTA 线下发展

OTA（Online Travel Agent）具体指的是在线旅行社，第一代在线旅游企业起步较早，并且已经在在线旅游市场上取得了领导地位，被称为传统 OTA。这类企业的出现将原来传统的旅行社销售模式放到网络平台上，可以更广泛地传递旅游信息，并且互动式的交流模式方便了旅游者的咨询和订购。作为第一代在线旅游企业的代表，携程旅行网、艺龙旅行网等成功整合了高科技产业与传统旅行社业，向庞大的网络客户提供集酒店预订、机票预订、度假预订、商旅管理和旅游资讯在内的全方位旅行服务，被誉为互联网和传统旅游服务无缝结合的典范。

近年来，在线旅游市场正变得越来越多元化，除携程、艺龙等传统 OTA 外，以驴妈妈、途牛为代表的立足细分市场的新兴 OTA，以淘宝、美团为代表的网购平台商，三大电信运营商，以及诸如同程网、汇通天下等由旅游 B2B 开拓 B2C 类的运营商，都逐渐介入在线旅游业务。激烈竞争的在线旅游企业与众多涌现而出的旅游垂直网站，不断对传统 OTA 的线上经营业务发起冲击，为了应对线上旅游竞争愈演愈烈的态势，以携程为代表的传统 OTA 逐渐将经营业务延伸至线下旅游领域。

2. 新兴 OTA 线上精细化发展

尽管在线旅游市场上传统 OTA 仍然占据主导地位，但是一批精准定位、打破传统用户和服务商固有思维的新兴 OTA 已经异军突起，它们通过资源整合，向旅游者提供相对个性化的旅游服务，同时准确选择细分目标市场，避免与传统 OTA 的正面交锋，开拓了自己的一片新天地。例如，驴妈妈旅游网作为中国最大的自助游产品预订及资讯服务平台，形成了以打折门票、自由行、特色酒店为核心业务，同时兼顾跟团游的巴士自由行、长线游、出境游等网络旅游业务，为游客出行提供一站式服务便利；途牛旅游网通过采集、筛选、整合旅游行业资源（如旅行社、机票、酒店、门票、签证等），为旅游者提供一站式预订，一对一管家式服务，并重点呈现特定度假旅游产品的相关信息，大力树立度假旅游产品标准，借助产品的图片、描述、用户评价等信息的透明化，建立度假旅游标杆，从而逐步细化度假旅游产品的在线预订。这种针对细分市场、细分产品的精细化线上业务运营正在成为新兴 OTA 企业建立竞争优势、争取市场份额的有效手段。

3. OTA 无线领域发展

智能手机的普及和消费者对手机端的日益依赖为整个旅游业提供了更为广阔的在线旅游市场空间。根据中国互联网络信息中心发布的数据显示，截至 2017 年 6 月，中国手机网民规模达 7.24 亿人，其中手机预订机票、酒店、火车票或旅游度假产品的网民规模半年度增长率为 11.5%。在此背景下，以移动互联网为核心的新旅游消费业务模式出现，以去哪儿网、携程旅行网、同程旅游网、途牛旅游网为代表的 OTA 先后发布无线发展战略，积极拓展在线旅游无线业务，开辟在线旅游的无线发展领域。

例如，携程旅行网于 2010 年大规模进入移动互联网领域，适时推出了"一网三客

户端",使手机在线预订成为继呼叫中心和互联网之后的第三个重要预订渠道;去哪儿网自 2009 年组建无线部门起进入移动旅游市场,作为 OTA 无线业务布局的先行者,先后推出了包括旅行、酒店、攻略、订票、金融支付等在内的多款旅游 APP,成为 OTA 无线客户端布局较为全面的旅游企业;同程旅行网在 2014 年投入 1 亿元开展"1 元门票"活动,核心目标就是吸引游客下载其 APP 客户端;途牛旅行网较晚发力无线旅游业务,但是发展势头迅猛,2015 年其 APP 的下载量累计达到 5 亿左右。随着 OTA 源源不断投入各种资源推动无线领域的发展,在线旅游无线业务的收益获得快速增长,收入占比份额也得到不断提升,逐渐成为旅游消费市场的新兴主流。

 拓展阅读

互联网+,一个传统旅游企业的华丽转身

中国康辉旅行社集团(以下简称"康辉集团"),是一个历经 30 多年的发展,见证了中国旅游发展史的传统旅游企业。如今,"互联网+旅游"的势头渐长,随着 OTA 大举进军线下旅行社市场,康辉集团作为全国大型旅行社集团企业应该如何应对?又会有怎样的发展新姿态?带着这些问题,品橙旅游采访了康辉集团副总裁刘劲,他做出了如下回答:"康辉集团,今年 32 岁,典型的线下企业,典型的低成本扩张式发展的企业。集团有沉淀下来的品牌效应,之前在互联网方向上走得相对慢一些,这次在明确了'新康辉·大旅游'的发展思路后,集团在互联网市场上投入了更多,加快脚步,全面开跑。"

"互联网+"让康辉集团更多元、更丰富

作为老牌的传统旅行社企业,产品是康辉集团的核心。以前,消费者了解产品信息都是通过门店咨询,有专门的销售人员跟消费者面对面沟通。这几年,随着互联网行业的迅速崛起,"互联网+"的模式让销售渠道有了更多的出口,门市渐渐衰落。虽然门市有自己的服务优势,可以深入社区给消费者带来直接的便利,但康辉集团发现市场消费越来越趋向互联网思维,因此及时做出了调整和改变。

相对于传统旅游企业,OTA 企业能更好地利用互联网资源。产品是康辉集团的优势,互联网提供了更多元的线上销售渠道。2016 年,康辉集团将对接 OTA 企业的服务部门增加到三个,分别对接不同的 OTA 企业,取得了很好的效果。以同程旅游网为例,自从集团成立了专门对接的服务部门后,双方的合作越来越紧密了。可以说,康辉集团在加强自身传统优势的同时,建立与互联网企业的深度合作,让康辉集团更丰富、更多元。

发掘"互联网+"的更大价值

在产品层面,传统的新产品推广方式主要包括产品发布会、与媒体沟通发布信息、对门市培训等。现在,线上 OTA 企业的出现,使得借由互联网推广新品对接变得更迅速、更全面。康辉集团把产品的设计理念、想法、优势同 OTA 企业沟通,OTA 企业运用自身的互联网优势负责线上的推广,这样不仅降低了推广成本,也可以让康辉集团更

专心地开发产品。这样的合作模式令刘劲感触很深，因为OTA企业的推广可以形成一种氛围，可以让康辉集团的产品引领潮流。这是互联网的优势与价值所在。

在数据方面，互联网时代是大数据时代，OTA企业对数据的把握度很高。途牛旅行网每年会把合作数据跟康辉集团分享，一部分是产品端的数据，通过数据可以知道产品的销售数量，对比出产品的优劣势；另一部分是投诉问题，如产品质量好坏、投诉率高低，这些数据都体现得很清晰，一目了然。

这其实就是随着社会发展出现的一种分工，以前是大而全，从产品研发到采购、制作推广、操作和最后的总结，整套的流程都要完成，现在康辉集团逐渐淡化一些东西，专注于采购和制作更适合市场的产品，把渠道和推广交给OTA企业，大家在各自擅长的方面出力、共享资源、互相配合，最后实现共赢。

未来，康辉与OTA企业和谐共生

旅游行业在很早之前就希望实现O2O模式，但是一家旅行社想独立完成会有一定的难度，因为线上和线下面临的是两个不同消费模式/行为的群体，真正的融合很难。随着"互联网+旅游"的合作越来越深入，康辉集团也逐渐找到了适合的合作共赢模式。

传统旅行社的核心就是产品，康辉集团是产品的制造商，OTA企业的强项在推广和渠道方面，在双方的合作中，刘劲强调，康辉集团只要把专业做强，把自身的优势发挥到极致，从OTA企业的获客率就可以进一步提高，康辉集团就能在"互联网+"的时代实现华丽的转身。

资料来源：佚名．北京康辉刘劲：明年通过OTA获客率将达70%［EB/OL］．品橙旅游网，http://www.pinchain.com/article/80586，2016-06-30．

思考与练习

1. 简述城市旅游企业的概念、特征和类型。
2. 城市旅游企业的组织形式有哪些？
3. 阐述城市旅游企业的体系架构。
4. 具体列举主要的城市旅游企业。
5. 举例说明城市旅游企业的发展趋势。

参考文献

［1］陈朝隆，陈烈，徐晓红等．城市博物馆旅游浅议［J］．桂林旅游高等专科学校学报，2006，17（03）．

［2］崔莉．旅游交通管理［M］．北京：清华大学出版社，2007．

［3］崔晓文．旅游经济学［M］．北京：清华大学出版社，2009．

［4］董锁成，郭鹏．国内外工业旅游研究进展［J］．山西大学学报（哲学社会科

学版),2015,38(02).

[5] 耿松涛,彭建.产业融合背景下的中国旅游装备制造业产业集群发展研究[J].经济问题探索,2013,(11).

[6] 耿松涛.旅游购物接待企业发展环境分析[J].学术交流,2012,(08).

[7] 后东升,樊丽丽.旅游经济学[M].西安:西北农林科技大学出版社,2007.

[8] 李幼常.国内旅游演艺研究[D].成都:四川师范大学,2007.

[9] 罗明义.旅游经济学[M].北京:北京师范大学出版社,2009.

[10] 石美玉.中国旅游购物研究[D].北京:中国社会科学院,2003.

[11] 王宝恒.我国工业旅游研究的回顾与思考[J].厦门大学学报(哲学社会科学版),2003,(06).

[12] 王德刚,田芸.工业旅游开发研究[M].济南:山东大学出版社,2008.

[13] 吴必虎,俞曦,严琳,城市旅游规划研究与实施评估[M].北京:中国旅游出版社,2010.

[14] 杨彦峰,刘丽敏.中国旅游上市公司财务分析及对策研究[J].财会研究,2011,(19).

[15] 袁亚忠.会展企业管理[M].广州:中山大学出版社,2010.

[16] 张广瑞,刘德谦,宋瑞.2009年中国旅游发展分析与预测[M].北京:社会科学文献出版社,2009.

第七章　城市旅游与产业融合

 学习目的

通过本章的学习，了解产业融合的理论基础、内涵、类型和演进过程，掌握旅游业融合的动因及其模式，理解作为旅游发展趋势的产业融合在城市旅游中的拓展及其发生的领域，理解城市旅游业与文化产业融合的动力、路径与机理。

学习要点

- 产业融合的理论基础、内涵、类型和演进过程
- 旅游业融合的必要性
- 产业融合在城市旅游中的拓展路径
- 城市旅游业融合发生的领域
- 城市旅游业与文化产业融合发展的动力、路径与机理

 课前导读

荷兰阿斯米尔鲜花拍卖市场

在荷兰，位于阿姆斯特丹的阿斯米尔鲜花拍卖市场广受旅游者的追捧，每年都会迎来大规模的游客，旅游成为鲜花拍卖行盈利模式的有机组成部分。鲜花交易本不是旅游业的范畴，但"全球最大的鲜花拍卖市场"作为其旅游发展的背景，尤其"鲜花拍卖"这一事件满足了大量游客的猎奇心理，这使得参观阿斯米尔鲜花拍卖市场成为独特的旅游体验。为此，阿斯米尔鲜花拍卖市场特地开辟了一条200米长的空中走廊，游客透过走廊两侧的观景窗便可以看到鲜花拍卖的全过程，旅游业与花卉产业形成了良性的融合互动。

资料来源：刘少才. 荷兰阿斯米尔：把鲜花送往世界各地［J］. 南方农业，2016，10（16）.

第一节 产业融合概述

一、产业融合的理论基础

当今的信息化是继工业化之后一个历史性的发展潮流，而产业融合则是信息化进程中内生出来的一种新型产业形态，模糊了产业边界，具有与传统产业分立截然不同的性质。这种对传统产业分立的否定，既是新产业革命的历史性标志，也是在产业边界、产业分立等理论基础上的创新突破。

（一）产业边界

在传统的产业经济理论中，产业边界是一个非常重要的基础性概念，传统产业分类的主要依据是产业边界条件。

一般而言，产业诞生的过程可以描述为：科学—技术—产品开发—个别生产厂商—企业群体—产业。在这一产业诞生过程中，科学技术发展带来新产品的开发；具有良好市场前景的新产品首先引起拥有极强市场敏锐度的先行企业的关注，并在组织生产过程中形成其独特的业务流程和价值创造活动环节，构筑相应的价值链；当更多的企业跟进从事该产品的大规模生产时，新的产业及市场就形成了。其中，可以发现产业边界的形成实际上包含了从技术到产品、从组织到业务等多层面的边界（如图7-1所示）。同样，从简化产业经济活动的整个过程来看，一般是产业经济活动始于技术、终于产品，而产业经济活动的过程则主要通过该产业的微观主体来实现。由此，区分不同产业的产业经济活动边界也就涉及技术、产品、作为活动主体的组织及其业务等多层次内容的边界。

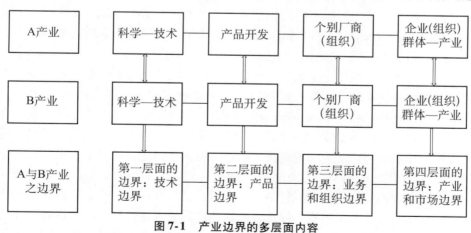

图7-1 产业边界的多层面内容

资料来源：李美云．论旅游景点业和动漫业的产业融合与互动发展［J］．旅游学刊，2008，23（1）．

针对跨产业发生的经济现象，识别、判断和分析产业融合，首先需要一个既定前提，即产业（包括行业、部门）之间的边界是清晰的，只有当某种经济活动跨越了产业之间既定的范围，产业边界出现模糊化，才意味着产业融合的发生，融合后的产业难以再按原来的产业边界进行明确的产业归类。

（二）产业分立

在传统农业时代，人类社会的经济形态基本上是生产与消费过程合一的、自给自足的方式。这种经济方式由于还没有分工和专业化基础，许多产业部门并没有相对独立出来，而是"同一"于若干大产业之中，如农业、畜牧业、手工业等，整个产业体系表现为产业部门稀少、产业关联简单、部门间交易规模狭小且交易量有限等。尽管在若干相对独立的大产业之间也有着较清晰的产业边界，但由于专业化分工程度较低，使其经常交织在一起，如农业与畜牧业的混合及其与手工业的混合等，因此其边界进一步固化的趋向不是很明显。

与传统农业时代的经济方式不同，工业时代的生产和消费过程是相分离的，其生产的专业化程度大大加深，专业分工是工业生产最重要的特征之一。工业经济时代，产业部门以采用的技术、产品的特性和业务的划分为依据区分产业边界。随着工业革命的开展，以机械化生产为特征的工业技术通过专业化分工使不同产业之间的边界更加清晰，并由工业化特定的技术手段及生产方式使得产业边界日趋固化，这种具有固化边界的产业分工称为产业分立。这些固化的产业边界，是与工业化生产方式联系在一起的，是机械化生产技术发展的特定产物。

二、产业融合的界定

（一）研究背景

产业融合并不是原先就已存在的，也不是与产业分立同时并存的，而是从产业分立中演变而来的，是产业边界固化走向产业边界模糊化的过程，并且是对传统工业化产业分立的否定。

产业融合的思想最早起源于罗森伯格对美国机械工业演化的研究。在19世纪早期高度一体化的生产体系中，一些机械工具被制造出来，专门用于生产满足用户需求的各类终端产品。到了19世纪中期，一个独立的、专业化的机械工具产业开始出现，罗森伯格把这种产品功能和性质完全无关的产业因采用通用的技术基础而引起机械工具产业独立化的过程称为技术融合。但直到1977年，日本电气股份有限公司NEC关于"计算机和通信"（Computer and Communications，C&C）融合图景的描绘才使得产业融合的现象开始受到关注。1978年，美国麻省理工学院（MIT）媒体实验室的创办者尼古路旁特对计算机业、印刷业和广播业三者间技术融合的模型化描述，开启了学术界对产业融合研究的大门。20世纪80年代，法国的诺拉和曼克创立了"Telematiqu"① 这一新词来反映数字融合的发展趋势，并把信息转换成数字后，图、音乐、文件、视像和对话透过同一终端机和网络传送及显示使得不同形式的媒体之间的互换性和关联性得到加强的这一现象称为"数字融合"。1994年，美国哈佛大学商学院举办了世界上第一次关于产业融合的学术论坛——"冲突的世界：计算机、电信以及消费电子学"；1997年，加州大学伯克利分校召开了"在数字技术与管制范围之间搭桥"的会议，对产业融合与相关的

---

① 为了反映社会通信（Telecommunication）和信息处理（Information）相互融合的现实，将两个词合为一个新词，即"Telematiqu"。

管制政策进行了讨论。这两次会议的成功举办，预示着产业融合作为一种经济现象开始得到经济学界、商界和政府部门的关注。

（二）基本概念

产业融合是 1970 年以来在信息技术快速发展的推动下产生的经济现象，由于其促进了产业创新，提升了产业竞争力，推动了区域经济一体化发展，因此备受学界与业界的关注。但是关于产业融合的定义至今尚未形成一个统一的表述，学者们从不同的角度对产业融合这一趋势进行研究，给出了不同的定义。

- 欧洲委员会（1997）将产业融合定义为产业联盟与合并、技术网络平台和市场三个角度的融合。
- 美国学者格林斯腾和汉纳（1997）指出产业融合作为一种经济现象，是为了适应产业增长而发生的产业边界的收缩或消失。
- 日本学者植草益（2000）认为产业融合是通过技术革新和放宽限制来降低行业间的壁垒，加强企业间的竞争与合作关系。
- 马健（2002）认为产业融合是由于技术进步和管制放松，发生在产业边界和交叉处的技术融合，改变了原有产业产品的特征和市场需求，导致企业之间竞争合作关系发生改变，从而导致产业界限的模糊化甚至产业界限的重新划分。
- 周振华（2002）提出，产业融合并不是原先就已存在的，也不是与产业分立同时并存的，而是从产业分立中演变过来的，是产业边界由固化走向模糊化的过程。
- 厉无畏和王振（2003）指出，产业融合是指不同产业或同一产业内的不同产品相互渗透、相互交叉，最终融为一体，逐步形成新的产业的动态发展过程。
- 李美云（2005，2007）提出产业融合可以定义为以前各自独立、性质迥异的两个或多个产业出现产业边界的消弭或模糊化而使彼此的企业成为直接竞争者的过程。

以上列举了七个比较有影响的产业融合定义，虽然各有侧重，但从本质上说，这些定义都基于一个共同的认识，即产业融合是一种从信息产业逐渐扩散的全新经济现象，它具有一些明显的普遍特征：

（1）产业融合蕴含着新产业的诞生，是一个新产业形成与发展的过程，本质上是一种产业创新；

（2）产业融合不同于发生在产业边界内的产业重组或产业替代，而往往发生在不同产业的边界处，使原来相互独立的产业相互渗透、交叉，从而导致原有产业边界的模糊化，最终融为一体；

（3）产业融合的发生并不限于信息时代和信息产业及其关联产业，而是在更广泛的产业领域，只不过正是信息技术的广泛渗透和应用，才使产业融合有可能成为一种普遍性的产业发展范式；

（4）产业融合是一个动态的过程。

三、产业融合的类型

关于产业融合的类型划分主要有三种标准：第一种是按产品或产业的性质分类；第

二种是按产业融合的程度分类；第三种则是按产业融合的形式分类。

（一）按产品或产业的性质分类

周振华（2004）认为从产品的角度切入容易把握，而且可同时反映出其背后的技术、业务、市场等方面的融合，并将产业融合区分为三种类型：一是替代型融合，即指具有相似特征及功能的独立产品在共同的标准元件束或集合中得以替代性地整合；二是互补型融合，即指具有互补性的若干独立产品在同一标准束或集合下得以高度兼容地整合；三是结合型融合，即指原本各自独立的产品在同一元件标准束或集合下通过功能渗透完全结为一体的产品整合，亦即在相互功能渗透的基础上，将原先两种不同的产品 A 和 B 结合为一体，形成一种既非 A 也非 B 的新型产品 C。

在这三种融合类型中，替代型融合和互补型融合只是让各自独立的产品进入同一元件标准束或集合而形成某种替代或互补，但并没有消除各自产品的独立性。结合型融合则是在同一元件标准束或集合条件下，完全消除各自产品原本的独立性而融为一体。因此，从某种意义上讲，这种类型的融合才是完全意义上的融合。

（二）按产业融合的程度分类

产业融合的结果要么是改造了原来的产业，要么是创造出了全新的产业，最终产业融合所形成的新产业或者替代了原来产业的全部或部分需求，或者创造出了全新的市场需求。因此，依据产业融合的程度和市场效果可以将产业融合分为以下两种类型。

1. 完全融合

完全融合是指两个或两个以上的产业全面融合成一个产业。完全融合的情况常发生在新兴产业与传统产业的融合中，它导致原来的两个或多个产业完全重叠，新产业逐渐替代原有产业的市场需求，使得原有产业的市场空间不断缩小，从而导致原有产业衰落，直至完全消失。在产业融合历史中，电气技术产业与传统的机械、纺织、铁路等产业的融合，替代了以蒸汽机为基础的生产方式，从而使得传统的以蒸汽机为基础的制造产业完全消失。现在我们很少看到以蒸汽机为动力的制造产业，也只有在历史博物馆才能看到蒸汽火车、蒸汽轮船、蒸汽织机这些庞然大物。

2. 部分融合

部分融合是指两个或两个以上的产业由于技术创新或管制放松相互渗透，它们之间会因产品或服务的替代性而展开激烈竞争。原有产业之间出现了部分的重叠和交叉，融合的新产业部分替代了原有产业的市场需求，与原有产业之间形成了既替代又互补的关系。原有的产业边界出现模糊化但并没有完全消失，仍然在一定的市场范围内按自己的方式成长。部分融合是产业融合最为普遍的现象，例如作为信息业与通信业融合产物的移动电话，只是部分地占据了原有的固定通信市场；E-mail（电子信箱）只能部分替代传统的纸质信件，纸质信件仍然具有一定的市场；由于人们的消费习惯和消费偏好的差异，电子报刊也不可能完全取代纸质报刊。在部分融合的情况下，产业融合的圆圈只是出现了部分的重叠和交叉，并没有完全重合。

(三) 按产业融合的形式分类

1. 高新技术的渗透融合

它指高新技术及其相关产业向其他产业渗透、融合，并形成新的产业，如发生在 20 世纪 90 年代后期的信息和生物技术对传统工业的渗透融合，产生了诸如机械电子、航空电子、生物电子等新型产业；又如电子网络技术向传统商业、运输业渗透而产生的电子商务、物流业等新型产业。这种渗透融合往往发生在高科技产业与传统产业的交界处（如图 7-2 所示），通常能促进传统产业的创新，或延长产业的生命周期。

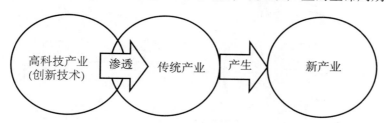

图 7-2　渗透融合

资料来源：郑明高. 产业融合：产业经济发展的新趋势［M］. 北京：中国经济出版社，2011.

2. 产业间的延伸融合

它指通过产业间的功能互补和延伸实现产业间的融合，这类融合通过赋予原有产业新的附加功能和更强的竞争力，形成融合型的新产业体系。这种融合更多地表现为第三产业向第一产业和第二产业的延伸和渗透，如第三产业中相关的服务业向第二产业的生产前期研究、生产中期设计和生产后期的信息反馈过程展开全方位的渗透，金融、法律、管理、培训、研发、设计、贮存、运输、批发、广告等服务在第二产业中的比重和作用日趋加大，已融合成不分彼此的新型产业体系。现代化农业生产服务体系的形成即这一新型产业体系的综合体现，是第一产业加快与第二、三产业融合的产物。除此之外，第一产业和第二产业、第二产业和第三产业之间也分别存在融合的过程（如图 7-3 所示）。

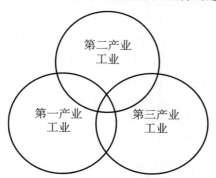

图 7-3　三大产业的延伸融合

资料来源：郑明高. 产业融合：产业经济发展的新趋势［M］. 北京：中国经济出版社，2011.

3. 产业内部的重组融合

该类融合主要发生在各个产业内部的重组和整合过程中，工业、农业、服务业内部相关联的产业通过融合提高竞争力，适应市场新需求。通过重组融合而产生的产品或服务往往是不同于原有产品或服务的新型产品或服务，如农业为适应新发展而重新整合，通过生物链把产业内部的种植业、养殖业与畜牧业融合起来，形成生态农业的新业态，既适应了市场需求，又提高了农业生产率。工业内部的产业调整也有类似的融合，通过供应链把上、中、下游相关联的产业联系在一起，与一般的产业纵向一体化不同的是，这种融合最终产生了新的产业形态，其过程既包括技术创新，又包括体制和制度创新，其结果是促进了产业的升级换代（如图7-4所示）。

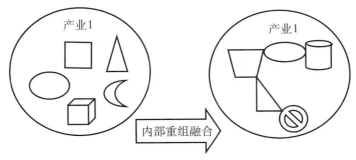

图 7-4　产业内部的重组融合

资料来源：王慧敏. 都市旅游集成竞争优势［M］. 上海：上海社会科学院出版社，2007.

四、产业融合的演进过程

有关产业融合的演进过程，多从价值链和产业结构等视角进行研究。从产业结构的视角来看，产业融合是一个动态演变过程，它由三个连续的阶段构成：第一阶段为产业分立阶段；第二阶段是不同产业由分立走向融合的过程；第三阶段便是产业融合阶段。

（一）产业分立阶段

由于产业是生产同类或者有密切替代关系的产品或服务的企业群或企业集合，当两个不同产业分立时，存在着进入壁垒与退出壁垒，即产业之间存在着各自的边界。不同产业的生产技术及工艺流程不同，由此形成产业间的技术性进入壁垒，即不同产业拥有各自的技术边界。因此，不同产业所提供的产品或服务具有不同的特性或功能，可满足消费者不同的需求，它们之间的可替代性非常小。在某些产业分立时，各国政府制定与实施了一些经济性规制及相应的法律法规，这些法律制度清晰地界定了产业的业务界限，由此形成了各产业间的政策性进入壁垒。进入壁垒的存在使分立的产业之间的传统边界比较清晰，传统企业的竞争行为是建立在边界明晰的特定产业范围之内的。

（二）不同产业由分立走向融合的过程

技术创新在不同产业之间的扩散导致技术融合的产生，技术融合逐渐消除了不同产业之间的技术性进入壁垒，使不同产业形成了共同的技术基础。技术融合使不同产业所提供的产品或服务具有相同或相似的特性或功能，满足消费者相同或相似的需求，不同产业所提供的产品或服务能够成为彼此的替代品。由于不同产业间技术性进入壁垒的逐渐消失，各国政府纷纷放松了经济性规制，受规制产业的政策性进入壁垒受到冲击。随着技术性进入壁垒和政策性进入壁垒的逐渐消失，其他产业的企业为了获得新的经济收入和竞争优势纷纷进入该产业与原有企业进行竞争，从而导致不同产业的企业之间替代性竞争加剧。

(三) 产业融合阶段

原先各自分立、性质迥异的产业拥有了相似或相同的技术基础，为消费者提供相似或相同的产品或服务，满足其共同的需求，各产业之间的进入壁垒降低，形成替代性竞争关系。由技术创新所引致的技术融合、业务融合和市场融合是对传统工业经济时代导致产业分立的技术边界、业务边界和市场边界的突破，原先各自分立、性质迥异的产业之间边界逐渐模糊甚至消失。

在不同的产业领域内，产业融合以不同的方式演进，最终将促成整个产业结构的高度化和合理化，并形成融合型的新产业体系。如图7-5所示，经过了技术融合、产品融合与业务融合，然后到市场融合等阶段，在此基础上最后完成产业融合。并且，产业融合的这几个阶段是前后衔接的，也是相互促进的。技术创新是动力，技术融合是基础，产品融合和业务融合是积淀，市场融合是"半成品"，产业融合就是整个融合过程的"产成品"。

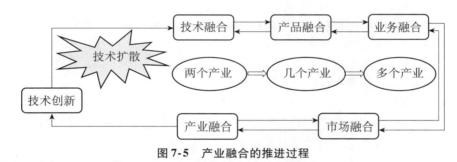

图 7-5 产业融合的推进过程

资料来源：郑明高. 产业融合：产业经济发展的新趋势 [M]. 北京：中国经济出版社，2011.

第二节 城市旅游业融合模式与效应

一、旅游业融合

(一) 旅游业融合的动因

旅游业融合是指旅游业与其他产业或者旅游业内部不同行业之间发生相互渗透、相互关联，最后形成新的产业。产业融合现象在旅游业中比较普遍，随着全球旅游业的快速发展，旅游业内部各行业、旅游业与其他产业之间已经产生了许多"跨界"发展的新行动，新的业态不断出现，旅游业融合已然出现并发挥了积极的作用。

1. 旅游业的强关联性

作为一种综合性产业，旅游业是由多个产业或行业共同构成的，既包括核心旅游业，也包括旅游相关配套产业，它们共同围绕"食、住、行、游、购、娱"六要素形成一个完整的产业体系。旅游产品的提供需要第一产业、第二产业和第三产业中的众多相关行业和部门协力配合，这些行业与旅游活动发生直接或间接的联系，为旅游业的发展提供物质基础，成为旅游业运行的有利支撑，同时旅游业的发展也会带动这些相关产业的发展。因此，旅游业具有很强的关联带动作用，产业综合性及其广泛关联带动作用使得旅游业总是与其他产业存在着千丝万缕的联系，容易与其他产业相互渗透。

2. 旅游需求的多样性和动态性

产业融合是打破产业分立的边界而呈现的一种产业界限的模糊化过程。传统的产业界定是从企业或生产者角度考虑的，而旅游业的界定则需要从需求角度考虑，正是因为消费者的旅游活动才发生了相关需求及供给。张凌云（2006）指出："从需求串联的角度来考察，凡是生产或提供满足旅游消费者在旅游过程中所需要的产品和劳务的部门或企业的集合称之为旅游业"，这种需求串联的特点使得旅游业边界具有开放性，没有明确的规定与界限。

旅游需求具有多样性和动态性的特点。旅游需求的多样性使各产业部门中一切可以吸引旅游者兴趣的有形或无形事物均可融入旅游业，成为旅游吸引物的组成部分；旅游需求动态变化的特点驱使旅游供给必须持续创新，满足旅游者日益发展的需求。旅游者需求的多重性决定了旅游产品的组合性，而旅游产品的组合性又决定了旅游业的外延性，导致旅游业界限的模糊性。因此旅游需求的多样性和动态性，决定了旅游业的融合可能发生在任何产业之间。例如，在旅游需求的拉动下，文化产业、工业、农业、医疗业和房地产业等均从产业内部分化出适合旅游者游览、参与、体验、观赏的部分，进一步扩展了旅游业的外延和内涵。

3. 技术创新的推动

技术创新通过融入旅游业，改变原有旅游产品的形态，催生新型旅游产品，迪士尼、欢乐谷、方特等主题公园均是高新技术产业与旅游业融合发展的典范。技术创新改变了市场的需求特征，为原有产品带来新的市场需求，为产业融合提供新的市场空间，比如信息产业与旅游业的融合发展推动了智慧旅游、虚拟旅游、网络旅游的发展，拓展了旅游业的市场空间。技术创新改变了传统的旅游产品销售渠道和营销方式，推动旅游新业态的出现，比如计算机产业与旅游业的融合发展滋生出在线旅游运营商这一新型业态，改变了传统旅行社的运营模式和口碑宣传的营销方式，推动了旅游业的优化升级。这些都反映出科技的进步与创新能够推动旅游业与相关产业的多维融合。

（二）旅游业融合模式

产业间的延伸融合在新兴产业中尽显无遗，旅游业是新兴的朝阳产业，也是产业融合程度最深的产业之一。目前世界上兴起的工业旅游、观光农业旅游、体育旅游、康复旅游、科技旅游等专项旅游代表着旅游业发展的一种趋势，其实质也是旅游业与其他产业广泛的融合发展。

1. 旅游业与非服务业的延伸融合

旅游业与非服务业的延伸融合，即旅游业与第一、二产业的融合。旅游业与第一产业、第二产业的融合，主要是指旅游业与工业、农业、林业、牧业、渔业的边界逐渐模糊，通过旅游业与非服务业的产品功能互补和延伸实现产业间的融合，出现兼容农林牧渔业和旅游业或工业和旅游业的新型业态，融合后的新产业与原有产业之间或替代，或互补，或结合。这种模式通过赋予旅游业新的附加功能，增强产业的竞争力，如工业旅游的产生使制造业企业进行各方面的改造，包括增加参观和学习的场所，改进企业的一些工艺流程等；观光农业旅游由于旅游业的渗透改变了原有农业生产模式，其生产目的、产品价值、顾客定位都发生了根本性变化，使其具备知识性、观赏性和参与性，观光农业旅游中的服务增值功能渐渐占据了主要地位。

2. 旅游业与其他服务业的融合

旅游业与其他服务业的融合即第三产业的内部重组融合，这一融合模式主要基于高新技术对旅游业的渗透融合，创新出众多旅游产品和旅游新业态，是旅游业融合的主要形式。

高新技术及其相关技术向旅游业渗透、融合并形成新的产业，这种模式通常能促进旅游业的创新或延长产业生命周期，是出现兼具多个行业特征的新型服务业态的过程。这种融合表现在相互渗透和交叉，从而使得融合后的产业兼具旅游业的特征，与旅游业形成了既相互替代又相互补充的关系。其中最典型的是由信息服务商、旅行社、航空公司、银行业等融合而成的在线旅行社，它兼有各方的业务特征，又带来了新的价值，对传统业务进行了补充和升级。表7-1总结了旅游产业融合的分类及其表现形式。

表 7-1 旅游业融合的分类及其表现形式

产业融合类别			表现形式
旅游业与非服务业的延伸融合	与第一产业融合	农业	观光农业旅游、乡村旅游、乡村酒店
		林业	森林旅游
		牧业	牧业旅游
		渔业	渔业旅游
	与第二产业融合	制造业	旅游装备制造、工业旅游
		航空产业	航空旅游
旅游业与其他服务业的融合	与第三产业融合	信息产业	智慧旅游、虚拟旅游、在线旅游
		房地产业	旅游地产
		文化产业	文化旅游、节事旅游、影视旅游
		体育产业	体育旅游、健身旅游
		金融保险业	旅游保险
		交通运输业	自驾游、邮轮旅游、高铁旅游
		医疗卫生事业	康养旅游、保健旅游、医疗旅游、美容旅游

二、城市旅游业融合的拓展

城市旅游业融合是指在城市旅游活动中，不同产业部门通过相互组合、相互渗透或相互交叉形成新的旅游产品或新业态的动态过程。它是指城市旅游通过与城市其他产业之间的渗透、交叉，融入城市的社会经济大系统，而非游离于城市的社会、经济、文化等产业之外。产业融合源于信息技术，其结果是产业创新，将产业融合的原理和方式运用到城市旅游业中，实际上是将产业融合视为城市旅游的一种创新手段和取得集成创新竞争优势的路径。

在城市旅游发展中，既要充分发挥旅游业的综合性和带动性作用，又不能忽视其他产业本身的发展。因此，城市旅游发展以资源的多角度利用为主线，通过对各产业资源的改造、重置和转换，添加旅游功能，达到既不影响原有产业在原有领域的发展，又为城市旅游业所用的目的，实现城市旅游与其他产业的融合发展。与技术融合和传统制造业的产业融合有所不同，旅游业融合属于市场驱动型融合，是一种拓展性的产业融合，即融合不仅发生在不同产业之间和技术层面，而且发生在产业发展过程中的每个环节和各个旅游要素，又主要体现在旅游产品的融合与创新过程之中，城市旅游就是在融合创新中产生了集成竞争优势（如图 7-6 所示）。

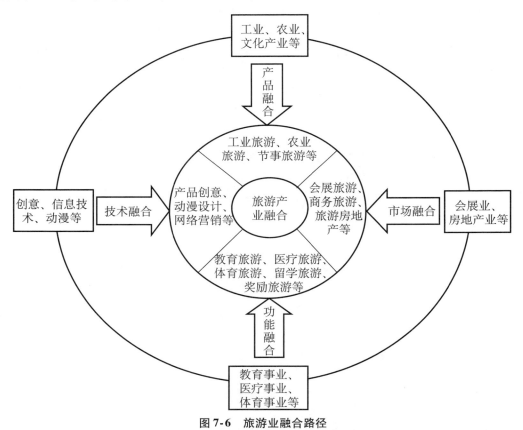

图 7-6　旅游业融合路径

资料来源：麻学锋，张世兵等. 旅游产业融合路径分析［J］. 经济地理，2010，30（4）.

（一）拓展方式

1. 产品融合拓展

产品融合拓展主要是指其他产业以旅游产品的形式融入城市旅游业，即其他产业的生产经营活动及其产品通过精心策划组织和创新性开发利用，形成新型的旅游产品，从而丰富旅游产品类型，满足多样化的旅游需求。这些产业的融入使旅游产品的外延得以不断拓展，旅游产品类型更加丰富。例如，以大型文体事件为依托而发展的事件旅游主要是通过产品形式发展起来的旅游业融合类型；工业旅游也主要是通过对城市工业与旅游的创新融合形成新的旅游产品，满足了旅游市场多元化的需求，同时使得传统工业的外延得以延伸，拓宽了效益创造渠道。

2. 技术融合拓展

在技术创新或管理创新的推动下，通过城市新兴技术的渗透融合，将原属于不同产业的价值链活动环节，全部或部分地渗透到另一产业中，相互交融，形成新型的产业。旅游业融合需要以一定的技术手段为创新的依托，只有引进其他产业的相关技术，甚至部分产业以技术优势融入旅游业，形成新型的旅游业态，才能在日趋激烈的城市旅游竞争中不断构建竞争优势，满足市场的需求。比如，旅游业在发展过程中积极与动漫产业、文化创意产业等产业相结合，形成新型的旅游产品，产生新型的旅游形式，如上海运用顶级多媒体设备打造的超级多媒体梦幻剧"ERA时空之旅"，以及深圳世界之窗运用先进技术演绎的大型史诗音乐舞蹈节目"创世纪"，都成为城市旅游产品体系中的核心吸引物，在市场上获得巨大反响。

3. 功能融合拓展

每个产业都具有自身的主要社会功能和作用，而当这些独特明晰的功能和作用也成为城市旅游的功能之一时，这些功能便可成为两者相融合的切入点，以功能为共融路径的旅游业融合便是功能融合。功能融合使旅游的某项功能得以突显和深化，同时又使融入产业开创了新的功能发挥途径，获得更好的功能效益，两个产业的发展相得益彰。因此，旅游业可以通过与城市不同产业的功能融合，丰富城市旅游产品，如将城市旅游业与城市特有的聚集功能、展览功能、信息功能、交易功能、文化休闲功能和教育培训功能等有机结合，互相渗透，形成教育旅游、修学旅游、奖励旅游、医疗旅游等城市旅游的新型业态，从而构筑旅游与城市全方位联动的发展格局。

4. 市场融合拓展

在市场竞争日益激烈的背景下，城市旅游相关产业的企业为巩固和提升自身的核心竞争力，纷纷融入旅游市场寻找发展契机，将市场作为融入旅游业的共享基础，即城市旅游业的市场融合拓展模式。其中，最为典型的就是房地产业与旅游业的结合，比如海南三亚的房地产业与休闲度假要素紧密结合，随着旅游业的发展而快速增长，房地产业的融入也为当地旅游业带来新的发展契机和获利空间，两者以市场共生相结合，成为三亚城市旅游市场发展中独具特色的产业。除旅游房地产业之外，会展旅游、公务旅游、商务旅游等也都是与旅游业相融合形成的新型城市旅游业态。

（二）融合效应

1. 观念转变

城市旅游业融合将导致人们对城市旅游的资源、功能、管理等观念的转变。

（1）城市旅游资源观念的转变。从资源上看，随着近年来"无景点旅游"等新型旅游方式的出现，人们已经开始转变原有的城市旅游资源观念。本着"凡是城市特色资源，都是旅游产品"的全域旅游思想，不断将城市旅游的资源范围扩大到制造、建筑、文化、商业、教育、体育等众多领域。通过直接利用、改造、包装等多种方式，强化城市其他产业、资源的旅游附加功能，创造出更多的旅游服务体验或服务功能，形成对旅游者产生吸引力的旅游资源，使城市旅游资源的外延不断拓展，类型更加丰富。

（2）城市旅游功能观念的转变。城市旅游发展已经由注重经济功能向发挥综合功能转变，更加强调其改善人民生活品质的民生作用。而且，随着生活水平的提高，旅游者能享受到的物质产品越来越丰富，其精神追求越来越高，反映在旅游产品开发上，将不再是简单地看景点、逛景区，而是向主题性、特色化、多元化和品质化发展，形成真正的"食、住、行、游、购、娱"的综合性高品质组合。

（3）城市旅游管理观念的转变。城市旅游依托于城市而发展，必然受制于城市的规划、建设与管理。从长远来看，随着城市旅游与城市及其产业的不断融合，城市旅游管理也必然实现从部门管理向目的地整体管理的转变，这就要求对旅游管理组织予以调整，打破现有部门分割的现状，建立职能更为强大的协调管理机构。随着旅游与城市发展的一体化，单一的旅游部门管理越来越不适应北京城市旅游的发展需要，于是具有更强统筹功能的"旅游发展委员会"2011年在北京成立，实现了向多个相关部门统一协调的城市旅游管理模式的转变。

2. 优势效应

总体而言，产业融合对于城市旅游业的发展能够形成突出的优势效应。

（1）旅游业融合能够促进产业结构优化。旅游业融合能够将旅游业与其他产业融合交叉，相互渗透，从而形成一个新的产业体系，有效推动传统产业的优化升级，大大提升整个行业的竞争力。例如，在城市旅游业与城郊农业的有机融合过程中，经济效益比较低的农业就可以获得更大的收益，不仅增加了居民收入，提升了居民生活水平，而且提高了当地的经济效益，使得农业朝多元化方向发展。

（2）旅游业融合能够促进企业集团成长。旅游业的融合为企业发展提供了良好的机遇，一方面，城市中的众多企业可以通过适当改造，融入旅游业，增添旅游功能，创造附加价值；另一方面，有条件的企业还可以围绕城市旅游消费新趋势，利用原有生产能力，通过不断创新发展新的产品体系。最终，企业可以获得更多、更广的发展市场，提升其核心竞争力，实现企业集团成长。

（3）旅游业融合能够促进区域经济协调发展。总体来说，旅游业融合有利于推动城市旅游资源重组和社会资源的充分利用。并且，旅游业融合不仅在一定程度上实现了城市区域之间的资源互补，还可以增强各区域中心的扩散作用。因为旅游业一旦融合，就可以在一定程度上减少空间距离，形成一个以旅游中心地区为核心，带动周边地区发展的旅游业圈，从而改变落后地区的基础设施状况，实现区域的协调发展。

第三节　城市旅游业融合的路径与机理

从城市化发展的角度来看，旅游与城市的融合发展意义重大。城市化一直是中国经济社会发展的主要推动力。在中国城市化的过程中，一方面，旅游业发展的动力和机制随着城市化的不同阶段发生着转变；另一方面，旅游业的发展又是城市化发展的重要力量。中国的产业正向服务化迈进，而在城市化进程中，无论是卫星城市建设还是新城区建设，都要依靠服务业的不断发展来支撑，旅游业不仅是服务业的重要组成部分，更是服务业发展的龙头，因此发展旅游又构成城市化的实质内容。

从国家战略的角度来看，产业融合成为城市旅游发展的大趋势。尽管近年来乡村旅游蓬勃发展，但城市旅游仍是中国旅游业发展的重头戏。因此，要实现把旅游业培育成国民经济战略性支柱产业和让人民满意的现代服务业的发展目标，城市旅游的转型升级是重中之重。在这一过程中，只有大力推进城市旅游与其他产业的融合发展，既使城市中的各种资源在融合、嵌入过程中实现价值最大化，又使城市中的各种产业为城市旅游提供更好的支撑和保障，才能促进城市旅游的转型升级，并真正发挥城市旅游的综合功能。

一、城市旅游业融合的路径

（一）基于技术优势的融合路径

基于技术优势的融合路径是指将其他产业之中处于相对优势地位的技术因素融入城市旅游业的各项活动环节，通过运用技术手段建立其他产业和城市旅游业之间的联系，扩展其他产业和城市旅游业的发展空间，例如主题酒店、影视旅游和旅游电子商务的发展，就是新技术在文化产业和城市旅游业中的融合运用。

城市旅游业中的旅游产品开发技术与其他产业的产品创作技术的结合即为两个产业融合发展的技术基础，技术创新在两个产业之间扩散和应用，不断开发新的旅游产品，并不断创新开发技术，即形成技术融合。在产品的设计、制作、生产阶段，科技的力量逐步显现，特别是现代通信技术、网络技术、数字技术的运用，有利于表现形式与体验形式的创新，同时也为新型旅游产品的开发提供了技术支撑，如《超越时空的紫禁城》运用3D技术让游客可以通过互联网身临其境地游览故宫博物院。技术创新有利于降低城市旅游业融合过程中的资源消耗，提高资源向产品转化的效率，同时还能完善旅游产品的功能，在满足消费者需求的基础下创造更多价值。因此，技术创新为城市旅游业融合的发展提供了良好的技术平台。

（二）基于资源优势的融合路径

基于资源优势的融合路径主要是指在城市旅游的产业融合过程中，产业的资源要素相比其他要素而言更具有比较优势，在产业分工链条上具有主动融合的趋势，通过旅游业相关链条的创新性组合和开发利用，成功嵌入旅游产品的价值链环节，形成基于资源优势的旅游业融合路径，促使资源的内涵不断深化，产品的类型更加丰富。

在这一路径中，资源的通用性成为城市旅游业融合的良好基础，同时还需要以"创意"为手段，创新产品开发模式，拓展产品类型，满足旅游者的多样化需求。以创意为基础的产品融合，可以改进旅游业融合的开发技术和流程，在为消费者提供新产品、新服务的同时，降低企业的生产成本，提高产品质量和服务质量，从而有利于消除旅游业与其他产业之间的技术性进入壁垒，开发演艺旅游、旅游游戏软件等融合性产品。这样，在丰富旅游产品的内容和形式的同时，还能更好地满足消费者多元化、个性化的消费需求，拓展城市旅游业的发展空间。

(三) 基于市场优势的融合路径

基于市场优势的融合路径是指在市场需求的强大驱动作用下，相关产业或城市旅游业内部各企业或与对方产业的企业存在共同的市场开拓领域，为实现共同利益而采取并购、合作等多种形式的融合发展路径。当其他产业和城市旅游业尝试开拓新兴市场但却涉及对方产业领域时，在双向驱动力的作用下，企业之间就存在融合发展的价值契合点。

技术创新改变了旅游市场和文化市场的需求特征，为这两个产业的产品和服务带来了新的市场需求；市场需求的扩大又进一步促进了产品的创新，进而为城市的旅游业融合提供了更广阔的市场空间，使产业融合在更大的范围内出现。

(四) 基于产业基础优势的融合路径

基于产业基础优势的融合路径是指根据产业的基础条件和发展特性，通过其他产业与旅游业的融合发展，突破传统的发展模式或发展轨迹，实现递进式或跨越式的发展。产业的升级演变是按照一定的发展轨迹进行的，不同的发展时期体现不同的发展特征，然而城市旅游业融合则为产业实现递进式或跨越式发展提供了全新的思路与路径。

二、城市旅游业融合的机理

(一) 旅游业价值链

旅游业价值链是旅游产品从供应到消费的一系列价值传递过程，主要由旅游产品供应商、旅游中间商及旅游者构成。一方面，旅游业价值链是由旅游供应商、旅游中间商和旅游者所构成的"供给——需求"链条关系，旅游业内的企业承担各自的价值创造职能；另一方面，旅游业价值链体现了旅游业内部企业之间的分工合作关系，而分工合作关系源于满足旅游者的需求。因此，旅游业价值链是为了满足旅游者从客源地到目的地旅游过程中的各种需求而形成的，是以旅行社为中心，同时由旅游景区、旅游交通、旅游餐饮、宾馆酒店、旅游娱乐、旅游商品等环节连接构成（如图 7-7 所示）。

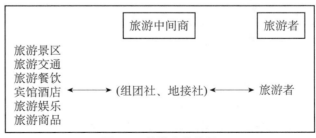

图 7-7 旅游业价值链

资料来泊：桑彬彬. 旅游产业与文化产业融合发展的理论分析和实证研究 [M]. 北京：中国社会科学出版社，2014.

从产业价值链的角度来看，旅游业融合的实质是旅游业价值链与其他产业价值链在模块化基础上的解构和重构过程，是新的融合型产业价值链的形成过程。在模块化的基础上，旅游业价值链与其他产业价值链发生解构，首先分解成一个个独立的价值模块，然后在动力系统的驱动下,解构后的价值模块按照一定的经济联系或技术联系进行重组、整合与创新,从而形成新的产业价值链,即完成旅游业融合。两个产业价值链解构的目的是更好地重构新产业价值链,而重构的目标不仅在于改进原有产业的产品和服务,更是将两个产业价值链的价值环节结合成具有互补性的价值增值环节,从而创造更大的融合价值。

(二) 价值链的解构与重构

传统产业内的各企业主要是基于上、下游产业中的物质投入与产出而进行分工合作,产业内的企业借由纵向产业加工链联系在一起,旅游业内的企业则是基于为旅游者提供完整的旅游产品、服务而进行的专业分工,各企业间不是通过生产环节联系,而是通过旅游产品的组合进行合作。传统产业内的各类企业在物质投入与产出基础上形成了前后联系的纵向关系,而旅游企业之间根据旅游消费需求进行专业分工,形成的是横向组合关系。因而,旅游业链有别于传统产业链。城市旅游业融合的过程,实际上就是融合型新产业价值链形成的过程,也就是原有产业价值链的解构与重构的过程。

产业融合意味着相关产业要素的相互介入,价值生产环节的重新组合,在原有产业价值链解构的基础上重新组合构造融合产业的价值链。价值链的解构使得原有的价值链分解成一个个单元,然后融合过程会依据市场对这些价值链单元进行筛选,将有融合价值的活动单元截取出来。消费者需求成为截取和选择价值环节的重要依据。在融合过程中,价值链的解构和核心价值环节的截取并不是最终目的,传统价值链的解构是为实现融合产业价值链的重新组合。

随着旅游业融合的全面深化,参与融合的各个产业将自身的核心增值要素重新组合,构建新的价值链,创造新的产品和服务,并最终形成新的价值链。在这一过程中,新的产业价值链综合了原有产业价值链的优势,具有更丰富的内涵和更多样的增值环节,因而具有更大的竞争优势。因此,产业链的重新构建是产业融合发展的结果,也是产业融合得以实现的根本。

 拓展阅读

日本东京的动漫旅游

日本素有"动漫王国"之称,动漫不仅是现代日本文化的重要组成部分,更是日本产业经济的重要支柱之一。动漫旅游是动漫产业与旅游业相互融合的产物。随着旅游消费需求的升级,人们不断追求新的专项旅游产品,动漫产业链中的动漫衍生品作为符号形象商品已受到越来越多年轻游客的青睐,两大产业开始有共同的目标市场,动漫产业瞄准旅游市场寻找发展契机,同时旅游业也希望将动漫产业作为旅游吸引物来带动当地旅游业的发展,两大产业最终形成一定的市场融合。

作为"动漫之都"的东京是日本动画制作业最集中的地区,其动漫旅游业发展最为成熟。东京动漫旅游的发展主要有三种融合模式:

1. 动漫主题公园式融合发展模式

这一融合发展模式是通过产业渗透的方式来实现旅游业和动漫产业的产业融合的。动漫产业的先行企业借助其动漫产品的文化内容优势以及广泛传播所获得的市场优势,突破其原有的产业活动边界,通过技术创新将其产业活动扩散到旅游业,打破了原来两大产业的技术边界,进而开发出具有动漫主题的景点产品,推动两大产业的产品融合,最终形成新型的融合产业——动漫主题公园。典型代表:三鹰之森吉卜力美术馆动漫旅游。

2. 动漫产业园区景点化发展模式

这一模式是通过产业延伸的方式来实现两大产业融合的。动漫产业将其产业价值链延伸到旅游业,赋予动漫产业园区以旅游功能,通过两大产业功能的互补来实现两者的融合。动漫产业园区是动漫产业产、学、研一体化的产业集聚区。典型代表:东京杉并动画产业中心。

3. 动漫节庆展会式发展模式

这一模式是通过产业活动重组的方式来实现两者的融合的,主要是借助以动漫为主题的各种节庆展会旅游平台,通过旅游业和动漫产业相关活动的重组或集成来实现两大产业的融合。典型代表:东京国际动漫展览会。

东京国际动漫展览会(Tokyo International Animation Fair)是日本东京市政府和相关动画企业为了鼓励和发展动画产业而主办的国际性动漫展。自2002年开始举办,目前已发展成为世界规模最大的动漫主题大型展会。展会规模从首届的102家参展商、288个展位、50 163名观众,发展到2015年344家参展商、615个展位、近132 492名观众。

资料来源:李美云.论旅游景点业和动漫业的产业融合与互动发展[J].旅游学刊,2008,23(01);戚艳伟.日本动漫旅游发展模式研究[D].兰州:兰州大学,2011.

思考与练习

1. 举例说明产业融合的类型在旅游业融合中的具体表现。
2. 旅游业融合在城市中的拓展路径。
3. 拓展阅读中以日本动漫旅游的发展为例说明了旅游业链中旅游业链条与动漫产业各链条的重构,仿造此案例具体谈一谈旅游业链条与城市其他产业链条的融合。

参考文献

[1] 程锦,陆林等.旅游产业融合研究进展及启示[J].旅游学刊,2011,26(01).

[2] 李美云.服务业的产业融合与发展[M].北京:经济科学出版社,2007.

[3] 李美云.论旅游景点业和动漫业的产业融合与互动发展[J].旅游学刊,

2008，23（01）．

［4］麻学锋，张世兵等．旅游产业融合路径分析［J］．经济地理，2010，30（04）．

［5］马健．产业融合论［M］．南京：南京大学出版社，2006.

［6］桑彬彬．旅游产业与文化产业融合发展的理论分析和实证研究［M］．北京：中国社会科学出版社，2014.

［7］王慧敏．都市旅游集成竞争优势［M］．上海：上海社会科学院出版社，2007.

［8］徐福英，马波．城市旅游在中国：研究回顾与发展展望［J］．旅游科学，2012，26（04）．

［9］于刃刚，李玉红等．产业融合论［M］．北京：人民出版社，2006.

［10］郑明高．产业融合：产业经济发展的新趋势［M］．北京：中国经济出版社，2011.

［11］周振华．信息化与产业融合［M］．上海：上海人民出版社，2003.

第八章　城市旅游影响

学习目的

通过本章的学习，了解和掌握城市旅游影响的类型和表现，掌握城市居民旅游感知与影响因素，理解愤怒指数理论模型，理解城市旅游环境承载力的概念、特征与组成体系。

学习要点

- 城市旅游的经济影响
- 城市旅游的社会文化影响
- 城市旅游的环境影响
- 城市居民旅游感知与影响因素
- 愤怒指数理论模型
- 城市旅游环境承载力的概念、特征与组成体系

课前导读

深圳罗湖口岸崛起的秘密

罗湖口岸位于深圳罗湖商业中心南侧，与香港新界一墙之隔，周边配套有深圳火车站、罗湖汽车站、侨社客运站、罗湖地铁站，城市铁路、公路、地铁汇集于此，与香港、内地形成畅通连接。出入境人流量巨大，是深圳乃至全国最大的旅客出入境口岸。罗湖口岸商圈发展迅速，整体上呈现出显著的一站式旅游休闲活动的属性。究竟是什么原因带动了罗湖口岸经济的迅速发展？香港—深圳两地跨境旅游成为推动其崛起的重要因素。

其一，跨境旅游促进罗湖口岸商业区的发展。港深两地因税收等原因产生明显的价格差距，这使得跨界消费现象更加突出。许多入境的香港居民到深圳的目的就是购买比香港便宜的物品，因成本限制，距离口岸最近的罗湖商业城、东门步行街就成为这一群体的主要选择。在庞大的跨境旅游消费下，罗湖口岸商业区商业网点高度密集，商业体

系愈发完善，从而使得罗湖口岸保持"深圳第一街"的地位。

其二，随着交流的不断深入，香港赴深群体尤其是高端群体的消费逐渐发生变化，除购物外，他们开始关注娱乐型、休闲型服务项目。餐饮、购物、娱乐的"一条龙"式消费越来越普遍，人均开销在1 000元左右。其中，购物占50%，休闲占40%，餐饮占20%，罗湖口岸周边区域的水疗馆、KTV形成了集中分布的格局，反映出跨境旅游消费对城市化发展的巨大推动。

资料来源：文彤. 跨境旅游与边境城市口岸地区发展——以深圳罗湖口岸为例［J］. 社会科学家，2014（11）.

第一节 城市旅游的影响

目前，旅游业已经成为世界上发展最快的产业之一，同时也是世界上规模最大的产业之一。旅游业对区域经济、社会和环境系统具有广泛而深刻的影响，是推动区域经济、社会发展的有效载体。旅游影响是指由于旅游者或者旅游业的各种行为所引起的种种利害关系，它可以是积极的影响，也可以是消极的影响。Mathieson 和 Wall（1982）在《旅游：经济、环境和社会影响》（Tourism：Economic，Physical and Social Impacts）一书中较为全面系统地论述了旅游的影响，将旅游影响因素划分为动态因素、静态因素和因果因素，并在此基础上构建了旅游影响的概念性框架（如图8-1所示），此框架中旅游影响被划分为经济、环境和社会三个维度，这也构成了现有旅游影响研究的基本框架。

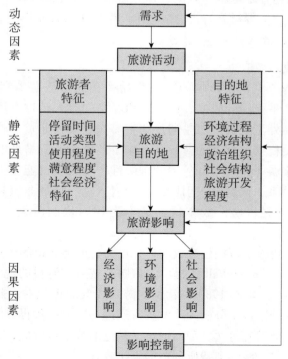

图 8-1 旅游影响的概念性框架

资料来源：Mathieson，Wall. Tourism：Economic，Physical and Social Impacts［M］. Harlow：Lonman，1982，174-177.

一、城市旅游的经济影响

旅游是一种综合经济现象,产业关联性较强。在 Mathieson 和 Wall 的旅游影响概念性框架中,旅游的经济影响是旅游影响的重要组成部分,它是旅游活动对目的地国家或地区所产生的直接影响、间接影响和诱导影响之和。在城市发展过程中,一个新景区建成后往往会形成以其为中心的商业圈,短时间内就会聚集旅行社、宾馆饭店、特产店、交通业、通信业、银行等提供服务,为城市经济带来资金集聚。另外,旅游业作为服务主导型产业,具有技术含量低、就业门槛低和劳动力密集等特点,势必会为一部分农村剩余劳动力和城市待业人员提供就业机会,在一定程度上提高了城镇居民就业率和经济水平。综上,旅游业通过旅游消费和旅游投资两种方式不仅能直接地带动与旅游业密切相关的食、住、行、游、购、娱等行业的发展,而且还会间接地带动和影响农林牧业、建筑业、轻工业、园林业等第一、二产业的发展,尤其会极大地带动第三产业的发展,进而刺激和拉动整个城市经济的发展,促进城市产业结构的升级与优化。

旅游经济影响受各个国家或地区的经济发展水平和经济结构、旅游设施和旅游吸引物的类型、地区对旅游收入的吸纳和再利用程度等因素的影响。尽管旅游目的地在交通区位、经济基础和旅游业的发展阶段等方面存在差异,旅游经济影响的作用效果呈现出不确定性,但其作用途径是基本一致的,即旅游业会通过旅游收入的创造和漏损效应、就业效应、产业关联效应等对旅游目的地城市产生促进或抑制作用。

(一) 旅游对城市经济的积极影响

1. 城市旅游的收入效应

旅游对城市经济产生积极影响的第一个途径是通过旅游消费促进城市的经济发展,增加外汇收入,平衡国际收支,改变城市经济的收入结构。增加外汇收入一是通过对外贸易获得贸易外汇收入,二是通过非贸易途径获得非贸易外汇收入。在当今世界贸易竞争激烈、关税壁垒林立的背景下,旅游业作为非贸易外汇收入的来源,其作用是突出的。因为旅游业是一个开放型的国际性产业,不仅能吸引国际闲置资金的投入,改善对外经济关系,而且能吸引国外旅游者入境,增加非贸易外汇收入。特别是旅游业由于创汇能力强、换汇成本低,又不受各国税制限制,已成为创汇的主要手段。

城市旅游者的消费除了直接创造收入外,还为目的地城市的生产性行业创造了补充性消费市场,即 Mathieson 和 Wall 所提出的旅游消费对旅游目的地经济系统产生的间接影响和诱导影响。Archer 早在 1980 年就用旅游乘数效应理论对由旅游消费引起的上述直接、间接和诱导影响进行了分析。旅游收入通过初次分配和再分配,其用于生产性投资和生活消费的数量会随着每次分配而增长,最终形成乘数效应,并使旅游目的地所获得的实际经济收入数倍于旅游消费所创造的直接收入。

2. 城市旅游的就业效应

旅游对城市经济产生影响的第二个途径是通过对旅游目的地就业产生拉动作用,改变旅游目的地的就业结构，并促进落后地区和农村的剩余劳动力向非农产业转移，从而加速落后地区的城市化进程，并对旅游目的地的消费需求产生促进作用，改善旅游目的地的经济增长方式。旅游业在第三产业中占有突出地位，被称为"就业发生器"，在提供就业机会和解决就业问题方面发挥着重要作用，这主要是因为：

（1）旅游业属于劳动密集型行业，需要大量的劳动力；

（2）旅游业就业的特点是就业层次比较丰富，特别是很多工作并不需要很高的技术，从而为广大妇女和刚步入社会的青年提供了就业机会；

（3）旅游业的发展可带来更多的相关就业机会。

3. 城市旅游的产业关联效应

旅游业对城市经济产生影响的第三个途径是通过发挥旅游业的产业关联效应，优化产业结构，带动相关经济部门或行业的发展，从而拉动城市经济增长。

旅游业的产业关联效应包含前向关联和后向关联两种。前向关联是指旅游业对那些将本产业的产品或服务作为其生产要素投入的产业的影响，通过供给联系与其他产业发生关联；后向关联是指旅游业对那些向本产业供应生产要素的产业的影响，通过需求联系与其他产业发生关联（如图8-2所示）。宋增文（2007）发现在中国国民经济的122个部门中，共有102个产业与旅游业产生了前向或后向关联；吴三忙（2012）的研究也显示，中国旅游业同国民经济其他产业存在广泛的关联，且关联产业比重呈上升趋势。

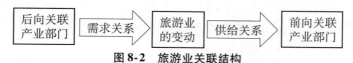

图8-2 旅游业关联结构

城市化发展过程中产业结构的变化趋势是第三产业占国民经济总产值的比例上升，而第一产业和第二产业的该比例数值逐年下降。旅游业是一项综合性的产业部门，为了与游客的消费结构相适应，必须调整国民经济的产业结构，尤其是直接提供旅游消费资料的各部门，而这些部门又带动与之相关的部门，因而旅游业能对调整产业经济结构产生一定影响，促进旅游城市原来的经济结构发生改变。

4. 城市旅游的经济均衡发展效应

游客在旅游目的地的旅游消费对当地来说显然是一种外来的"经济注入"，这种外来的经济注入会刺激和带动当地经济的发展，加快当地经济发展的步伐，从而有助于缩小地区城市之间的差距，实现财富在有关城市间的再分配。

同时，旅游业的发展可以改善城市的投资环境，加深对外交流与合作。首先，旅游业是对外开放的一个窗口，能促进各个国家或地区的人们加深了解与合作，这是进行投资的先决条件；其次，旅游业为经济合作提供了必要的物质条件，为投资、经商、考察、谈判等提供食、住等各方面的便利条件；再次，旅游业促进了人员和信息的交流，促进了经济、文化和科技的发展；最后，旅游业本身就是一个引进外资较多的产业，也是投资者乐于投资的行业。除此之外，旅游业可为城市拓宽货币回笼渠道，加速货币回笼速度和扩大回笼货币量，促进经济健康运行。除了上述的积极经济影响外，旅游业还在增加政府财政税收、积累建设资金等多个方面促进城市经济健康发展。

（二）旅游对城市经济的消极影响

虽然旅游业的发展对城市经济有很大的促进作用，但是如果片面强调发展旅游业，那么可能会扩大旅游业带来的副作用，甚至会导致得不偿失的相反效果。旅游对城市可能产生的不利影响主要表现在以下方面：

1. 有可能引起物价和房价上涨

由于外来旅游者的支付能力通常高于旅游城市的居民，加之其在外旅游消费心理的影响，往往愿意并且能够出高价购买其所需的商品和服务，因此容易引起旅游城市物价上涨，对当地居民的经济利益造成损害，特别是在衣、食、住、行方面。此外，城市的住房建设与发展也会因旅游地区的地价上涨而受到影响。来自很多国家和城市的事实证明，在某些最初来访游客不多的地区兴建饭店时，对土地的投资只占全部投资的1%，但在这些地区旅游业发展起来之后，新建饭店的土地成本上升到占全部投资的20%，地价也随之大幅上涨。

2. 过度依赖旅游业会影响城市经济的稳定

旅游业有很强的季节性，淡季时不可避免地会出现劳动力和生产资料闲置甚至失业问题，给城市带来严重的经济和社会问题。另外，旅游需求在很大程度上取决于客源地居民的收入水平、闲暇时间和旅游兴趣；同时也受到旅游目的地城市的各种经济、政治乃至某些自然灾害的影响，一旦这些旅游业无法控制的因素出现不利变化，就会使旅游业乃至整个城市的经济受到重挫。

二、城市旅游的环境影响

旅游在给目的地带来经济效益的同时，也会造成环境破坏与生态退化等。旅游对城市环境的影响主要来自旅游设施的建设与维护和游客的活动，包括正面影响和负面影响。正面影响主要表现为旅游发展可以增强人们的环境意识，促使其改善和保护环境；负面影响主要表现为旅游目的地环境的破坏和生态退化等。城市旅游的环境影响可以为旅游区的环境资源保护与管理提供基本依据，对城市旅游生态的可持续发展具有重要意义。

（一）旅游对城市环境的负面影响

目前，城市旅游的环境影响研究以对自然环境的负面影响为主，主要是通过植物、土壤等环境因子的变化表现出来的。在植物、土壤、水环境和动物这四种主要受影响的环境因子中，植物和土壤方面，主要集中在不同类型踩踏对土壤和植物的影响，例如游客行走的踩踏所造成的游径沿线自然环境的退化与管理；动物方面，则集中在各种动物个体对旅游干扰的短期反应上；水环境方面，则重点关注了旅游对水域景观、水体质量的影响。表8-1列示了旅游对这四种主要受影响的环境因子的影响因素及效应。

表 8-1　旅游对自然环境的影响效应

环境因子	影响因素	影响效应
植物	各类踩踏、采集、刻划、旅游设施建设、环境污染等引起的生态变化；外来物种入侵	植物覆盖减少，地表裸露；植物个体高度、活力下降，植物繁殖与更新受影响；种群及群落组成与结构等特征改变
土壤	踩踏，垃圾等污染，植被状况的改变	土壤被踩实；土壤生物组成改变；土壤侵蚀加速，水土流失加剧
动物	打猎、垂钓、食用、商品开发、观赏、喂食；游客干扰；植物、土壤状况改变引起的生态变化；外来物种入侵	日常活动受干扰；繁殖率下降，死亡率增加，数量下降；个体或种群迁移，物种分布改变，区域物种组成改变
水环境	旅游设施建设；外来物种引入；游船等水上旅游活动，岸边旅游活动	水体浑浊，营养物增加，致病细菌增加，水质量下降；水生生物数量和组成改变；水资源数量下降；水资源空间分布改变

资料来源：巩劼，陆林. 旅游环境影响研究进展与启示［J］. 自然资源学报，2007，22（4）.

旅游业的快速发展也会对城市自然环境产生一定的负面影响，如 Allen 等指出旅游在不同程度上引起了海滨型旅游目的地的变化，如景观的变化、自然环境的退化、海岸生态系统的破坏。旅游在带动城市化的进程中可能对自然资源和环境造成重大影响，导致城市土地利用的不可控性，例如对海南省旅游城市化过程的相关研究显示，过度的旅游资源开发已经导致城市土地利用率低和土地用途混乱的现象频现。

（二）旅游对城市环境的正面影响

当然，旅游对城市环境的影响也不全是负面的，正面的影响主要体现在：

（1）旅游业的发展有助于优化和保护城市自然环境。城市发展旅游业需要优美的城市环境吸引游客，因此旅游发展会促进城市绿地、中心公园、花坛及沿路花带的建设及保护，有利于营造整洁、优美的城市环境。

（2）旅游业的正面宣传和引导也有助于增强环境保护意识，有助于野生动物的保护。

（3）开展旅游也有助于保护和修复历史建筑等文化遗产。旅游不仅可以潜在地强化本国的建筑风格（Page，1995），还能促使废弃建筑得以重新利用、历史遗迹得以修复和保护（Green 等，1990）。

Shaw and William（1992）对城市旅游的环境影响进行了卓有成效的研究，认为旅游的环境影响存在谱系规律：在内城区，旅游的环境影响是最小的或正面的，但是从度假地到历史遗址再到乡村区域，则出现负面影响，而且逐渐增大。他们还指出，在某些城市，先前的工业化进程破坏了某些区域的环境（如内城和码头），适宜的旅游发展可以改善这些区域的环境质量。典型的例证就是城市可以通过旅游发展来实现部分城区和废弃空间的更新，比如巴塞罗那利用 1992 年奥运会促进了城市更新和复兴；2000 年悉尼奥运会和 2008 年北京奥运会强调"绿色"主题，也分别促进了悉尼和北京的城市环境改善。

三、城市旅游的社会和文化影响

旅游的社会和文化影响指旅游发展导致的价值体系、个体行为、家庭关系、集体生活方式、安全水平、道德操行、表达方式、传统仪式以及社区组织等方面的变化。这些变化过程被认为是一种"人的影响",源于旅游者对社区的冲击和两者之间的相互作用。

(一) 旅游使城市规模扩大

旅游对城市规模的影响主要表现为人口规模增大和城市地域面积扩展。随着农村剩余劳动力被不断吸纳到城市旅游行业中,城市人口规模将不断增大,而且旅游业的激烈竞争也吸引越来越多的高素质、高层次、复合型的旅游人才涌入城市,旅游业的人口集聚效应也愈发突出,因此,景区周围旅游业的发展不仅能直接带动资金和物力的聚集,还能有效带动人口的聚集,从而在一个景区周围形成小镇,进而发展成城市,或者通过城郊旅游的发展,城市逐渐包围景区,使城市地域范围扩大或城市辐射带范围扩大从而使城市规模扩大。

(二) 旅游完善城市功能并趋于多元化

旅游业对城市功能的影响主要表现为城市功能不断完善并朝多元化方向发展。一般情况下,旅游业的发展会在城市原有功能的基础上叠加诸如购物中心功能、娱乐中心功能、会展中心功能、修学教育中心功能等城市功能,使城市功能趋于多元化。而且旅游业的人口流动量很大,对城市交通服务能力有很强的依赖性,其发展会促进城市交通体系的不断完善。此外,为提升城市旅游的吸引力,城市在发展过程中会不断增强城市特色建设,以突出城市差异化和积淀文化底蕴,如打造园林城市、生态城市、文化名城、新型工业城市等。

(三) 旅游业重构城市空间结构

从城市的发展演进来看,为吸引外来经济流动(旅游者和投资者)而进行空间拓展仿佛已经成为城市发展的核心动力,在这个过程中每一个城市都会或多或少地与旅游业发展相关联。城市旅游空间的出现和扩展是城市旅游定位的表征,产业空间融入城市结构的程度如何取决于其所处的历史和文化环境,或者说"文脉"。旅游活动塑造城市恰恰是旅游影响的真实体现。旅游者千差万别的需求与旅游业的供给之间是否匹配是城市调整的原动力,旅游者选择不同城市的动机因而也存在很大的差别。为吸引旅游者城市管理者们往往需要进行不同程度的定位研究,并在空间上做出相应调整。专门的旅游城市不需赘言,即使那些最初功能定位重点不是旅游的城市,如果要寻求进一步发展也必须调整空间。

Aspa Gospodini (2001) 探讨了城市设计、城市空间形态和城市旅游之间的关系,认为城市的空间形态可能对旅游者的偏好产生影响,城市形态的改变以及形态与功能的二维改变带来了城市旅游的多样性和可选择性;城市滨水区的再开发已成为城市发展旅游的重要途径,Aspa Gospodini (2001) 通过对希腊城市及其滨水区的主要形态和空间特征的研究发现了旅游活动的显著作用。可以看出,旅游设施越来越多地与其他空间单元交织在一起，旅游活动已经成为改变现代城市空间的重要力量。

（四）旅游促进城市间的合作与交流

城市旅游合作包括城市之间的旅游合作和城市内部地区与地区间的旅游合作。城市旅游合作包括政策协调、联合生产旅游产品、共享市场信息、联合宣传推销、联合接待、联合服务等内容。

游客的流动性客观要求旅游城市间的合作与交流。崔凤军（2004）分析了相邻城市旅游合作的必然性，提出城市旅游合作的基本内容应包括：营造旅游大环境、强化城市旅游功能分工、共享和重组旅游资源、共同开拓客源市场、引导和促进企业联合、更新和开发旅游产品。刘德云（2009）研究了城市旅游的合作机制，认为城市旅游合作是通过旅游经济要素在各城市之间的流动与组合实现的，其终极目标是寻求共同利益的最大化，同时兼顾各区域的自身利益，是城市旅游业发展的必然趋势。

第二节 城市居民对旅游影响的感知

一、城市居民的旅游感知

（一）城市居民的旅游影响感知

旅游者的到来对提高目的地居民的收入、改善社会基础设施条件、提高社会文化生活质量，以及丰富社会文化活动内容等方面所表现出的积极作用是不言而喻的。然而，随着大众旅游时代的到来，游客大量涌入城市所带来的影响也存在消极的一面。虽然旅游活动中外来旅游者一般只做短暂逗留，但作为由众多旅游者组成的整体而言，却形成了一个规模庞大、持续不断的游客流，他们对旅游目的地的影响也是持续的，而居民作为当地文化的主体和载体，也会根据自身的价值取向对各种旅游影响做出回应，通常用居民对旅游影响的感知来描述这种回应。

"感知"是心理学中的概念，一般把感觉和知觉统称为感知觉，简称感知。感知的过程是客观事物通过感觉器官在脑海中形成记忆的过程。感知是人心理过程的一部分，它与记忆、想象、思维等一起构成完整的心理活动，是人认识客观世界的感性认识阶段，它为复杂的认识过程——记忆、想象、思维提供感性材料，是人的一切心理活动的基础。

居民对旅游影响的感知是了解旅游影响的性质和程度的主要途径，主要包括：居民的自我（成员与群体）感知，如个体差异、资源优势等；居民对旅游者的感知，如旅游者数量、习俗、文化等；居民对旅游关系影响的感知，如旅游地生活方式、社会道德、物价、交通、自然环境等（李有根，1997）。在本章节中，城市旅游影响感知主要是指在城市旅游业发展过程中居民对城市旅游给当地经济、社会文化和自然环境带来影响的认识程度或者居民对这些影响的主观反映和表达。

（二）城市居民的旅游感知空间

除了上述所说的具体感知内容之外，由于旅游者在城市范围内的活动并不是平均分布的，城市居民对于旅游影响感知也有着差异化的空间特征，即所谓的旅游感知空间。**感知空间是指人的感觉器官以不同方式与环境的突出刺激发生物理作用后，形成具有典型特征感知图像的空间，它由与感知方式有关的人的位移（或移动）组成。**也有学者称感知空间为意象空间，是指由于周围环境对居民的影响而使居民产生的对环境直接或间接的经验认识空间，是居民头脑中经过想象可以回忆出来的城市意象（顾朝林，2001）。

实际上，由于活动时间、掌握信息、兴趣偏好等个体特征的不同，旅游者与居民在城市中的旅游休闲活动空间存在着并不完全一致的情况，例如广州的北京路步行街是外来旅游者与本地居民都会去的旅游休闲空间，但广州近郊的休闲农庄则主要是广州本地居民的活动空间。这种不一致使得居民对城市旅游影响的感知空间也表现出感知程度的区别。如图8-3所示，对于旅游影响的居民感知空间，即居民活动空间（居民位移）和游客活动空间（游客位移）在城市空间上叠加后所形成的相应空间，是居民对旅游影响感知较强的区域范围。

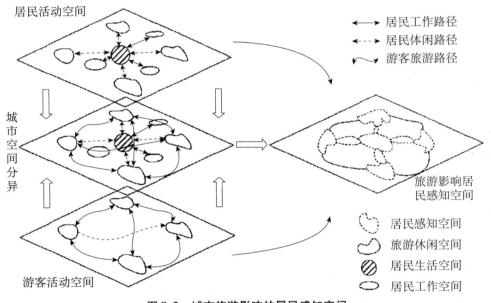

图 8-3 城市旅游影响的居民感知空间

资料来源：王丽华，俞金国. 城市旅游影响研究：基于居民感知视角［M］. 北京：旅游教育出版社，2011.

二、居民旅游感知的影响因素

旅游目的地居民对旅游影响的感知取决于不同旅游目的地的资源特点及其开发管理、旅游者行为、主客交往状况与文化差异，以及居民的个性特征等一系列外在和内在因素的影响。

居民旅游感知影响因素归纳如下：

（一）居民本身的因素

居民本身的因素被认为是影响感知的主要因素，包括人口特征、阶层特征、对旅游影响的了解程度、对旅游业的依赖程度、利益回报、居民对生活质量的需求层次、距离景点的远近以及出游欲望等。多数研究认为，性别对居民感知的影响一般不大；年龄较大及居住较久的居民一般对旅游影响更为敏感，对负面影响感知较强；文化程度决定了人们认知事物的能力，受教育较多的居民更能全面看待旅游带来的正负面影响，但也更支持旅游业的发展；对旅游业依赖程度越大的居民一般呈支持态度；收入水平较低的居民对旅游正面影响感知较强。另外，距离是影响居民感知和态度的一个重要因素，一般认为居民对影响感知的积极态度呈距离衰减的特点，对旅游影响有广泛了解的居民一般认为旅游对当地发展重要，但同时也认识到旅游带来的消极影响。

（二）游客因素

游客因素包括旅游者数量、居留时间、游客属性特征、旅游偏好、价值观念及组团方式等方面。影响居民感知的游客方面的因素，主要取决于游客的数量，其次是游客居留时间及游客类型。一般认为，游客数量增加会导致居民态度发生变化，从刚开始对游客持积极、欢迎的态度到日显淡漠，如果处理不当，最终会引起居民的强烈反对；游客居留时间越长则会加重上述影响。此外，游客的旅游偏好、属性特征，一定程度上也会影响旅游对当地影响的性质和程度。

（三）主客关系

主客关系是指与旅游者的社会文化及经济的差异、交往频度、社会互动等。主客之间的文化与经济距离影响当地居民的感知，一般而言，主客间这种距离越大，越易导致居民感知变差；在高密度旅游区，主客间的摩擦则更多。如较大文化差异产生的交流困难，较大经济差异产生的游客自大与居民自卑，以及主客因机会短暂而产生的信任危机等，易形成居民对游客的消极反应。

（四）旅游目的地因素

旅游目地因素包括旅游地发展阶段、旅游发展的强度和速度、目的地对旅游的依赖程度、社区接受限度（社会承载力）等方面。处于起步阶段的旅游地，居民对旅游业普遍持积极态度，随着旅游的发展，居民感知有下降趋势，甚至出现反对态度。原因主要是旅游地达到一定的可接受限度及承载力峰值，或随外来机构影响力增强，当地居民感觉无法控制本地的发展，因而对旅游影响的感知变差，进而出现反对态度。旅游增长的速度和强度加强了居民对旅游影响的这种感知。目的地对旅游业的依赖程度越大，居民对旅游正面影响的感知越强。此外，景点因素也是城市居民感知的重要影响因素。规模较大的景点（区），旅游者一般较多，居民负面感知较强。

（五）宏观环境

宏观环境包括社区的经济、社会、环境资源与规划质量等宏观要素，以及地区社会福利（报酬、利益、互惠及公正）、对居民采用的媒体和沟通方式（媒体宣传）等。旅游目的地为旅游业发展及本地居民所创造的环境，整体上影响着居民的感知状况。社区的经济、社会、环境资源越丰富，越容易削弱旅游对居民所产生的负面影响；在报酬、利益、互惠及公正等不同社会福利的前提下，居民会形成不同的感知和态度，当经济回报不断增加的时候，人们更能接受旅游；合理的、充分考虑旅游目的地居民的城市规划及旅游规划，是增加居民满意程度的有效手段；此外，合理、有效的沟通方式能扩大居民对旅游影响的心理容量，减少负面感知。

三、居民的态度

由于旅游发展所带来的影响，旅游目的地居民群体对旅游给经济、社会、文化和环境带来的影响形成了感知，这种感知进一步地表现为居民群体对于旅游发展的不同态度。

Doxey 的愤怒指数理论模型（如图 8-4 所示）认为居民对外来旅游者的态度是一个动态的过程，随着旅游者数量的不断增加以及给当地原有生活方式所带来的冲击，当地居民对旅游者的态度会发生改变，并按照一个可预见的四阶段序列变化，即愉快（Euphoria）—冷漠（Apathy）—愤怒（Annoyance）—抵制（Antagonism）。

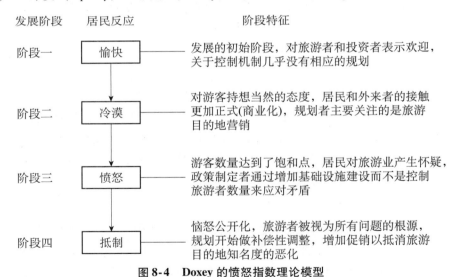

图 8-4　Doxey 的愤怒指数理论模型

Doxey 的模型假设大量的游客会引发紧张气氛并最终导致当地居民的敌对情绪和行为，但需要注意的是，这是一个单向模型，不允许态度出现好转。事实上，通过实施敏感性游客管理能够缓解游客和居民的紧张关系。Garland 和 West（1985）在分析愤怒指数理论模型后指出，居民对旅游者的反感与恼怒只是在一小部分而不是全部居民中存在，并且居民对旅游者的态度通常不会变得如此激烈。Ap 和 Crompton（1993）提出了一个反应不那么强烈的替代性模型来模拟居民对旅游的态度（如表 8-2 所示）。

表 8-2　居民对旅游的态度

情绪阶段	居民行为
欢迎（Embracement）	居民热切欢迎旅游者
容忍（Tolerance）	居民对旅游者表现出一定的矛盾情绪（旅游者有居民喜欢或不喜欢的因素）
调整（Adjustment）	居民针对旅游进行调整，通常是通过重新计划活动来避免拥挤
退出（Withdrawal）	居民暂时从社区中退出

注：每个阶段都可能适用于当前状况，因为不同社区中可能发生着对旅游的不同反应。居民个体或群体所采用的战略或行为是对旅游影响所做出的反应。

资料来源：Ap J, Crompton J L. Residents´ strategies for responding to tourism impacts [J]. Journal of Travel Research, 1993, 32（01）.

　　Young 等（1999）根据居民态度产生的周期性，也对 Doxey 的理论进行一些修正，他认为在 Doxey 理论中扩展一个"怀旧"阶段很有用处，Hall（2003）进一步指出，居民态度是随着旅游者数量的波动而发生变化的，因而 Doxey 原有的理论框架有其局限性，需加以修正、扩展（如图 8-5 所示）。

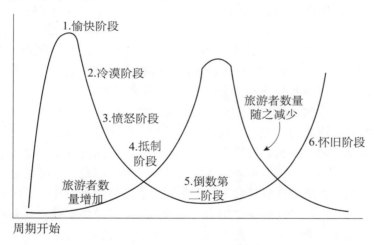

图 8-5　修正/扩展的 Doxey 愤怒指数模型

　　尽管有学者指出 Doxey 愤怒指数模型的缺点与不足，但这一模型至少描述了居民在旅游发展不同阶段的不同态度，而且经过后续研究的一些修正后能够较合理地阐释居民态度的发展变化，因此得到了众多学者的认可。需要指出的是，旅游影响的广泛性导致旅游目的地居民群体的感知与态度存在着复杂性和多样性，即这些不同的感知与态度可能交织于同一个时间阶段的不同居民，也可能表现为同一个居民在不同时间阶段的反应。

第三节　城市旅游环境承载力

　　从前面章节介绍的城市旅游影响以及城市居民的态度、反应来看，城市旅游的稳定

城市旅游管理

发展可能带来许多负面影响,那么如何确定城市环境受旅游冲击的损害程度已经威胁到了旅游的长期存续性呢?一个有用的概念就是承载力(Carrying Capacity)。Mathieson 和 Wall(1982)将承载力描述为:"一个地点或区域所能接受的、不会带来环境不可接受的改观,以及旅游者体验质量不可接受的下降的旅游活动的最大数量。"城市旅游环境承载力是旅游地各种利益群体在旅游业带来的各种社会影响冲击下的最佳稳定状态,如果忽视了环境承载力和居民的福利待遇,就可能出现对抗和冲突,阻碍旅游业的正常运营,并最终影响旅游业的可持续发展。

一、城市旅游环境承载力的概念与特征

(一)基本概念

20世纪60年代由于大众旅游的迅速发展,成千上万的旅游者涌向旅游地,导致部分旅游地拥挤不堪,不仅降低了旅游者的满意度,而且旅游地环境也遭到破坏。La Page(1963)首次提出旅游环境承载力(或旅游容量、旅游环境容量、旅游承载力)的概念,认为一定时间内某一旅游地接待的游客数量应该有一定的限度,以保证旅游地环境的质量水平,并使绝大多数旅游者满意。1978年,世界旅游组织(WTO)正式提出了旅游环境承载力的概念,即**承载力是指一个地区在提供使旅游者满意的接待并对资源产生很小影响的前提下,所能进行旅游活动的规模**。从世界旅游组织提出的定义不难看出以下三点:衡量旅游环境承载力最终体现在游客人数上;对旅游地的影响包括自然、经济和社会三个方面;保证旅游质量达到满意程度。

根据对旅游环境承载力的理解,可以得知任何一个旅游城市所能接纳的游客人数都是有限的,无限制或缺少适当管理地发展旅游业,必然会因游客的过度密集而导致旅游环境承载力超载,从而影响到城市旅游业的可持续发展。因此,旅游城市客观上存在一个极限值,称之为**城市旅游环境承载力**,**即指城市旅游环境系统在一定时间和条件下对游客实施正常旅游活动和行为的支撑能力,是旅游环境系统中自然、社会和文化环境承载力综合作用的结果,具体表现为旅游地所能承受的最大游客数量。**

需要强调的两点是:①旅游环境承载力是一个动态变化的指标。一方面,同一旅游城市在不同的旅游季节,旅游环境承载力是不同的;另一方面,随着旅游业发展所处阶段的变化及技术进步和管理水平的提高,居民及旅游者可以接受的标准也是不断变化的,因而城市旅游环境承载力也在发生变化。②旅游环境承载力是一个综合值,是由自然、经济和社会环境承载力组成的综合体现。因此,城市旅游环境承载力取决于根据不同的旅游环境要素内容划分的各承载力分量值的大小,由自然、经济和社会环境承载力组成,下属子层次指标包括旅游资源空间承载力、旅游生态环境承载力、城市经济设施承载力、社会文化心理承载力及社会管理承载力。城市旅游环境承载力的合理界定有助于城市旅游资源过度需求的管理,有利于城市旅游的可持续发展。

(二)主要特征

1. 系统的复杂性

城市是一个以人为主体、以自然环境为依托、以经济活动为基础、社会联系极为紧

密的有机整体。城市的复杂性及旅游的复杂性,使得城市旅游环境承载力成为一个由城市旅游资源空间承载力、城市旅游生态环境承载力、城市经济设施承载力、城市社会文化心理承载力及城市社会管理承载力等诸多因素构成的一个复杂而有机运行的整体,任何一个分量的超载都会影响系统整体功能的正常发挥。

2. 空间的差异性

每个城市的旅游资源都是由各种类型的旅游景区(景点)组成的旅游系统,在空间规模、地理位置、游客居留时间及管理制度方面不尽相同,这使得城市系统内部各个分量的旅游环境承载力呈现出非均质性和差异性。不同的空间场所表现出不同的承载能力,要想使城市旅游环境承载力的各部分实现正常而有序的运行,整体达到最理想状态,就必须针对空间差异性的特征,加强空间管理,采取有效策略积极引导旅游需求,最大限度地提高城市的整体旅游环境承载力,实现旅游业的可持续发展。

3. 影响因素的多样性

一方面,城市旅游环境承载力主要包括旅游资源空间承载力、城市经济设施承载力、城市旅游生态环境承载力、城市社会文化心理承载力等要素,组成因素的复杂性决定了其影响因素的多样性。另一方面,城市旅游环境承载力的大小不是固定不变的,而是随着城市主要功能的改变、城市人口的增加、城市整体的发展及城市环境的变迁等外部因素的变化而变化。因此,内外部因素的多元化使得城市旅游环境承载力的影响因素更加多样化。

二、城市旅游环境承载力的组成体系

城市旅游环境承载力是一个综合概念,主要由旅游资源空间承载力(Resource Space Carrying Capacity,RSCC)、旅游生态环境承载力(Ecology Environment Carrying Capacity,EECC)、城市经济设施承载力(Economy Facility Carrying Capacity,EFCC)、社会文化心理承载力(Social Psychological Carrying Capacity,SPCC)及社会管理承载力(Social Management Carrying Capacity,SMCC)等分量构成。在旅游活动中,各个分量的实际承载力往往各不相同,但是每个分量都对城市整体环境承载力的正常实现起着一定作用,因而均不能忽略。

(一)旅游资源空间承载力

旅游资源是城市旅游系统的核心要素和发展的动力源泉。相对于单个景区、景点而言,城市作为一个旅游目的地,拥有的旅游资源数量和种类较多。在城市旅游环境承载力整个系统中,旅游资源的数量多少、质量高低、空间大小及开发管理程度决定了城市旅游资源空间承载力的大小,从而直接影响到城市整体环境承载力的大小。不管是海滨旅游城市,还是历史文化名城,旅游资源空间承载力都是其旅游环境承载力的主要决定因素。

城市旅游资源主要由各种各样的旅游景区、景点构成,由于旅游者对风景(旅游资源)的欣赏具有时间、空间占有的要求,使得某一段时间内(如一天)每个景区及整个城市的所有景区所能容纳的旅游者数量是有限的,从而形成了城市旅游资源空间承载力。

旅游资源空间承载力的基本计算原理为：城市各个景区、景点的可利用资源空间面积除以每个人的基本空间标准，再乘以景区、景点的日周转率，即可得到城市旅游资源空间的日承载力。用公式可表达为：

$$RSCC = \sum X_i/Y_i \times Z \tag{8-1}$$

式（8-1）中，RSCC 为旅游资源空间承载力（人/天），X_i 为第 i 景点的可游览面积，Y_i 为平均每位游客占用的基本空间标准，X_i/Y_i 为第 i 个景点的瞬时旅游资源空间承载力，Z 为旅游资源空间的日周转率。

在城市旅游资源空间承载力的测算中，有两点需要注意：第一，城市旅游资源的多样性决定了各个景区、景点的瞬时空间承载力及人均基本空间标准是不一样的；第二，在城市这个大的旅游系统之中，各景点之间的游客呈现出流动性。

（二）城市旅游生态环境承载力

城市旅游生态环境承载力是指一定地域内旅游者活动未导致其生态环境退化的条件下所能容纳的游客数量。一般而言，旅游活动会给城市生态环境带来两方面的消极影响：一个是环境污染，如旅游者在旅游活动中尤其是在景区、景点游玩的过程中直接产生的固体废弃物，宾馆饭店等旅游服务系统产生的污水、废气，旅游交通及娱乐设施的运行产生的噪声等；另一个是生态的破坏，如游客对草地的直接踩踏、对自然环境的"侵袭"导致野生动物的种群迁移等。

城市旅游生态环境承载力的测算公式如下：

$$EEBC = Min（WECC, AECC, SECC） \tag{8-2}$$

式（8-2）中，EEBC 是生态环境容量，取决于表达式中的三个分量值：WECC 为城市水环境承载力，WECC = 污水口处理能力/人均污水产生量；AECC 为城市大气环境承载力，AECC = 城市区域大气环境容量/人均废气产生量；SECC 为城市固体废弃物承载力，SECC = 固体废弃物日处理能力/平均每人每天产生固体废弃物量。

当然，不同类型的城市因其所处的地理位置及主要功能的差异，其生态环境的纳污能力也大不相同，从而其城市生态环境承载力的大小及其对城市整体旅游环境承载力的影响也是不尽相同的。

（三）城市经济设施承载力

城市经济设施承载力是指城市旅游业发展所依托的基础设施、旅游服务设施及相关支持性设施所能容纳游客的能力。城市的经济发展水平决定了其旅游经济条件，而旅游经济条件，即满足游客旅游过程中的衣食住行等基本生活条件，客观上决定了该城市综合环境承载能力的大小。随着社会经济及旅游业的发展，当今世界很多城市的旅游接待设施本身就成为其吸引游客的核心旅游资源，支持并带动当地旅游业的顺利发展。

城市经济设施承载力主要包括城市主副食供应能力、住宿承载力、通信设施承载力、旅游交通车辆承载力及停车场承载力等诸多因素，上述诸因素的综合作用决定了城市经济设施所能承载的游客人数。其测算公式可表达如下：

$$EFCC = Min（EFCC_1, EFCC_2, \cdots, EFCC_i） \tag{8-3}$$

式（8-3）中，EFCC 为城市经济设施承载力（人/天）；$EFCC_i$ 为第 i 种基本要素供给量所形成的经济承载分量；$EFCC_i = S_i/D_i$，其中 S_i 为第 i 种要素的日供给量（量/天），D_i 为第 i 种要素的人均需求量（量/人·天）。

（四）城市社会文化心理承载力

旅游活动是一种促进人类不同文化交流的过程，城市旅游业的发展对当地居民的影响是多方面的。一方面，旅游者的消费活动给当地居民带来了可观的经济收入，增加了就业机会，提高了其生活水平；另一方面，旅游者的到来，尤其是游客的过度密集，必然会造成当地居民生活空间的缩小，引起当地交通拥挤、物价指数上涨过快、商品供给不足、社会治安不稳定、环境污染（主要是噪声、固体废弃物污染）、对城市基础设施占用过多等一系列问题，导致当地居民对外来旅游者产生排斥心理和不友好态度。

因此，旅游目的地的环境承载力大小与当地居民的态度之间存在密切的联系。社会文化心理承载力，也称社会承载力，是指在未导致当地社会公众生活和活动受到不可接受的影响这一前提下所能接待来访游客的最大数量，反映了当地居民对旅游者及其旅游活动的理解与支持程度。与城市旅游环境承载力的其他子项不同，城市社会文化心理承载力难以用具体的数据和公式进行量化测评，因而一般采用社会学调查的方法来评价。

（五）社会管理承载力

社会管理承载力是指旅游地旅游行政管理部门、旅游区管理人员以及旅游企业的经营管理水平所限制的可承载的旅游者数量。 若旅游地旅游管理部门的管理能力及水平落后于当地旅游业的发展水平，则会出现因管理不当而引起的各种各样的经济、社会及文化冲突等问题，从而加剧主客冲突，影响旅游地旅游业的可持续发展。旅游地的旅游企业（如饭店、旅行社）及旅游景区的硬件建设水平、服务水平、从业人员的整体素质等因素，会直接影响旅游者在目的地旅游活动的体验质量，因而其可承载的旅游者的数量也是有限的。

社会管理承载力的测算也无法通过直接的统计数据衡量，一般来说是通过实地调研及旅游地旅游业发展现状的统计资料来进行分析评价的。

拓展阅读

赌权开放政策下澳门博彩旅游对青少年的影响

澳门是中国实行"一国两制"的特别行政区，自 1961 年博彩业合法化以来博彩旅游一直是澳门的特色，也成为澳门经济发展的支柱。为了加强管理，澳门特别行政区政府采取了赌牌专营的政策来发展博彩业，而在 2002 年之前一直是由澳门博彩股份有限公司独家垄断经营博彩业的，自此之后访澳游客不断增多，博彩收入迅速提升。尽管经济效应显著，但赌权开放政策也给当地社会发展带来了一些负面影响，例如青少年价值观的转变以及对学校教育的冲击。

据来自三所中学的调查结果显示,99.5%的受访学生感受到赌权开放政策的影响,74.2%的受访学生认为赌权开放政策的影响比较明显。进一步的调查发现,赌权开放对于当地中学生的影响主要表现为参赌和就业两个方面:一方面,数量激增的赌场降低了当地青少年接触赌博的难度,对其形成了巨大的诱惑干扰;另一方面,由此产生的大量工作岗位为当地青少年提供了新的发展机会,影响着其个人发展的道路选择。

在参赌方面,虽然澳门特别行政区政府规定未满18周岁的青少年不得进入赌场,但是这一项规定在实际当中并没有被严格执行,并且随着澳门赌场的开放式经营和竞争加剧,青少年进出赌场的限制形同虚设。调查发现,当地青少年参与赌博已经不是少数现象,赌场增多和监管失控使得青少年群体面临现实的诱惑,从而对其日常生活和学习产生了明显的负面干扰。而在就业方面,自赌权开放政策实施以来,澳门博彩业的迅猛发展带来了大量工作岗位,这些岗位门槛低、薪酬高,平均月工作收入中位数是当地整体薪资水平的1.6倍,部分赌场的就业资历要求甚至降到小学毕业即可,这对当地中学生产生了巨大的吸引力。在这样的背景下,32.4%的受访学生家人鼓励其进入赌场工作,中学毕业后甚至辍学去赌场工作已经成为一部分中学生的选择。

由此可见,澳门赌权开放政策在取得显著经济成效的同时,也对当地社会发展带来了负面影响。因而,如何在享受博彩旅游带来的巨大经济效益的同时,减少其对当地社会尤其是青少年的负面影响,已成为整个社会关注的问题。

资料来源:文彤,梁金燕. 澳门赌权开放政策的社会效用与管理调控——基于青少年群体的调查研究[J]. 社会科学家. 2012(3).

思考与练习

1. 简述城市旅游发展对城市会产生哪些影响。
2. 居民是如何感知旅游影响的?会受到哪些因素的影响作用?
3. 找到验证愤怒指数模型的旅游城市案例并加以解释。
4. 如何测算城市旅游承载力?
5. 影响城市旅游承载力的因素有哪些?

参考文献

[1] Archer. Tourism Multipliers: The State of the Bangor [J]. Occasional Papers in Economics (No.11). Bangor: University of Wales Press, 1980: 12.

[2] Aspa Gospodini. Urban waterfront redevelopment in Greek cities, a framework for redesigning space [J]. Cities, 2001, 18 (5).

[3] Bratton S P, Hickle M G, Graves J H. Visitor impact on backcountry campsites in the Great Smokey Mountains [J]. Environmental Management, 1978, 2 (5).

[4] Brown, D. O. In search of an appropriate form of tourism for Africa: Lessons from the past and suggestions for the future [J]. Tourism Management, 1998, (19).

[5] Cole D. N. Environmental impacts of outdoor recreation in wildlands [M]. In: Manfredo M. J., Vaske J. J., Bruyere B. L., et al. Society and Natural Resources: A Summary of Knowledge. Jefferson: Modern Litho, 2004.

[6] Cole D. N. Research on soil and vegetation in wilderness: A state – of – knowledge review [M]. In: Lucas R. C. Proceedings of the National Wilderness Research Conference. Ogden: Intermountain Research Station, 1987.

[7] De Kadt. Social planning for tourism in the developing countries [J]. Annals of Tourism Researeh, 1979, 6.

[8] Derek Hall, Lesley Roberts and Morag Mitchell (Edited). New Directions in Rural Tourism [M]. England : Ashgate Publishing Limited, 2003.

[9] Douglas G Pearce. Tourism in Paris studies at the microscale [J]. Annals of Tourism Research, 1999, 26 (1).

[10] Howard Green, Colin Hunter, Bruno Moore. Applications of the Delphi Technique in Tourism [J]. Annals of Tourism Research, 1990, 17 (2).

[11] Krippendorf. The holiday makers understanding the impact of leisure and travel [M]. Oxford: Butterworth Heinemann, 1987.

[12] Leung Y. F., Marion J. L. Recreation impacts and management in wilderness: A state – of – knowledge review [M]. In: McCool S. F., et al. Wilderness Science in a Time of Change Conference. Ogden: Rocky Mountain Research Station, 2000.

[13] Mathieson A., Wall G. Tourism: Economic, Physical and Social Impacts [M]. London and New York : Longman Group Limited, 1982.

[14] Murphy. Tourism: a community approach [M]. London: Routledge, 1985.

[15] Nichols L. Tourism and crime [J]. Annals of Tourism Research, 1976.

[16] Nunez. Touristic studies in anthropological perspective [M]. Philadelphia: University of Pennsylvania Press, 1989.

[17] O'Reilly A. M. Tourism Carrying Capacity: Concepts and Issues [M]. Tourism Management, 1986, 7 (4).

[18] Page S. J. Urban Tourism [M]. London: Routledge, 1995.

[19] Pizam, Reichel and Stein. Tourism and crime: is there a relationship? [J]. Journal of Travel Researeh, 1982, 20 (3).

[20] Ryan. Recreational tourism: a social science perspective [M]. London: Routledge, 1991.

[21] Robert Preston – Whyte. Constructed leisure space – the seaside at Durban [J]. Annals of Tourism Research, 2001, 28 (3).

[22] Ross S., Wall G. Evaluation ecotourism: The Case of North Salawesi, Indonesia [J]. Tourism Management, 1999, 20 (6).

[23] Sharpley. Tourism, tourists and society [M]. Huntingdon: ELM, 1994.

[24] Silsbee D. G., Larson G. L. Water Quality of Streams in the Great Smoky

Mountains National Park [J]. Hydrobiologia, 1982, 89 (2).

[25] 保继刚, 楚义芳. 旅游地理学 [M]. 北京: 高等教育出版社, 1999.

[26] 陈艳, 谭建光, 鲍宇阳等. 城市化对旅游的影响及其反馈机制研究进展 [J], 北京师范大学学报 (自然科学版). 2013, 49 (06).

[27] 谌永生, 王乃昂. 敦煌市居民旅游感知及态度研究 [J]. 人文地理, 2005, 20 (02).

[28] 崔凤军. 环境承载力初探 [J]. 中国人口·资源与环境, 1995, (03).

[29] 崔凤军. 论旅游环境承载力——持续发展旅游判据之一 [J], 经济地理, 1995, (03).

[30] 崔凤军. 风景旅游区的保护与管理 [M]. 北京: 中国旅游出版社, 2001.

[31] 丹尼森·纳什. 作为一种形式的帝国主义的旅游 [J]. 加拿大遗产, 1985, 2 (01).

[32] 董观志, 梁增贤. RBD对老城区功能改造的模式研究 [J]. 规划师, 2008, 24 (07).

[33] 付磊. 奥运会影响研究: 经济和旅游 [M]. 北京: 中国社会科学院研究生院, 2002.

[34] 巩劼, 陆林. 旅游环境影响研究进展与启示 [J]. 自然资源学院, 2007, 22 (04).

[35] 顾朝林, 宋国臣. 北京城市意象空间及构成要素研究 [J]. 地理学报, 2001, 56 (01).

[36] 黄建军. 昆明旅游犯罪研究 [J]. 旅游学刊, 2000, (03).

[37] 黄洁, 吴赞科. 目的地居民对旅游影响的认知态度研究 [J]. 旅游学刊, 2003, 18 (06).

[38] 康蓉. 旅游卫星账户与中国旅游经济测度研究 [M]. 西安: 西北大学, 2006.

[39] 兰岚. 旅游经济影响评估体系研究 [M]. 长春: 吉林大学, 2007.

[40] 厉新建. 北京旅游就业研究及修正计算 [J]. 旅游学刊, 2009, 24 (03).

[41] 刘葆, 苏勤, 葛向东. 传统古民居旅游地旅游影响居民感知的比较研究一以西递、周庄为例 [J]. 皖西学院学报, 2005, 21 (02).

[42] 刘民坤. 国内旅游社会影响研究反思 [J]. 旅游论坛, 2010, 3 (01).

[43] 刘赵平. 社会交换理论在旅游社会文化影响研究中的应用 [J]. 旅游科学, 1998, (04).

[44] 刘赵平. 旅游对目的地社会文化影响研究结构框架 [J]. 桂林旅游高等专科学校学报, 1999, 10 (01).

[45] 罗贝尔·朗卡尔. 旅游和旅行社会学, 陈立春译 [M]. 北京: 商务印书馆, 1997.

[46] 全华. 从武陵源看自然风景开发区的区域社会效应 [J]. 经济地理, 1994, (04).

[47] 斯洛博丹·翁科维奇. 旅游经济学 [M]. 北京：商务印书馆，2003.

[48] 宋增文. 基于投入产出模型的中国旅游业产业关联度研究 [J]. 旅游科学，2007，21（02）.

[49] 徐红罡. 旅游业中的二元结构及公共政策研究 [J]. 思想战线，2004，30（01）.

[50] 王辉，林建国，周佳明. 城市旅游环境承载力的经济学模型建立与分析 [J]. 大连海事大学学报，2006，（08）.

[51] 王莉，陆林. 国外旅游地居民对旅游影响的感知与态度研究综述及启示 [J]. 旅游学刊，2005，20（03）.

[52] 王丽华. 城市居民对旅游影响的感知研究——以南京六城区为例 [M]. 南京：南京师范大学，2006.

[53] 王雪华. 论旅游的社会文化影响 [J]. 桂林旅游高等专科学校学报，1999，（10）.

[54] 汪宇明，赵中华. 基于上海案例的大都市旅游容量及承载力研究 [J]. 中国人口·资源与环境，2007，（05）.

[55] 吴三忙. 产业关联与产业波及效应研究——以中国旅游业为例 [J]. 产业经济研究，2012，56（01）.

[56] 袁基瑜，于静，袁浩. 城市旅游环境承载力评价初探 [J]. 工业技术经济，2006，（07）.

[57] 张华初，李永杰. 中国旅游业产业关联的定量分析 [J]. 旅游学刊，2007，22（04）.

[58] 张滢. 旅游经济效应的理论与实践研究——以乌鲁木齐市为例 [M]. 乌鲁木齐：新疆大学，2006.

[59] 张文，何桂培. 我国旅游目的地居民对旅游影响感知的实证调查与分析 [J]. 旅游学刊，2008，23（02）.

[60] 赵玉宗，李东和，黄明丽. 国外旅游地居民旅游感知和态度研究综述 [J]. 旅游学刊，2005，20（04）.

第九章　城市旅游与公共管理

 学习目的

通过本章的学习，了解城市旅游公共管理的构成要素，理解城市旅游发展过程中的政府角色，掌握城市旅游行业管理的主要内容与具体措施，掌握城市游客活动管理的相关内容，形成对城市旅游公共管理的全面理解。

 **学习要点**

- 城市旅游公共管理的构成要素
- 城市旅游管理过程中的政府角色
- 城市旅游行业管理的主要内容与具体措施
- 城市游客活动管理的内容

课前导读

香港"优质旅游服务"计划

香港非常重视保护消费者的权益，为帮助游客在香港能够轻易识别出值得信赖的零售商户、餐馆及经济实惠的住宿服务，香港旅游发展局于1999年11月推出"优质旅游服务"计划（Quality Tourism Services，QTS），借此奖励提供优良服务的商户和推动商界提升服务水平，从而增强游客在港消费的信心。符合规定的商户提出申请，经过QTS小组委员会严格审定后，向认可商户颁发QTS标志，并张贴"优"字标识，游客在选择张贴"优"字标识的商户消费，将享受到其承诺的优质服务。认可商户每年必须通过严格的评审，以确保产品和服务始终达到明码实价、资料清晰、优质服务的标准。连续十年或以上获得QTS认证的资深商户，将被颁发特别设计的QTS标贴，供其张贴于店铺内。

参与QTS的商户必须符合既定的服务水平，不得售卖伪劣货品，不得做出与货品资料有关的失实陈述。如果游客在该类商户购买到假冒伪劣产品，可以向香港旅游发展局投诉。该局将启动高效处理投诉机制，对游客的投诉及时受理，并且根据损害的严重性，向商户发出警告，直至取消其认证资格。

资料来源：香港旅游发展局网站，https://www.discoverhongkong.com/tc/index.jsp，2016。

第一节　城市旅游中的公共管理

一、理论基础

（一）公共管理

20世纪70年代以来，西方国家乃至整个世界发生了根本性的变化，经济全球化、信息技术的迅猛发展，以及私人部门的激烈竞争对社会经济生活产生了巨大的影响。社会大众对政府及整个公共部门不断提出新的要求，公共行政近乎刻板、僵化的科层体制越来越不适应社会经济的发展，这一传统的公共行政模式逐渐在理论和实践上遭到质疑。正是在这种背景下，新的公共管理应运而生。

公共管理（Public Management）由公共和管理两个词组成，更强调"公共"。何谓"公共"？公共是指多数人的或有关多数人利益的，是超出私人范围的。公共问题广泛存在于社会生活之中，处理公共问题的重点在于如何生产和分配公共物品、解决公共事务，以满足人们的公共性需求。因此，**公共管理就是除私人组织以外的公共组织的管理活动，具体指以政府为核心的公共部门整合社会各种力量，广泛运用政治的、经济的、管理的、法律的方法，对社会公共事务进行协调和控制，提供公共产品和服务，以保障和增进社会公共利益的职能活动。**

公共管理不是对传统公共行政的抛弃否定，而是对公共行政的改进、优化和发展，突出地反映出政府为了适应社会、经济、技术的发展，适应公共部门所处环境的变化，对履行公共职能的理念、方式及管理过程等所做出的新选择。总体来看，公共管理作为一种社会管理活动具有以下特点：

（1）追求公共利益。公共管理的目的是推进社会整体协调发展和增进社会公共利益。因此，公共管理组织必须以全体社会成员的公共需求为导向，并以公共需求的实际满足为衡量标准，这既是公共管理公共性的最重要体现，也是公共管理具有合法性的基石。追求公共利益不仅是公共管理的根本目的，也是公共管理的本质要求。

（2）建立有限政府。当今社会，政府只能是一种有限政府，而不是一种全能政府。政府的责任是与公共性联系在一起的，即行使公共权力，代表公共利益，提供公共服务，维护公共秩序，承担公共责任。在公共管理中，政府既不能缺位，也不能越位，应当有所为，有所不为，切实履行正当的职能责任。

（3）注重社会化管理。公共管理也需要更多地寻求公私合作、政府与社会力量互动的治理模式，营造良好的公共关系环境。通过把公共管理主体扩大到非政府公共机构，运用授权、委托、代理等方式调动更多的公共机构和社会力量参与公共服务和管理，可以更有效地解决公共问题，满足社会公众的需求。

（4）强调价值与责任。公共管理强调价值的创造，不仅重视经济、效率和效能，同时也重视公平、正义和民主。公共管理在主张弹性、自主管理、授予权能的同时，还强调责任，认为只有发展客观、有效的绩效衡量标准，政府的责任才能落到实处。

（5）重视政府改革与再造。公共管理的兴起与发展同政府改革与再造紧密相连。政府部门在较大程度上存在着效率低下、机构臃肿、缺乏活力等问题，引入市场机制、向社会企业学习就成为政府改革与再造的重要途径，主要包括政府部门引入竞争机制、部门公共事务通过合同、招标等市场手段来完成等。

（二）旅游公共管理

1. 旅游公共管理的概念

通过以上针对公共管理的概念阐述，结合旅游发展的规律和旅游管理的特点，旅游公共管理可以定义为：**以政府为核心的旅游公共部门及非营利组织，广泛运用行政、经济、法律等公共管理方面的理论与方法，对旅游公共事务进行协调和控制，提供旅游公共产品和服务，以保障和增进旅游公共利益的职能活动**。旅游公共管理不是对旅游行政管理的否定，而是在旅游行政管理的基础上所进行的管理理念转变和管理模式革新，是公共管理活动的重要内容。虽然旅游公共管理仍以政府的旅游行政管理为核心，但其内涵和外延都远远超出了旅游行政管理的范畴。

随着旅游业的不断发展壮大并进入一个全新的发展阶段，传统的旅游行政管理模式越来越难以适应旅游经济的发展。旅游行政管理缺乏力度；旅游发展强制购物、私拿回扣等痼疾无法彻底根除，诚信危机频发；旅游企业"小、弱、散、差"、绩效水平不高等现象得不到根本扭转；旅游资源和环境破坏问题时有发生，等等，这些都逐渐成为各界探讨的焦点和亟须解决的问题，也促使学界与业界反思传统的旅游行政管理模式，进而提出改革和创新的解决思路。

2. 旅游公共管理的特点

（1）综合协调性。旅游发展实践表明，旅游业是一项综合性产业，旅游活动的开展需要食、住、行、游、购、娱等多方面的配合与协作，只有这样旅游业才能兴旺发达。因此，旅游公共管理是建立在旅游相关企业协同发展基础上的综合管理，其最大的特点是综合协调性。旅游公共管理的相当一部分内容，与其说是管理，不如说是协调，旅游业具有"宽口径、大范围、巨系统"的特征，需要运用综合协调的手段进行多角度的管理。

（2）服务性。旅游业属于第三产业，其产品主要是为旅游者提供满足需求的服务。旅游业的服务性特点决定了更多的是一种管理性服务，服务的内容往往大于管理的内容，具体体现在旅游形象塑造、旅游市场营销、旅游教育培训、旅游标准化建设、旅游基础设施建设、旅游信息咨询等方面，这也促使在旅游公共管理中注重管理内容的服务性和管理方法的多样性。

（3）复杂性。与制造业相比，旅游业的发展不仅涉及经济领域，还涉及社会、文化、环境等领域，这就使得旅游公共管理工作表现出显著的复杂性。另外，随着地方旅游业的快速发展，积极参与国际国内竞争，旅游跨区域合作交流成为一种发展趋势，这在一定程度上也增加了旅游公共管理的复杂性。

（4）强制性。旅游公共管理是在旅游行政管理的基础上管理理念转变和管理模式革新,因而旅游行政管理依然是旅游公共管理的重要组成内容,由此旅游公共管理同样具有一定的强制性。如在维护旅游市场秩序、保护旅游者和旅游经营者权益、保护旅游资源和环境、保证旅游产品质量、维护旅游安全等方面,往往需要借助法律、行政等手段进行强制性管理,以确保旅游业的健康发展和旅游公共利益的实现。

二、城市旅游公共管理的构成要素

作为旅游发展中的新领域和城市发展中的新课题,城市旅游在20世纪下半叶逐渐引起学界和业界的关注,城市旅游的迅猛发展在20世纪末更是引发了旅游城市化(Tourism Urbanization)的趋势。目前城市旅游已经成为很多城市经济和社会发展的重要引擎,因此,为了确保城市旅游实现可持续发展,对其进行科学的公共管理就成为旅游行政管理者的一种主动诉求。任何管理活动都包括"谁来管、管什么、为何管、怎么管"这四个问题,城市旅游公共管理也不例外。管理的主体、客体、目标和方法构成了城市旅游公共管理这个复杂大系统中紧密相连、不可或缺的四个基本要素(如图9-1所示),任何一个要素发生变化,其他要素也要做出相应的调整和改进,否则会影响管理效率,甚至形成阻力。

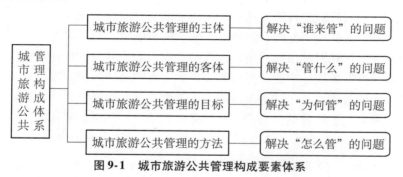

图9-1 城市旅游公共管理构成要素体系

(一)城市旅游公共管理的主体

城市旅游公共管理的主体,就是回答"谁来管"的问题。政府作为旅游政策的制定者、旅游活动的管理者、旅游纠纷的裁定者和旅游公共服务的供给者,是城市旅游公共管理的核心主体。在中国,各级政府虽然是法定的城市旅游公共管理核心主体,但在实践中,各级政府所专门设立的旅游行政管理部门或被赋予旅游行政管理职能的相关部门,作为政府城市旅游公共管理的代表,全面行使国家和地区的城市旅游公共管理职能,它们是实际上的城市旅游公共管理核心主体。

目前,中国城市旅游公共管理主体正从当初的政府旅游主管部门向以政府旅游主管部门为主、非营利旅游组织参与的多元管理主体转变,大量的城市旅游管理工作逐渐由政府旅游主管部门向旅游协会、民间旅游组织等机构转移。在转移过程中,政府旅游主管部门仍然占据城市旅游公共管理的主导地位,具有合法性和强制性,负有提供旅游公共产品和服务的主要责任。但是政府旅游主管部门不可能提供所有的旅游公共产品和服务,非营利旅游组织的加入是对政府旅游管理的一种补充,它们作为城市旅游公共管理的重要主体，可以代替政府旅游主管部门提供部分旅游公共产品和服务。随着管理主体的多元化，非营利旅游组织逐渐成为城市旅游公共管理主体的重要组成部分，在城市旅游公共管理中发挥着日益重要的作用。

（二）城市旅游公共管理的客体

城市旅游公共管理的客体即城市旅游公共管理的对象，是关于"管什么"的问题。总体而言，城市旅游公共管理的客体涉及整个旅游活动，包括旅游业的经营活动和旅游者的旅游活动。近年来，城市旅游的快速发展催生出大量的旅游新现象和新问题，涵盖旅游资源开发使用、旅游环境保护、旅游市场良性运转以及旅游者文明旅游等，这些促使城市旅游公共管理的客体范围呈现出不断扩大的趋势，进而对城市旅游公共管理提出了更高的要求。

严格来讲，旅游业不是一个单一的产业，而是一个涉及范围十分广泛的综合性产业。如果将旅游公共管理简单地理解成单一的旅游业管理，就只能局限于通常所说的食、住、行、游、购、娱旅游六要素的管理。实际上，政府旅游主管部门对旅游业的管理主要涉及星级饭店、A级旅游景区、旅行社、导游等旅游核心要素的管理，然而在旅游发展中出现的一些新业态如旅游电子商务、旅游规划策划、旅游票务代理、旅游俱乐部运营等也应当纳入管理的范围。此外，旅游活动的开展除了能够带来显著的经济效益外，也会带来多方面的负面影响，如物价上涨、道德弱化、文化冲击、环境污染、生态失衡等，为此还应加强对城市旅游负外部性的管理。如果对旅游负外部性疏于防范，就会影响旅游业的良性发展。因此，城市旅游公共管理的客体范围需要进一步拓展，不仅包括对旅游行业的管理，还包括对旅游经济、旅游文化、旅游资源、旅游环境、旅游影响的管理，以及对旅游所需的公共产品与服务的供给、对旅游者和地方居民的引导与管理等诸多方面。

（三）城市旅游公共管理的目标

在不同的旅游发展阶段，城市旅游公共管理的目标是不同的。随着中国旅游发展进入转型时期，城市旅游公共管理面临从单一的旅游经济管理向全面的旅游公共管理的转变。城市旅游公共管理的目标表现为以下方面：

1. 优化旅游资源配置

一方面，由于城市旅游资源的稀缺性，旅游市场得不到充分竞争，市场这只"看不见的手"无法自动完成对旅游资源的有效配置；另一方面，由于旅游负外部性的存在，通过旅游企业的私人决策和经营行为并不能最优配置旅游资源，反而会降低旅游效率。由此可见，在城市旅游发展中，光靠"看不见的手"进行调节是远远不够的，只有让旅游公共管理介入，才有可能克服旅游市场的失灵，提高旅游资源的配置效率。

2. 维护旅游市场秩序

旅游业的正常运转需要建立良好的市场秩序，旅游者的旅游需求也只有在良好的市场秩序中才能得以满足。然而，良好的旅游市场秩序不可能自觉地形成，必须通过政府的市场准入、行业监管等一系列旅游公共管理行为来实现。只有这样，才有可能建立良性的旅游竞争机制，保证旅游产品质量，创造良好的旅游消费环境，从而保障旅游经营者和旅游者的合法权益，推动旅游业健康、有序地发展。因此，维护旅游市场秩序也是城市旅游公共管理的重要目标。

3. 塑造旅游整体形象

随着旅游业的深入发展，旅游竞争已经由城市旅游产品的竞争上升为城市旅游地的竞争。面对海量的旅游信息，旅游者对旅游目的地的选择越来越多地受到当地整体旅游形象的影响，这就使得良好的旅游目的地形象塑造成为旅游发展的重要因素。城市旅游公共管理就是要整合旅游城市的各种资源，丰富城市旅游产品内涵，着力塑造一个特色鲜明、主题突出的旅游城市整体形象，以提升城市旅游吸引力，从而促进旅游业及其相关产业的发展，推动旅游城市在经济、社会、文化等方面全面提升。

4. 增加旅游公益福利

发展旅游的终极目标不仅仅是实现经济方面的增长，更是社会公益福利的增加。随着旅游活动与人们日常生活的联系日益紧密，旅游被视为提升国民幸福指数和社会福利水平的重要途径。城市旅游公共管理就是要通过旅游活动的开展来满足广大人民群众日益增长的旅游需求，从而带动区域社会、经济、文化、环境的全面发展，进而提高人们的整体生活水平和社会的总体福利水平。

（四）城市旅游公共管理的方法

公共管理的方法概括起来主要有三种类型：一是经济方法，即运用经济手段实现管理目标的方法，如财政政策、税收政策、金融政策等；二是法律方法，即运用相关的法律法规进行管理，具有规范性、强制性和稳定性等特点；三是行政手段，也就是通常所说的行政管理，具有权威性、强制性和垂直性等特点。城市旅游公共管理作为社会公共管理的一个组成部分，既具有公共管理的一般特点，如法制性、公平性、公正性、效率性等，也具有与其他领域公共管理工作不同的特点，如协调性、服务性、复杂性等。为了实施有效的城市旅游公共管理，不仅需要了解政府应当履行的旅游管理职能，还需要熟悉各种旅游管理和服务的方法工具。

旅游业的综合性决定了城市旅游公共管理方法的多样性，概括起来主要有以下几类：

1. 规制方法

政府规制是实施城市旅游公共管理的主要方法。政府旅游规制是依据法律法规，运用经济、行政等手段，从维护旅游公共利益的角度出发，纠正或缓解由市场失灵带来的不经济和不公正，推动旅游经济健康稳定地发展，提升旅游公共福利水平。具体而言，政府旅游规制有以下几种工具：

（1）价格规制。对具有垄断性的城市旅游企业产品和服务确定最高限价，对存在过度竞争的城市旅游产品和服务规定最低限价。

（2）进入、退出规制。对城市旅游企业的进入或退出进行限制。

（3）数量及质量规制。对城市旅游企业所提供产品和服务的数量、质量做出相关规定。

（4）审核审批。对旅游市场实行的一种管理和监控行为，是政府旅游主管部门广泛采用的一种干预旅游经济的工具。审核审批涉及旅游经济主体的市场准入、市场行为、资源开发、旅游安全、旅游质量、旅游信息披露、从业人员资质等方面。

（5）标准认证。旅游标准是政府旅游主管部门规范旅游市场行为、控制旅游产品质量、区分优劣旅游企业的工具和手段。旅游认证实际上是一种政府旅游管理部门的担保和承诺，可以视为一种识别旅游产品质量与旅游企业信誉、便于旅游消费者选择的工具。

（6）规划管理。政府旅游主管部门通过组织编制城市旅游规划并且按照法律程序颁布实施，可以阐明旅游发展思路和指导思想，协调各方旅游参与者的利益诉求和行动步伐，从而保证城市旅游业有序发展。此外，还可以通过规划审批对城市旅游项目进行调控管理。

2. 法律方法

（1）旅游法规。旅游法规是国家或地方立法机构、行政部门出台的旅游专门或相关的法律法规，是政府旅游主管部门依法进行旅游公共管理的法律基础。旅游业的综合性决定了城市旅游公共管理的法律工具应该是广泛的，不仅要善于运用现有的旅游法律法规，还要充分利用相关的法律法规，如《消费者权益保护法》《合同法》《交通运输法》等，通过多部门联合执法等途径，弥补旅游法律法规不完善等缺陷，提高旅游公共管理中法律工具的效能。

（2）发展政策。发展政策从空间上看可以分为宏观、中观、微观三个层次，分别推动旅游活动、旅游业和旅游企业层面的发展。各级政府和相关旅游管理部门为了促进旅游业的发展，出台了许多专门性的发展政策（如表9-1所示），这些旅游发展政策是目前中国城市旅游公共管理工作的重要基础。可以看出，旅游发展政策对旅游业发展方向、市场结构、市场行为等方面都具有非常重要的影响，是城市旅游公共管理工作的有效工具。

表 9-1　1997 年以来对中国旅游业发展产生重大影响的发展政策

出台时间	旅游发展政策内容
1997 年	国务院批准《中国公民自费出国旅游管理暂行办法》，出境旅游被正式提出并获得快速发展
1998 年	中央经济工作会议首次将旅游业确定为国民经济发展新的增长点
1999 年	从 1999 年 10 月 1 日开始，国家正式实行黄金周休假制度，极大地促进了国内旅游的蓬勃发展
2000 年	国务院办公厅转发国家旅游局等部门《关于进一步发展假日旅游若干意见的通知》，假日旅游部际协调会议随后成立，这标志着从 2000 年开始，中国黄金周旅游进入有组织发展阶段
2002 年	在全国再就业工作会议上，发展旅游业被确定为扩大就业的重要渠道之一，旅游业的就业功能得到高度重视
2003 年	国务院发布《中国公民出国旅游管理办法》，规范中国出境旅游市场，保障旅游合法权益
2004 年	在全国旅游工作会议上，鼓励中国有实力的旅游企业实施"走出去"发展战略，增强和提升旅游企业和产业的市场竞争力
2005 年	国家旅游局制定了《全国旅游标准化 2006—2010 年发展规划》，推动中国旅游标准化工作深入开展，进一步提高旅游服务质量和产业竞争力，保护旅游者权益，促进中国旅游业加快发展

（续表）

出台时间	旅游发展政策内容
2006年	国家旅游局和商务部发布关于《设立外商控股、外商独资旅行社暂行规定》的补充规定，鼓励港澳地区旅游服务商设立从事旅游及与旅游相关的服务行业
2007年	国家旅游局修订《中国优秀旅游城市检查标准》，促进旅游业素质的提升
2008—2010年	包括海南国际旅游岛、海峡西岸经济区、广西北部湾、山东黄河三角洲、江苏沿海地区、辽宁沿海经济带、鄱阳湖生态区等相关区域旅游政策，以及支持新疆、西藏等民族地区发展的区域政策相继发布，先后共有24项国家战略或区域规划将旅游业作为发展的重点内容之一，这些都为旅游业的发展提供了强有力的政策支持
2009年	国务院常务会议通过《关于加快发展旅游业的意见》，首次将旅游业确定为国民经济的战略性支柱产业，为中国旅游业新一轮腾飞确定了方向
2011年	大陆游客赴台自由行正式启动，进一步促进了两岸地区旅游经济发展和社会文化交流
2012年	国务院发布《全国海洋经济发展"十二五"规划》，加快了海洋旅游经济的发展步伐
2013年	国务院发布《国民旅游休闲纲要（2013—2020年）》，有助于落实职工带薪年休假制度，改善休闲环境，推进旅游休闲基础设施建设，完善旅游休闲公共服务，进一步扩大旅游休闲消费，推动旅游业转型升级
2014年	国务院发布《关于促进旅游业改革发展的若干意见》，对于旅游业转型升级、规范发展做出具体战略部署
2015年	国务院办公厅印发《关于进一步促进旅游投资和消费的若干意见》，为充分挖掘旅游投资和消费潜力指明方向

3. 调控方法

经济调控是城市旅游公共管理常用的管理方法，能够对旅游业的发展进行有效干预。目前，城市旅游公共管理的调控方法主要包括财税调控和资源配置两种。

（1）财税调控。首先，可以通过财政投入、财政返还、财政贴息、发行公债、旅游公共物品的供给等财政手段，引导旅游业的良性发展；其次，可以通过税费征收，如征收旅游环境污染费、旅游发展基金等，规范和保障旅游业的健康发展；最后，还可以通过税费减免，如制定旅游投资优惠政策，促进旅游业的繁荣发展。

（2）资源配置。大部分城市旅游资源属于公共性旅游资源，其所有权归全体国民共同享有，而政府代表全体国民对旅游资源实施监督和管理。政府可以通过采取不同的处置方式，吸引或规避对旅游资源的开发利用行为，限制或引导旅游资源的开发利用方向，控制和平衡旅游资源的市场供应量，从而达到调控旅游业发展的目的。

4. 监管方法

监管和整治工作是城市旅游公共管理的重要日常工作，往往通过专门稽查、联合执法等方式进行。

（1）专门稽查。旅游市场稽查指依据相关旅游法律法规，对旅游市场进行实时管理，是一种行之有效的城市旅游公共管理手段。很多旅游业发达的国家和地区十分重视运用专门稽查来规范旅游市场秩序和提升旅游服务质量，有些国家，如泰国、埃及，甚至还设置旅游警察。近年来，我国越来越多的旅游目的地组建了省级甚至市县级旅游稽查队伍，在旅游市场整治和监管方面发挥了重要作用。

知识卡片

三亚城市旅游警察

2015年10月10日,中国国内首支旅游警察队伍——三亚市公安局旅游警察支队在三亚市民游客中心正式挂牌成立。三亚旅游警察支队内设综合保障大队、侦查大队、业务指导大队、市场秩序管理大队。负责办理社会影响重大、涉及侵害旅游活动参与者人身和财产安全的违法犯罪案件;负责查处破坏旅游市场秩序的强买强卖、销售假冒、伪劣商品等违法犯罪案件;配合旅游、工商等职能部门开展联合执法,共同维护旅游市场秩序;依法监督、检查、指导各旅游景区、景点的内部安全保卫工作;接受游客的报警、求助,指导各派出所对辖区内的景区、景点开展秩序维护、巡逻防范、服务游客等工作。

资料来源:泓翔. 国内首支旅游警察队伍在三亚正式挂牌成立[EB/OL]. 南海网,http://news.xinhuanet.com/legal/2015-10/10/c_128303945.htm,2015-10-10.

---

(2)联合执法。城市旅游业的综合性很强,旅游执法不仅涉及旅游行业内部,还涉及旅游行业以外的许多方面;不仅涉及旅游法律,还涉及其他相邻法律,这就给旅游执法带来了很大的难度。因此,由政府旅游主管部门牵头、多部门联合执法,不仅是中国城市旅游发展实践中总结出来的一条成功经验,也是开展监管和整治工作的有效途径。

5. 协调方法

城市旅游公共管理的对象不仅包括旅游企业、旅游服务设施、旅游从业人员等旅游业内部要素,也包括交通等旅游所需公共物品的供给、当地居民的引导管理、自然环境和社会环境的营造等与旅游业相关联的外部要素,这就要求政府旅游主管部门必须做好内部协调和外部协调工作,动员各方力量支持旅游、参与旅游、发展旅游,形成政府主导、部门联动、社会参与的旅游发展格局。因此,政府旅游主管部门要善于运用协调方法,建立协调机制,通过内外部协调来解决自身无法解决的问题。

6. 激励方法

运用激励理论,对表现优异的旅游企业和旅游从业人员进行奖励,以带动旅游业整体素质水平的提升,这也是城市旅游公共管理的一种方法。政府旅游主管部门可以针对不同的管理对象,采取多种多样的激励措施,如开展"创佳""选优"等竞赛活动、优秀导游人员评选活动、全国旅行社百强评比、优秀旅游城市评比、旅游推荐单位评选等,这些不仅能为先进的个人、企业和地区带来很高的荣誉,而且还可配套如免年审、发放奖金等一些实质性的待遇,对鼓励先进、鞭策后进、提高旅游业整体素质具有很好的示范效应。

7. 协作方法

区域旅游协作主要表现在目的地与客源地之间、目的地与目的地之间的协作两个方面。目的地与客源地之间的旅游供给与需求之间的耦合,需要建立磋商和合作制度,在服务标准、交通运输、信息交流、产品推介、投诉处理、政策法规等方面形成良好的协作关系;旅游城市尤其是相邻城市之间在产品供给方面的互补,需要在旅游规划、设施建设、产品开发、市场营销、线路设计、旅游政策等方面进行有效协作,避免同质化竞争。可以预见,未来政府旅游主管部门要结合旅游业跨区域发展的特点,打破现有的行政区划束缚,灵活运用协作方法,实现邻近城市旅游的互动发展和多重共赢。

8. 服务方法

如前所述,城市旅游公共管理更多地带有服务性管理的特点,因此,提供良好的旅游公共服务也是城市旅游公共管理的一种方法。旅游公共服务主要包括:①提供公共物品,如旅游基础设施的建设、旅游门户网站的维护等;②开展旅游营销,如举办各种节事活动、印制旅游宣传材料等;③提供咨询服务,如旅游信息咨询等;④提供教育培训服务;⑤提供统计分析服务;⑥提供紧急救援服务,对于遇到困难的旅游者,联络开展紧急救援;⑦提供征信服务,建立旅游企业信誉查询系统;⑧提供旅游预警服务,对于不适合旅游者前往旅游的国家和地区提供安全预警等。

9. 自律方法

在城市旅游公共管理中,非营利组织参与协助管理的作用不容忽视。政府旅游管理部门要充分发挥非营利旅游组织的作用,扶持和指导非营利旅游组织的建立与发展,完善旅游行业自律机制,促使旅游自律组织成为城市旅游公共管理的辅助工具,共同做好旅游业的管理和服务工作。

三、城市旅游发展过程中的政府角色

纵观旅游业发达的国家和地区,政府部门在城市旅游发展过程中都扮演着重要角色,普遍重视地方旅游业的调控与管理。如美国由各州政府及其下属城市旅游部门管理当地旅游业;加拿大由联邦政府下属旅游部门行使旅游管理权力;欧盟强调地方区域政府的旅游管理作用;澳大利亚、新西兰和亚洲新兴国家的城市政府则对旅游业进行直接投入。总体来看,政府在城市旅游发展过程中主要扮演规划者、管理者、参与者、推广者四种角色。

(一) 规划者

由于旅游业涉及范围广泛、供给需求不均衡,政府部门需要统筹规划城市旅游发展,在宏观层面上解决旅游供需矛盾,防止片面的供给过剩和需求短缺。规划内容通常包括调查城市实际旅游需求和潜在旅游需求,评估城市旅游资源和发展潜力,进而提出未来城市旅游的开发方向和发展布局;测算发展旅游所需的建设资金,给出资金的合理配置建议;对满足城市旅游需求的旅行社、饭店、汽车租赁等旅游企业的合理供给提供规划支持等。

(二) 管理者

政府作为城市旅游的管理者,通过履行旅游项目审批、旅游市场监管等职能,维护旅游供需平衡,提升旅游服务质量,保护旅游者合法权益。管理内容具体包括:第一,拒绝审批可能造成旅游供需失衡或者破坏旅游环境的旅游项目；第二，对某些旅游服务设施进行选择性征税或指导性定价；第三，保护自然景观或历史古迹不受旅游企业短期行为的影响；第四，打破旅游市场垄断，营造公平竞争的旅游市场环境；第五，在签证审批、交通管制等方面消除旅游发展障碍；第六，在特定时期，担负国家外汇收支平衡责任的政府部门还可能对旅游外汇进行管控。特别指出的是，规范旅游市场行为，保护旅游者权益，是政府旅游管理职能的重要体现。

（三）参与者

出于政治、经济、社会、环境等多种因素的考虑，大多数国家的城市政府会参与到部分旅游产品或者旅游设施的运营中。当然，政府的参与不是以利润最大化为目的，而是以社会效益最优化为目的。

 知识卡片

香港特区政府参与运营香港迪士尼乐园

为了改善自1997年东南亚金融危机以来的香港经济发展的窘境，香港特别行政区政府于1999年引入了迪士尼主题公园项目，2003年破土动工，2005年开园营业。这项耗资141亿港元的主题公园项目，是由香港特别行政区政府及华特迪士尼公司联合经营的香港国际主题乐园有限公司建设及运营的，区政府投入约90%的资金，拥有57%的股权，而华特迪士尼公司投入10%的资金和特许权，拥有43%的股权。根据合约规定，香港特别行政区政府只能在乐园门票收入中分成，相关产品销售收益和附属经营项目全部归属华特迪士尼公司，同时由迪士尼派驻高层管理团队。

资料来源：李永宁．为什么开园七年才盈利［EB/OL］．网易新闻，http://news.163.com/13/0228/10/8OPU4B9300014AED.html，2013-02-28．

（四）推广者

从某种意义上讲，城市旅游是靠信息和形象所维系存在的。作为市场竞争主体的旅游企业，往往只关心自己的旅游信息建设，而大量对旅游企业和旅游者有直接影响作用的公共旅游信息却缺少相应的收集者和传播者。一般来说，这种城市旅游营销推广的角色只能由政府来承担，具体内容包括：代表旅游城市发布旅游信息；印制和发放各种旅游文献资料；培训、配备信息收集、传播人员；举办各种针对国内外市场的旅游宣传促销和公共关系活动；争取重大会议、赛事、展览的举办权；促进旅游企业和旅游行业组织之间的协作；设计城市旅游形象口号并培育游客认同意识等。

四、政府介入城市旅游发展的必要性

为实现城市旅游的可持续发展，获取最优经济、社会和环境效益，城市旅游业在发

展过程中需要政府部门的介入。通过引入政府旅游公共管理，可以解决市场机制自身无法有效调节的问题，进而维护公共利益，提高资源使用效率，增进社会福利水平。

（一）城市旅游的外部性需要政府介入

城市旅游发展同时具有正外部性和负外部性。正外部性，即发展城市旅游业可以提高旅游目的地的知名度，推动当地的精神文明建设，形成良好的道德风尚，改善环境质量，展示风俗民情，优化城市交通，提高旅游可进入性，受益者不仅仅是旅游业，而是整座旅游城市；负外部性，即发展城市旅游业有时是以环境污染和生态破坏为代价的，甚至会影响当地居民的生活质量，例如旅游景区游客容量的超载，会直接加速旅游资源的破坏，并会影响旅游体验质量；再如城市旅游带来的交通拥堵不仅会增加噪声和废气排放量，还会与当地居民争夺交通资源，由此增加交通出行成本，并且降低舒适度。为了消除城市旅游所带来的负外部性，争取社会福利的最大化，政府介入城市旅游发展是必不可少的。

（二）城市旅游的公共产品属性需要政府介入

城市旅游公共产品的属性主要体现在两个方面：一是城市旅游整体形象的推广；二是旅游基础设施的建设，特别是提供旅游公共产品和服务，如旅游咨询中心、旅游集散中心和旅游交通标识系统的建设等。城市旅游形象推广和旅游基础设施建设具有一定的公共产品特性——非排他性，即每个城市旅游企业都可以从形象推广和基础设施建设中获取收益，即使个别旅游企业不为其支付费用，也无法将其排除在外。因此，政府有必要承担类似城市旅游整体形象推广和旅游基础设施建设的公共产品和服务供给，这样可以促使更多的城市旅游企业和旅游者受益，并且进一步推动城市旅游业的发展。

（三）市场竞争中的信息不对称需要政府介入

一般来说，旅游者拥有关于旅游目的地的信息远远小于当地旅游企业，同时收集旅游信息的数量有限、成本大，以至于容易接受当地旅游企业提供的信息，而旅游企业有可能会以劣质的旅游产品和较低的产品价格来吸引旅游者。由于信息不对称，旅游者可能无法有效区分优质和劣质产品，导致提供优质产品的旅游企业在市场竞争中处于不利地位，提供劣质产品的旅游企业则在市场中继续存在，最终出现"劣品驱逐良品"的不正常现象。为消除和弥补信息不对称给旅游者和提供优质产品的旅游企业带来的社会损失，政府必须建立公正、权威的旅游产品信息系统，向旅游者提供关于旅游产品的正确信息，同时对提供劣质产品的旅游企业进行整治，从而规范旅游市场秩序，营造旅游公平竞争环境，维护旅游者和旅游企业的合法权益。

第二节 城市旅游行业的管理

通过对城市旅游行业实施科学管理，能够确保城市旅游实现可持续发展。其中，具体表现为管理内容和管理措施两个方面。

一、主要内容

作为国务院主管旅游工作的直属机构，国家旅游局的主要职能内容有：

城市旅游管理

（1）统筹协调旅游业发展，制定发展政策、规划和标准，起草相关法律法规草案和规章并监督实施，指导地方旅游工作。

（2）制定国内旅游、入境旅游和出境旅游的市场开发战略并组织实施，组织国家旅游整体形象的对外宣传和重大推广活动，指导中国驻外旅游办事机构的工作。

（3）组织旅游资源的普查、规划、开发和相关保护工作。指导重点旅游区域、旅游目的地和旅游线路的规划开发，引导休闲度假。监测旅游经济运行，负责旅游统计及行业信息发布。协调和指导假日旅游和红色旅游工作。

（4）承担规范旅游市场秩序、监督管理服务质量、维护旅游消费者和经营者合法权益的责任。规范旅游企业和从业人员的经营和服务行为。拟定旅游区、旅游设施、旅游服务、旅游产品等方面的标准并组织实施。负责旅游安全的综合协调和监督管理，指导应急救援工作。指导旅游行业精神文明建设和诚信体系建设，指导行业组织的业务工作。

（5）推动旅游国际交流与合作，承担与国际旅游组织合作的相关事务。制定出国旅游和边境旅游政策并组织实施。依法审批外国在中国境内设立的旅游机构，审查外商投资旅行社市场准入资格，依法审批经营国际旅游业务的旅行社，审批出国（境）旅游、边境旅游。承担特种旅游的相关工作。

（6）会同有关部门制定赴港澳台旅游的政策并组织实施，指导对港澳台旅游市场的推广工作。按规定承担内地居民赴港澳台旅游的有关事务，依法审批港澳台在内地设立的旅游机构，审查港澳台投资旅行社市场准入资格。

（7）制定并组织实施旅游人才规划，指导旅游培训工作。会同有关部门制定旅游从业人员的职业资格标准和等级标准并指导实施。

（8）承办国务院交办的其他事项。

根据国家旅游主管部门的相关管理职能内容，结合城市旅游发展实践，关于城市旅游行业的公共管理内容主要涉及以下几方面：

1. 基础性公共管理

（1）旅游基础设施建设。如交通设施设备、公共景观和环境建设、城市及景区旅游集散中心和休憩设施等。

（2）旅游公共信息平台。主要指面向社会、游客、旅游相关企业及从业者提供的公益性、基础性的信息服务，如旅游城市的道路与旅游设施标识系统、游客服务中心及旅游资讯发布系统等。

（3）旅游资源环境保护。主要是城市中的重点旅游区及周边地区、主要风景廊道的生态植被保护与恢复，旅游城镇环保基础设施建设，重点遗产环境保护等。

（4）旅游公益事业建设。主要指旅游教育培训，包括旅游专业人才培养、职业技能培训等；以及旅游社会功能，如促进旅游就业、扶贫等公益事业等。

2. 市场性公共管理

（1）旅游公共资源开发与管理。如编制城市旅游开发规划、组织对自然和文化遗产的开发管理、协调相关资源的开发利用等。

（2）旅游公共安全保障。包括旅游安全监测和预警、旅游安全基础设施建设、旅游公共突发事件应急救助、国际旅游安全合作等。

（3）旅游交流、合作与宣传。主要是城市旅游形象宣传、重点旅游产品及市场推广、城市间旅游合作和大型旅游公益活动等。

（4）旅游消费促进及福利。如不断优化旅游消费环境、保护消费者权益和处理各种利益诉求、鼓励和促进各种旅游福利政策出台等。

3. 管制性公共管理

（1）对从事城市旅游经营的企业和个人，进行必要的市场准入审批、复核及年审等，如旅行社经营许可和导游从业许可等。

（2）制定和推广国家级旅游服务规范和标准，如饭店星级评定、旅游厕所星级评定标准等。

（3）旅游主管部门依据有关法规，对违反法规的经营行为进行行政处罚。

（4）协调相关的非营利组织开展合作。旅游行业协会是旅游市场主体的代表，通过旅游行业组织实施管理是今后的发展趋势。

二、具体措施

在开展城市旅游行业管理所运用的方法和工具中，比较常见的管理措施包括政府规制、政策支持、设施建设、信息服务、宣传推广和教育培训等。

（一）政府规制

政府规制是在市场经济体制下，以矫正和改善市场机制问题并实现某种公共政策为目标，政府对微观经济主体（特别是企业）的经济活动进行规范和制约，干预经济政策的一种重要制度安排。 对城市旅游业实施政府规制的目的主要是纠正旅游市场失灵、提高资源使用效率、维护旅游公共利益、增进社会福利水平。根据政府规制理论，城市旅游业政府规制的内容可以分为两大类：一类是经济性规制，指以城市旅游领域中的垄断和信息不对称行业为对象，对旅游市场主体的进入、运营、退出，产品和服务的数量、质量、价格、交易方式，以及旅游投资、旅游财会等经济活动进行规制；另一类是社会性规制，指以保障城市旅游从业人员和旅游消费者安全、健康、卫生，以及保护环境、防止灾害为目的，对城市旅游产品和服务质量以及提供产品和服务的相关活动制定一系列标准，对某些市场行为进行禁止和限定的管理活动。此外，还可以根据资格制度、审查制度、检验制度和标准认证制度等对旅游市场主体特定的行为和营业活动进行限制（如图9-2所示）。

1. 旅游价格规制

旅游价格规制是经济性规制的重要内容，主要**指从城市资源有效配置和服务公平供给出发，限制垄断性旅游企业制定垄断价格，同时对竞争性旅游企业也进行价格规制，制止不正当竞争行为，从而形成公平、合理的旅游价格体系**。旅游价格规制的内容包括：一是制定价格上限，对垄断性旅游企业的价格进行规制，以防止其在追求利润最大化时制定垄断价格，损害旅游消费者利益，从而影响旅游资源的有效配置；二是制定价格下限，对不正当削价竞争的旅游企业进行规制，以保证旅游市场竞争的公平性和有序性。在城市旅游价格规制中，既要考虑社会公益性目标，又要保障经营主体利益，协调好各方的利益诉求关系。

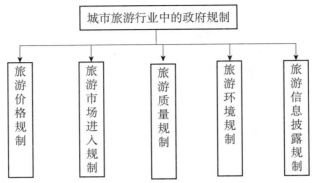

图 9-2　城市旅游行业中的政府规制措施

知识卡片

广交会的星级酒店限价令

2014 年，广州市物价局发布关于第 115 届广交会期间广州地区酒店房价的复函，五星级酒店不含服务费的指导价为：标准房 2 190 元，豪华房 2 400 元，商务房 3 500 元。复函强调：其他房型的价格可依据以上三大房型的指导价由企业自行制定，原则上不得超越以上房型的指导价。如确实在设施设备及服务等方面均超越以上房型的，如套房等，由企业根据市场供求关系自行确定房价。如已评定为白金五星的酒店可由企业自行定价；经济型酒店可执行二星级酒店的行业指导价。未评定星级的酒店原则上不得超过二星级酒店同类房型的行业指导价。

资料来源：廖喜张. 广交会期间放假无变化 五星级商务房最高 3500 元 [EB/OL]. 中国江苏网, http://tour2. jschina. com. cn/system/2013/04/05/016796347. shtml, 2013-04-05.

2. 旅游市场进入规制

旅游市场进入规制是为了防止旅游资源配置低效或过度竞争，确保旅游规模经济效益和效率，政府通过资信许可、注册制度、申报制度等规制手段，对旅游市场的进入进行限制活动，具体包括进入旅游市场的企业数量、产品质量、运行期限和经营范围等内容。

实施旅游市场进入规制主要针对两类城市旅游企业：一类是垄断性旅游企业，主要指具有垄断性特征的旅游景区企业。这些企业提供的产品和服务大多属于公共物品，通常具有消费的公共性，通过控制旅游企业数量，可以避免不必要的重复投资和过度开发，从而保证旅游产品和服务的有效供给。另一类是信息不对称旅游企业，主要包括旅行社、旅游保险等企业。这些企业虽然是竞争性的，但是由于信息不对称，承包、挂靠、无照非法经营的现象时有发生。旅游者要了解产品和服务的真实性，以及这些企业的财务和诚信状况要花费很大代价，然而旅游产品和服务的供给者却掌握着相对充足的信息，它们可以通过不正当的手段损害旅游者的利益而使其获取更多收益。因此，应对此类旅游企业的市场进入实行规制，通过许可和审批等手段对进入者的资质条件进行审查，防止不合格的旅游企业利用信息不对称优势做出损害旅游消费者合法权益的行为。

 知识卡片

旅行社的设立经营

在我国申请设立旅行社，经营国内旅游业务和入境旅游业务，应当取得企业法人资格，并且注册资本不少于 30 万元；并且自取得旅行社业务经营许可证之日起 3 个工作日内，在国务院旅游行政主管部门指定的银行开设专门的质量保证金账户，存入质量保证金 20 万元，或者向做出许可的旅游行政管理部门提交依法取得的担保额度不低于相应质量保证金数额的银行担保。旅行社经营出境旅游业务，只有满足取得经营许可满一年，且未因侵害旅游者合法权益受到行政机关罚款以上处罚的文件，方可申请；并且应当增存质量保证金 120 万元。

资料来源：佚名. 开旅行社需要哪些条件？[EB/OL]. 网易教育, http://edu.163.com/11/0815/05/7BFO34QP00293L7F.html

3. 旅游质量规制

旅游质量规制是为了保护旅游消费者利益和维护旅游城市形象而对旅游产品和服务实行的规制，目的在于提高城市旅游产品和服务的总体质量水平和资源配置效率。具体表现有：第一，建立和健全全国各级旅游质监机构，弥补旅游行业管理部门监督力量不足的问题，为旅游市场的监督和控制提供组织保证，改变旅游投诉无专门机构受理的状况；第二，建立并实行旅行社质量保证金制度，不仅可改进旅行社服务质量，保障旅游者合法权益，而且能提升旅行社行业的整体素质；第三，制定和完善城市旅游企业分等定级、年检年审、旅游标准化等制度，如对旅游酒店和旅游景区实施等级评定和复核制度，对旅行社实施分类和年检制度，对主要旅游从业人员实施资格年审和导游人员分等定级制度，对旅游产品和服务实施旅游标准化制度等，都是对旅游市场主体的服务行为和质量进行规制的重要手段。

 知识卡片

旅游质量进入动态管理，5A 景区打破"终身制"

2016 年 8 月，国家旅游局决定撤销湖南省长沙市橘子洲旅游区 5A 级旅游景区质量等级。国家旅游局在新闻发布会上说，经委托第三方专家组对 5A 级景区开展质量等级复核发现，橘子洲旅游区在进入 5A 景区序列后疏于管理，旅游区安全隐患严重。检查中发现，时有游客翻越临江警戒线观景或拍照，却没有安全管理人员制止或提示；景区环境卫生差，厕所异味严重、污水污迹多，长时间无人清扫，残疾人卫生间堆满杂物；景区旅游服务功能严重退化，游客集中区域休息设施严重不足；景区管理不规范，存在"黑车"揽客等现象。

摘挂牌这一举措可以促进景区管理水平提升，通过推出"能上能下、奖优罚劣"的管理机制，完善景区治理结构，保证A级景区的整体发展质量；可以引起各级政府与旅游管理部门、经营企业对旅游者利益的真正重视，形成供给、监管、市场有效对接，良性循环的发展局面；可以促进景区经营管理机构对景区建设常抓不懈，保证资金的持续投入。

资料来源：张琪. 中国旅游质量进入动态管理5A景区打破"终身制"［EB/OL］. 人民网，http://travel.people.com.cn/n1/2016/0810/c41570 - 28624698.html，2016-08-10.

4. 旅游环境规制

在现代旅游发展的过程中，城市旅游容易出现旅游资源的无序和过度开发；游客集中和超量涌入，给旅游目的地带来了环境污染、生态破坏等问题，这些都是旅游市场自身难以解决的社会问题，必须依靠各方力量共同应对。旅游环境规制就是为了克服旅游市场经济中存在的资源浪费、环境污染、生态破坏等负外部性而进行的规制。首先，可以通过资格审查等方式控制使用旅游资源的企业数量，规定旅游资源开发的标准和方式，划定资源开发和利用的范围，从而监督和控制旅游企业对旅游资源和环境进行科学合理的开发利用。其次，可以根据环境保护方面的法律法规，对旅游排污进行规制，主要措施有：制定旅游企业经营中的排污标准，对超标者进行行政处罚；对旅游投资项目进行审核，禁止开发污染严重的旅游项目；规定在旅游开发时建立有效的防污治污措施，通过拍卖污染许可证、政府投资兴办环境保护企业等途径控制旅游发展对环境的污染和破坏。

 知识卡片

旅游开发先过环评关

2005年，国家旅游局和国家环保总局（现为环境保护部）联合发出通知，规定今后要将生态环境保护纳入各级各类旅游规划，编制旅游开发建设规划要做环境影响评价。两部门要求，各级环保部门要加大对旅游区的环境监管力度，要对旅游区建设、施工、经营中与环境相关的事项进行检查、监督，严格审查把关，同时督促有关环境评估、监测机构积极主动、认真负责地为旅游区开发建设服务；加强对旅游区、旅游项目开发建设施工期间的环境监管。

资料来源：周游. 国家旅游局、国家环保总局联手推动"生态旅游"［EB/OL］. 新浪财经，http://finance.sina.com.cn/roll/20051104/1454384690.shtml，2005-11-04.

5. 旅游信息披露规制

旅游信息披露规制是促进旅游市场公平交易的有效途径。在信息不对称的情况下，市场机制调节受到限制，因而有必要构建旅游信息披露机制，实施城市旅游企业质量等级标准或其他规范性标准等，从而弱化旅游交易中双方信息不对称程度，维护良好的旅游市场秩序与风气。

 知识卡片

国家旅游局曝光五起典型旅游案例

2016年端午小长假刚过，国家旅游局公布了端午节期间旅游投诉和典型案件查处情况。据统计，6月9日至11日，全国共处理旅游投诉118件；根据明察暗访、舆情监测、投诉举报线索，国家旅游局通报了端午假期及近期督办、各地查处的5起典型案件。其中，既有旅行社未征得游客同意转团以及超范围经营的问题，也有导游强迫游客交易的问题，还有诈骗团伙诱骗游客消费以及游客旅游不文明行为的问题。国家旅游局曝光5起典型旅游案例，目的是通过新闻媒体向社会公示，以警示经营者诚信经营，提醒旅游者理性消费、文明旅游。

资料来源：余瀛波. 国家旅游局通报5起案例 游客不文明行为"上榜"［EB/OL］. 新华网，http://news.xinhuanet.com/politics/2016-06/15/c_129063623.htm, 2016-06-15.

（二）政策支持

旅游政策是政府对旅游业实行宏观调控的重要手段，与利率、货币供给量等国家调控市场的其他手段相比，旅游政策可由政府直接掌控，具有强制性、直接性和权威性的特点。城市旅游业的发展离不开旅游发展政策的支持。旅游发展政策大致分为两部分：一是旅游发展扶持政策。政府在旅游项目审批、旅游企业注册登记、土地征用、旅游交通、旅游税收等方面提供便利和优惠，如北京、上海、广州对美国、英国、加拿大、法国、澳大利亚等45个国家和地区持有第三国签证和机票的旅客，在当地口岸实施72小时过境免签政策，有利于过境旅客进行旅游消费活动；内地游客赴港澳自由行政策的实施，促进了港澳城市旅游经济的发展；海口、三亚实施离岛免税政策，有助于扩大旅客购物规模、提高旅游购物档次，进而带动城市旅游业的发展。二是消除阻碍旅游发展的政策，以公平政策取代歧视政策。目前，中国旅游业遭遇的歧视政策仍然存在，对行业发展具有阻碍作用，应当取消对旅游业的歧视政策和对旅游企业的各种不合理收费。

知识卡片

海南国际旅游岛政策红利集聚城市

《国务院关于推进海南国际旅游岛建设发展的若干意见》于2009年12月31日以国发〔2009〕44号印发,该意见为海南量身订制了许多含金量非常高的政策,所释放出的红利效益十分显著。其中,离岛免税购物从2011年4月正式实施,到2015年经过多次调整完善,免税品种从18种扩大至38种,免税购物限额从5 000元调整到8 000元,一些热销商品的单次购物数量限制也逐步放开,这为海口、三亚两座旅游城市提升旅游经济效益创造了巨大的机会空间。

资料来源:佚名. 海南4年累计离岛免税销售额109.56亿元[EB/OL]. 凤凰旅游,http://travel.ifeng.com/china/detail_ 2015_ 03/29/40913872_ 0. shtml,2015-03-29.

(三) 设施建设

在市场经济条件下,一般旅游产品是根据市场交换和竞争规则产生的,而旅游公共服务则是由政府部门提供的,它们同样是维持城市旅游经济运行所必需的,具有非营利性、共享性、垄断性等特点。例如,旅游交通设施设备、公共旅游景观环境、旅游集散中心、旅游咨询系统、旅游标识系统等旅游设施是推动城市旅游业发展的重要依托;民航、铁路、公路、通信、环保、水电、信息网络等基础设施是促进旅游业发展的基本条件。一般来说,城市旅游产品的优化配置是通过市场经济的盈亏机制进行的,但是对于一些投资回报周期长、投资大、风险高的公共设施,城市旅游企业和旅游组织无力投资或者不愿投资,因此,政府需要采取有效措施,提高旅游公共服务供给,或对旅游公共设施进行直接投资开发,或运用规制手段补偿和激励城市旅游企业积极投入旅游公共设施的建设。

 知识卡片

香港迪士尼地铁专线

1999年,香港特区政府在引入迪士尼主题公园项目所签订的协议中,承担了土地开拓、兴建地铁、运输网等基础设施的建设任务,以此作为迪士尼主题公园项目开发的配套工程。为此,香港特区政府耗资20亿港元投资建设香港迪士尼地铁专线,由欣澳站至迪斯尼站,线长3.5公里,整个车程需三四分钟,于2005年8月正式通车。香港迪士尼地铁专线是全球唯一专为迪士尼主题公园而设的铁路专线,该列车由地铁公司与迪士尼的幻想工程师携手设计,简洁而现代化,充满迪斯尼童话世界的梦幻感觉,当乘客步入迪士尼线，仿佛走进了一个童话世界。这段地铁旅程将令游客的香港迪斯尼旅程体验更丰富，成为前往主题公园不可错过的精彩部分。

资料来源：佚名.香港迪士尼地铁专列［EB/OL］.广西出境旅游局，http：//www.gxcct.com/ml/destination/2008/10/151119491.html，2008-10-15.

（四）信息服务

在现代社会，城市旅游者、旅游企业和旅游相关行业都需要掌握充分、准确的旅游信息。政府旅游主管部门具有丰富的信息资源和统计渠道，可以运用不同的方式获取全面、真实的行业信息。因此，建立和完善旅游信息交流制度，提供有效的信息服务是城市旅游公共管理的重要内容。

第一，定期、及时通报旅游管理信息，如及时发布新出台的旅游法规、政策、标准和制度；定期向社会通报审批、评定旅游企业的名单及其变动情况；发布年检年审、评优评强、批评处罚等重要的情况通报。

第二，收集、发布旅游企业经营管理、海内外旅游客源市场状况和趋势等信息，如旅游企业经营状况及其变动信息；旅游投诉及支付保证金赔偿信息；旅游产品开发和销售信息等。

第三，发布对旅游企业经营和行业管理发挥指导性作用的宏观经济、社会综合信息，如市场状况和投资前景分析预测，政府准备实行的宏观经济政策和行业法规信息，介绍企业经营管理经验等。

（五）宣传推广

在旅游市场竞争日益激烈的今天，旅游市场开拓和营销不仅仅是城市旅游企业的任务，更是一个城市的政府与旅游企业共同的责任。只有树立良好的旅游城市整体旅游形象，能更加有效地向旅游者展现城市旅游产品的吸引力，吸引更多的旅游者前来游览体验，城市旅游业才能不断发展壮大。常见的旅游宣传推广方法有以下几种：

（1）开展旅游新闻宣传。为招徕更多的游客，推销自己的旅游产品，政府采取的主要手段是全方位地加强旅游新闻和宣传攻势，一方面积极推销旅游产品，拓展旅游市场，获取更大的经济效益；另一方面根据不同对象明确宣传内容和重点，不断探索对外旅游宣传的有效策略和方法。此外，旅游新闻宣传并不局限于旅游事件本身，还可以通过其他活动间接进行宣传，如在一些流行音乐节、官方组织的国际会议、民间体育活动的举办场地，以及热点电影或电视项目的拍摄活动或地点展开宣传，加入城市旅游文化背景的介绍。

（2）发布旅游促销广告。由于广告具有广泛性、公共性、吸引性等特点，政府可以将其作为一个树立城市旅游形象、开展旅游产品促销的有效手段。旅游城市可以在一些有良好旅游受众的媒体发布旅游促销信息，如国内外著名的旅游指南、旅游宣传书籍、画报等；也可以通过赞助一些高品位的旅游文化活动，对旅游目标市场开展旅游宣传攻势。

（3）实施旅游公关策略。政府利用与新闻界和媒体的良好关系，在介绍城市旅事件时进行公关活动,有助于为城市旅游产品宣传造势,同时也为城市旅游企业搭建一个宣传平台。政府实施公关策略可以重新定位旅游产品,如新加坡利用公关活动重新定位城市旅游形象,其目的不仅是吸引人们前来旅游,还是吸引更具潜力的商人前来投资,进而促进城市旅游业的发展。

(4)举办旅游节庆活动。随着旅游业的发展,旅游城市之间的竞争越来越激烈,城市旅游形象的塑造、提升、推广成为旅游竞争的重要手段。作为一种动态的文化旅游吸引物,旅游节庆是一种崭新的旅游产品,政府可以精心选取和重点举办一两个优秀的旅游节庆活动,打响城市旅游知名度,扩大城市旅游影响力。

 知识卡片

广东国际旅游文化节

广东国际旅游文化节于 2005 年首办,自 2011 年起每两年举办一次,当年 11 月份举行,迄今为止已成功举办 9 届。每届广东国际旅游文化节都是对岭南文化的全面大整合,重点突出岭南特有的区域、民俗、历史、艺术、饮食、手工艺以及现代都市等文化特点,充分展现岭南独特的地域文化风情——广府风、客家情、潮汕韵。经过十年的发展,广东国际旅游文化节已经成为广东省旅游文化发展的新品牌,也成为泛珠三角共同推介旅游资源、缔造的旅游品牌,更成为展示广东城市尤其是举办城市旅游形象的重要窗口,为举办城市带来了大规模的旅游客流,对推动城市旅游业的发展起到不可忽视的作用。

资料来源:佚名. 广东省旅游文化节[EB/OL]. 欣欣旅游, http://lxs.cncn.com/61697/n527867, 2015-11-17.

(六)教育培训

旅游人才是城市旅游业发展的重要资源,加快旅游教育培训已然成为在激烈的人才竞争中赢得主动权的重大选择。通过开展各级各类旅游教育培训工作,不断扩大培训规模和提高培训层次,大力加强旅游教育培训的信息化建设,深入开展旅游教育培训的交流与合作,可以提升城市旅游人才队伍的整体素质,增强城市旅游竞争优势,进而推动城市旅游业的快速发展。具体来讲,加快旅游教育培训的措施有:①举办旅游人才教育培训班;②建设旅游职业教育院校;③设立旅游教育培训专项资金;④建立旅游人才网络,提供网上培训;⑤丰富旅游教育培训的内容、形式,如举办技能比赛。

第三节 城市旅游者的管理

除了对城市旅游行业实施公共管理外,还需要对城市旅游者进行相应的管理活动。政府管理城市旅游者通常有"硬干预"和"软干预"两种手段。所谓"硬干预",是指机械地阻碍旅游者想要从事的行为，包括对一些基础设施的使用；"软干预"则是通过一系列针对旅游者的信息战，以及进行相应的市场引导来改变其行为。"硬干预"通常被视为较"软干预"更为有效的方法，但实际情况往往相反。关于城市旅游者的管理活动主要体现在倡导文明出游、引导低碳出游、鼓励理性出游三个方面。

一、倡导文明出游

旅游者离开常住地，到异国他乡旅游，接触的是陌生的环境，与陌生人打交道，这就意味着日常的道德规范可能对其行为失去效力，旅游者是否能恪守优良品德，只能依靠其自觉性。一些旅游者由于缺乏自我约束，在旅游过程中有意无意地做出一些违背旅游伦理道德的行为，如破坏生态环境、毁坏旅游资源、损坏旅游基础设施、在公共场合举止不文明、不自觉遵守公共秩序、对旅游接待地社会习俗不尊重等，这些不文明行为恰恰反映了其旅游伦理道德的缺失。

随着中国旅游者尤其是出境旅游者数量的迅速增长，一些游客的不文明行为在其他国家的城市旅游中时有发生，已经影响了中国"礼仪之邦"的形象。2006年，中华人民共和国国家旅游局、中央精神文明建设指导委员会办公室开展了大规模的旅游文明宣传倡导活动，向全社会公开征集"中国公民旅游不文明行为表现"和"提升中国公民旅游文明素质建议"，并制定了相关的文明旅游指南和倡议书，通过道德指引来倡导旅游者的文明行为。

 知识卡片

中国公民出境旅游文明行为指南

中国公民，出境旅游，注重礼仪，保持尊严。
讲究卫生，爱护环境；衣着得体，请勿喧哗。
尊老爱幼，助人为乐；女士优先，礼貌谦让。
出行办事，遵守时间；排队有序，不越黄线。
文明住宿，不损用品；安静用餐，请勿浪费。
健康娱乐，有益身心；赌博色情，坚决拒绝。
参观游览，遵守规定；习俗禁忌，切勿冒犯。
遇有疑难，咨询领馆；文明出行，一路平安。

中国公民国内旅游文明行为公约

（1）维护环境卫生。不随地吐痰和口香糖，不乱扔废弃物，不在禁烟场所吸烟。

（2）遵守公共秩序。不喧哗吵闹，排队遵守秩序，不并行挡道，不在公众场所高声交谈。

（3）保护生态环境。不踩踏绿地，不摘折花木和果实，不追捉、投打、乱喂动物。

（4）保护文物古迹。不在文物古迹上涂刻，不攀爬触摸文物，拍照摄像遵守规定。

（5）爱惜公共设施。不污损客房用品，不损坏公用设施，不贪占小便宜，节约用水用电，用餐不浪费。

（6）尊重别人权利。不强行和外宾合影，不对着别人打喷嚏，不长期占用公共设施，尊重服务人员的劳动，尊重各民族宗教习俗。

（7）讲究以礼待人。衣着整洁得体，不在公共场所袒胸赤膊；礼让老幼病残，礼让女士；不讲粗话。

（8）提倡健康娱乐。抵制封建迷信活动，拒绝黄、赌、毒。

资料来源：佚名.《中国公民出境旅游文明行为指南》［EB/OL］. 中国网，http://www.china.com.cn/policy/txt/2006-10/02/content_7212276.htm，2006-10-02.

一般来说，旅游伦理是指旅游活动中关于旅游者的社会责任与赏罚标准的规范体系，包括旅游伦理意识、旅游伦理关系、旅游伦理实践等内容；旅游道德是人们在一定的道德意识指导下，在广泛的旅游实践基础上形成的由一定善恶标准和行为准则所构成的旅游规范体系。二者在调节人与人、人与自然关系中的作用都是十分重要的。随着城市旅游业的发展，人们在旅游活动中产生的人与自然、人与社会、人与人之间的旅游伦理与道德问题日益凸显，加强旅游伦理道德的建设已成为确保文明旅游的重要内容。

具体来看，政府部门在城市游客文明旅游过程中发挥着重要的引导作用。提升公民素质，倡导文明旅游，可以从以下方面开展：

（1）全面宣传和加强文明素质教育，广泛开展文明礼仪和文明旅游宣传活动，牢固树立尊重地方文化传统、风俗习惯和宗教信仰的理念，切实提升游客的素质。如教育部门把日常教育和出游前教育相结合，在学生中广泛开展文明出游活动；公安、外事等部门开展出境游客文明素质教育；旅游部门指导旅行社开展文明旅游倡导活动，进行文明旅游宣传；新闻单位加强社会公德教育宣传，倡导人们互相尊重、互相关心、互相帮助、诚实守信、文明礼貌、遵守秩序、见义勇为、助人为乐、爱护公物、维护环境等社会公德行为，普及文明礼仪常识，以提升公民旅游素质。

（2）积极营造讲文明、守秩序、护环境的良好旅游氛围，潜移默化地规范游客文明旅游的行为。

（3）在进行游客文明旅游教育的同时，切实加强不文明行为的制止、劝导力度，正确引导游客文明旅游的价值观。

（4）对于参与文明旅游的游客进行表扬，并且鼓励游客一起宣传文明旅游，广泛传播文明旅游的理念。

二、引导低碳出游

2009年5月，世界经济论坛"走向低碳的旅行及旅游业"的报告显示，旅游业

（包括与旅游业相关的运输业）碳排放占世界总量的5%，其中运输业占2%，纯旅游业占3%。低碳旅游具体指以减少 CO_2 排放的方式，保护旅游地的自然和文化环境（包括保护植物、野生动物和其他资源，尊重当地的文化和生活方式），为当地的人文社区和自然环境做出积极贡献的旅游方式。低碳旅游是一种理念，更是一种措施，它是一种全新的旅游观念，是一种更深层次的环保旅游，通常包括两方面的含义：

（1）旅游生产的低碳化。针对旅游业而言，低碳旅游实际上是在经济领域对旅游业的一场深刻的能源经济革命。旅游宾馆饭店、旅游景区景点等旅游企业积极利用新能源、新材料，广泛运用节能、节水、减排技术，实行合同能源管理，实施高效照明改造，减少温室气体排放，积极发展循环经济，进而推动旅游业的转型升级，带动旅游业及其下游产业的技术进步，从而提高整个产业链的资源生产率，最终达到在低资源消耗、低能源需求的前提下取得更好的旅游经济发展。

（2）旅游消费的低碳化。针对旅游者而言，旅游首先是一种低碳化的旅游方式，在旅行中尽量减少碳足迹与 CO_2 的排放，如个人出行中携带环保行李、住环保旅馆、选择 CO_2 排放量较低的交通工具甚至是自行车与徒步等方式。同时，低碳旅游还是新技术、新理念的体验，旅游者参与此类旅游活动，既是一种享受，也是一种责任。

城市旅游者作为低碳旅游发展的重要群体，在低碳旅游过程中应尽量减少碳足迹，选择低碳消费生活方式。为此，需要引导城市游客做到以下事项：

（1）优先选择低碳景区作为旅游目的地，学习低碳旅游指南和减少碳足迹的方法。

（2）在旅行方式上注重不同空间距离的交通方式的选择：远程游客优先选择高速铁路，中短途可选择铁路与公路，旅游目的地优先选择轨道交通、公共汽车等公共交通，景区采用环保型汽车，采取步行和骑自行车等方式。

（3）在旅游过程中，自带必备生活用品，选择简约的低碳旅游方式，尽量少用酒店的一次性用品，尽量选择生态餐厅，吃当地的有机蔬菜，夜宿环保木屋或帐篷，体验低能耗、低污染、低排放的低碳生活方式。

（4）主动体验低碳型的旅游产品项目，抵制对生态环境造成破坏或高碳型旅游产品项目，减少旅游活动的碳排放。

（5）开展低碳旅游者身份认证。主动测算旅游活动产生的碳排放量，参加低碳旅游者身份认证体系，抵消出游产生的碳排放，培养良好的低碳消费生活方式，为旅游目的地的碳收支平衡做出重要贡献。

三、鼓励理性出游

自1999年实行"五一"（2008年被取消）、"十一"、春节三大假日集中休假以来，中国的假日旅游经济呈现出强劲的发展势头，促进了旅游业及社会经济的发展。从1999年的国庆黄金周到2012年的国庆黄金周，国内旅游接待人次、旅游综合收入分别从0.28亿人次、141亿元增长到3.62亿人次、1 800亿元，分别增长了12.9倍和12.8倍，黄金周假日制度已成为拉动内需、刺激消费、促进国内旅游发展的重要措施。然而，假日旅游在蓬勃发展的同时也暴露出一些问题，这在一定程度上影响了游客的旅游体验，制约着假日旅游的可持续发展。

城市旅游管理

（1）假日旅游消费需求集中，导致旅游产品供给的短缺。从假日旅游的特征来看，假日旅游消费活动高度集中在有限的时间与空间，造成了住宿、餐饮、购物及旅游景区的异常紧张和拥挤。以A级旅游景区为例，《2011年全国A级旅游景区发展报告》显示，2011年全国A级旅游景区接待游客达到25.4亿人次，其中接待游客规模的前50位基本上都是4A级、5A级旅游景区，平均接待规模达到752.52万人次，占比不到1%的5A级旅游景区承担了全国旅游景区一半的客流量。如此不均衡的旅游市场，在旅游黄金周的冲击下显得更加失衡。

（2）旅游服务质量下降，游客投诉增多。假日旅游人数骤增，超出旅游业及相关行业的承接能力和管理容量，导致旅游接待标准名不副实，旅游服务质量明显下降，严重影响了行业声誉和旅游城市形象，从而引发旅游投诉增多。

（3）旅游景区超载，造成对生态环境的破坏。假日旅游人数过于集中，游客的流量往往超过旅游环境承载能力的合理范围，给旅游生态环境带来了许多不利影响，造成对景区所在城市的自然生态环境、文化民俗传统和社区居民利益的损害。

在这样的背景下，城市游客如何合理规避旅游拥堵、选择理性出游显得至关重要。因此，政府需要从以下方面进行鼓励引导：

（1）长期培养游客理性出游的意识，引导养成了解信息、提前预约、错峰出游的习惯。

（2）开展智慧旅游工程建设，为游客提供智能感知、方便利用各类旅游信息的渠道。

（3）建立旅游预警机制，核定旅游最大承载量。若超过旅游合理承载量，发布旅游预警信息，及时引导游客自行分流、调控交通。

（4）优化假期制度，从制度层面落实带薪休假，方便游客理性选择出游时间。

（5）推动旅游公共交通供给的改进和优化，促使游客选择适宜的出游方式和交通工具。

拓展阅读

广州城市治水与珠江旅游

珠江是广州人的母亲河，珠江水质的优劣时刻牵动着广州人的神经。然而，随着工业化进程的加快，各类污水纷纷排入珠江，导致珠江及与珠江相连的200多条河涌水质急剧下降，甚至出现黑臭现象，引起了社会的广泛关注。从2002年开始，广州市政府和社会各部门开展了一系列措施进行综合整治。

为了迎接2010年广州亚运会，广州市政府更是加大了对珠江的污染治理力度，出台了《广州污水治理和河涌综合整治方案》，2009年至2010年6月底，广州投入了486.15亿元进行污水治理和河涌综合整治工程，这次治水的理念也从"不黑不臭不冒泡"这种单纯对水的观感要求提升到珠江水生态的全面恢复和改善；从堤岸的整治绿化提升到水环境综合治理和人居环境的全面提升。同时，广州市政府还对珠江"一河两岸"进行了改造，陆续实施了"光亮工程""绿化工程""亲水工程"及沿江观光带的建设，修复、包装了沿岸旅游景点，使沿岸的观赏性、可游性得到了大幅提升。

城市治水工程不仅是因为 2010 年广州亚运会开幕式会在珠江上举行，更是因为广州市政府打造珠江观光带的决心。"珠江游"即坐船游览珠江，观赏两岸的广州城市景观，但游客在赞赏两岸灯光与景观之余，却也不时有略带遗憾的感慨"珠江水质还是有问题"。这次珠江水质治理工程使得这一现象得到了彻底的改善，美丽的景色、清冽的江水使珠江游游客数量大幅提升，并且"珠江游"的内容也得到了延伸与扩展。首先是"珠江游"范围的延伸，其向东延伸至琶洲，向西延伸至鹤洞桥、珠江桥；然后是"珠江游"种类的扩展，除了最简单的珠江夜游外，游客还可以在白天"码头游"，如坐游艇游河涌等；最后是"珠江游"的内涵得到扩展，龙舟、游艇、游泳等水上项目也将得到很好的发展。

现在，珠江已成为广州城市旅游者的必游之处，珠江观光带旅游蓬勃发展，这一切与政府对珠江水质的公共管理密不可分。

资料来源：佚名. 广州投资 486 亿元开始大规模河涌治理［J］. 中国工程咨询，2009（06）.

思考与练习

1. 论述城市旅游公共管理的构成要素，并重点阐述城市旅游公共管理的方法。
2. 说明城市旅游发展过程中政府的角色定位。
3. 阐述城市旅游行业管理的主要内容。
4. 举例说明城市旅游行业管理的措施在实际中的应用。
5. 结合自身旅游体会，谈谈如何更好地做到文明出游、低碳出游和理性出游。

参考文献

［1］王德高. 公共管理学［M］. 武汉：武汉大学出版社，2005.
［2］黎民. 公共管理学［M］. 北京：高等教育出版社，2003.
［3］〔英〕泰勒等著，陶犁，梁坚，杨宏浩译. 城市旅游管理［M］. 天津：南开大学出版社，2004.
［4］赵煌庚. 城市旅游［M］. 北京：科学出版社，2010.
［5］张俐俐，蔡利平. 旅游公共管理［M］. 北京：中国人民大学出版社，2009.
［6］杨军. 旅游公共管理［M］. 天津：南开大学出版社，2008.
［7］池雄标. 政府在城市旅游发展中的角色定位［J］. 特区经济，2002，（5）.
［8］梁明珠，王伟. 公共性旅游资源开发与保护的政府规制研究［J］. 人文地理，2010，（6）.
［9］文彤. 旅游文化学［M］. 广州：暨南大学出版社，2011.
［10］黄文胜. 论低碳旅游与低碳旅游景区的创建［J］. 生态经济，2009，（11）.
［11］唐承财，钟林生，成升魁. 我国低碳旅游的内涵及可持续发展策略研究［J］. 经济地理，2011，（5）.

第十章　城市旅游与服务管理

 学习目的

通过本章的学习，理解旅游服务、城市旅游服务管理的概念及主要内容，了解城市旅游服务的分类，理解城市旅游服务系统及管理内容，对城市旅游服务管理的发展趋势和提升策略形成全面认识。

 学习要点

- 城市旅游服务分类
- 城市旅游服务系统
- 城市旅游服务管理的内容
- 旅游服务管理的发展趋势
- 旅游服务管理的提升策略

 课前导读

北京奥运会的城市志愿者

作为奥运会的基石，志愿者是一届奥运会必不可少的组成部分。为迎接2008年北京奥运会，北京奥组委从2006年8月就开始了城市志愿者的招募工作，经过分批报名、录取及多层筛选，直到2008年3月报名结束，才完成整个赛会志愿者的招募工作。较前两届奥运会，此次北京奥运会城市志愿者人数大大刷新了历史纪录。这些城市志愿者包括10万名直接为赛事服务的赛会志愿者，为北京550个城市服务站点提供信息咨询、语言翻译、应急救助等服务的40万名城市志愿者，在北京社区和乡镇宣传奥运知识、奥运精神、营造奥运氛围的100万名社会志愿者，以及拉拉队志愿者20万名。这些志愿者在北京奥运会期间发挥了重要作用，他们无私奉献、辛勤工作，不但在赛场内提供赛事服务，而且也成为八方宾客在北京城市旅游的助手。

资料来源：佚名. 北京奥运会志愿者风采：用微笑和服务感动世界［EB/OL］. 搜狐网，http：//2008. sohu. com/20080701/n258161960. shtml，2008-07-01.

第一节　城市旅游中的服务管理

一、理论基础

（一）旅游服务

服务是一种非常复杂的社会现象，它所涉及的范围极为广泛，不仅包括传统意义上的服务业为满足顾客需要而提供的服务，也包括制造业向其顾客提供的各种支持服务和隐性服务。迄今为止，还没有一个权威性的服务定义能为服务管理学界所普遍认同，只在服务所包含的一些核心思想方面达成了共识：①非实物性；②存在互动现象；③一系列过程或活动；④不涉及所有权的转移。

根据美国学者 Shostack 的观点，在现实生活中，纯粹的产品和纯粹的服务都是很少见的。从服务管理角度来看，很多情况下是按照有形和无形程度来区分有形产品或者无形服务。也就是说，大多数的产品和服务都存在相互渗透的迹象，服务与产品之间的界限有时并不十分清晰（如图10-1所示）。

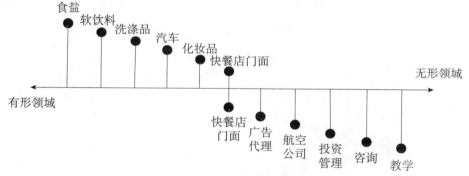

图 10-1　有形产品和无形服务的区别

资料来源：Shostack, G. L. Breaking free from product marketing [J]. Journal of Marketing, 1977, 43 (2).

结合服务的内涵和特征，**旅游服务可以视为向旅游者提供的一种无形的综合性活动，这些活动是在旅游者与旅游服务人员、有形资源的互动关系中进行的，其中不涉及所有权的转移**。从旅游需求角度来看，旅游服务是指旅游者在旅游准备阶段、旅游过程中、旅游结束后与旅游企业或相关组织所发生的互动关系，这种互动作用使旅游者获得了经历和感受；从旅游供给角度来看，旅游服务是指旅游企业或相关组织向旅游者提供的具有无形特征的产品，这一互动过程往往需要设施设备的支持。

旅游目的地的旅游产品构成要素可以用"4As"进行归纳（Cooper, Gilbert, Fletcher and Wanhill, 1993），具体包括：

（1）Attractions，即以旅游景点为代表的该地旅游资源；

（2）Access，即该地的交通运输设施和交通运输服务；

（3）Amenities，即该地的住宿、餐饮、娱乐、购物及其他方面的旅游生活设施和相关服务；

（4）Ancillary services，即该地旅游组织提供的相关服务（旅游问讯中心）。

以上除了旅游资源之外，其余三个要素都属于旅游服务的范畴。因此，从旅游产品的角度来看，旅游服务构成了旅游产品最为重要的组成部分。总体来看，旅游服务是涉及旅游企业或相关组织和旅游者的动态、互动体系，内涵十分丰富。旅游服务的供给者既可以是营利性企业，也可以是非营利性组织；既可以是旅游企业，也可以是非旅游企业。旅游服务中的互动关系既包含旅游者与服务人员、旅游者与服务设施、旅游者与旅游者的相互作用，也包含旅游者与目的地居民、旅游者与目的地社会文化的相互作用。旅游服务的内容既包括在旅游者旅游过程中向其提供的服务，也包括在旅游准备阶段和旅游结束后向其提供的相关服务；既包括满足旅游者食、住、行、游、购、娱等方面的服务，也包括旅游咨询、旅游保险、旅游投诉处理等方面的服务。

（二）旅游服务工具——服务包

服务包（Service Package）是指在某种环境下服务性企业提供的一系列产品和服务的组合。服务包具有组合性和整体性的特征，具体由以下要素构成（如表10-1所示）：

表10-1 服务包的评价指标

服务包分解项	指标	描述举例
支持性设施	位置	交通的便利性，周围是否有便利的商业设施
	建筑物	建筑的质量、风格、独特性、可识别性、协调性
	支持性设备	旅游设备的先进性，操作的方便性，服务的安全性
	内部装修	装修材料的质量，是否符合旅游服务场所的要求
	设施布局	各功能区域划分是否合理和便利
辅助物品	一致性	每次旅游服务的物品是否相同
	数量	数量是否充分
	选择	旅游选择是否多样
显性服务	服务效用	旅游服务能够满足游客需求、达到游客愉悦的目的
	全面性	旅游服务项目的延伸，如航空公司是否有机场大巴等
	稳定性	各项服务性能指标变动不大，如准时等
	可获性	获得旅游服务渠道的多寡等
隐性服务	服务态度	与员工接触时有亲切感，使旅游者身心愉悦
	气氛	旅游服务场所的格调、氛围
	等候	旅游者等待服务时的心情
	地位	对旅游企业的感觉
	舒适感	使用旅游设备时的感觉，如座椅的舒适性等
	保密性与安全性	旅游者个人隐私和安全是否有保障
	便利性	接受旅游服务过程中，旅游者是否感到方便

资料来源：詹姆斯·A. 菲茨西蒙斯，莫娜·J. 菲茨西蒙斯. 服务管理：运作、战略和信息技术 [M]. 北京：机械工业出版社，2002.

1. 支持性设施

支持性设施指在提供旅游服务前必须具有的物质资源，也称为旅游服务设施。它是旅游企业和旅游者互动过程中的辅助性资源，对旅游服务质量有着重要的影响，如酒店的建筑物、装饰装潢、中央空调系统、安全监控系统、视听系统、预订系统、餐厅的厨房设备等。

2. 辅助物品

辅助物品指旅游者在旅游过程中购买和消费的物质产品。辅助物品虽小，却是旅游过程中不可或缺的消费内容，是旅游服务质量的组成部分。通常，辅助物品是影响游客满意度的关键因素，具备这些服务内容，不一定让旅游者满意；但是缺少这些辅助物品，则会引起游客的强烈不满，如酒店客房中的信纸、圆珠笔、衣架、肥皂、浴液、浴巾等；餐厅中的餐巾、牙签等；娱乐场所中的食品、饮料等；航班上的书籍、报纸等。

3. 显性服务

显性服务指可用感官感觉到的，为旅游者提供的基本或具有本质特性的旅游服务利益，构成服务包的核心要素，包括为旅游者提供令人满意的酒店住宿服务、餐饮服务、景区参观游览服务、旅游交通运输服务等。

4. 隐性服务

隐性服务指旅游者在消费显性服务的过程中所能体验到的模糊的精神感受，属于服务的非本质特性，如酒店大堂的环境氛围和豪华程度，旅游者私人空间的保密性和安全性，餐厅的灯光氛围和背景音乐等。旅游服务偏重于给旅游者带来精神和心理上的享受，这使旅游企业在提供显性服务的基础上，还应通过隐性服务来为旅游者提供增值服务，以形成差异化竞争的优势。

二、城市旅游服务分类

城市旅游业的边界难以清晰界定，这是由城市旅游业的服务属性所决定的。根据中国 2011 年修订的《国民经济行业分类》标准（GB/T4754－2011），城市旅游业主要涉及了交通运输、仓储和邮政业（G 类）、住宿和餐饮业（H 类）、租赁和商务服务业（L 类）、水利、环境和公共设施管理业（N 类）、居民服务、修理和其他服务业（O 类），以及文化、体育和娱乐业（R 类）等几大门类；而根据美国商务部的产业标准分类制度，共有超过 20 多个行业构成了旅游服务产品要素。由此看出，城市旅游服务构成十分广泛。

人们通常把食、住、行、游、购、娱作为旅游者旅游活动的六大要素，城市旅游服务相应地包括满足旅游者需要的餐饮服务、住宿服务、交通运输服务、游览娱乐服务和旅游购物服务，提供这些服务的企业或行业分别隶属于某一传统的标准产业，只是在满足旅游者旅游活动的需要这一前提下统一起来。除了以上所涉及的核心旅游服务外，旅游者在旅游活动过程中还可能需要城市政府或其他相关组织提供的旅游咨询服务以及其他企业部门提供的辅助服务，如旅游保险服务、银行外汇服务、海关服务、邮政服务等，这些服务往往也成为城市旅游服务的一部分。目前对于城市旅游服务尚无统一的分类标准,从服务管理的角度出发,可以在传统行业分类的基础上根据不同旅游服务行业的共有管理特征,再结合一般服务的分类方法对城市旅游服务进行分类。

(一) 基于接触程度的城市旅游服务分类

根据旅游服务过程中的接触程度,城市旅游服务可以分为三类:高度接触旅游服务、中度接触旅游服务、低度接触旅游服务(如表10-2所示)。可以看出,城市旅游服务的核心部分都属于高度接触或者中度接触的服务。由于旅游者参与程度较高,旅游服务设施设备的布局、旅游企业营造的氛围以及旅游服务人员的表现等都会成为旅游服务质量评价的重要依据。因此,对于高度接触服务,城市旅游企业可以建立顾客数据库,详细了解市场需求,关注个性化服务,同时注重一线员工的人际交往能力的培训,管理的重点在于提高旅游者的服务质量感知;而对于低度接触服务,城市旅游企业可以考虑类似于制造业企业的管理方法,重点在于提高旅游服务效率。

表10-2 基于接触程度的城市旅游服务分类

旅游服务类型	旅游服务内容
高度接触旅游服务	主要包括导游服务、酒店前厅服务、餐饮服务、娱乐服务、旅游交通服务等
中度接触旅游服务	主要包括购物服务、酒店客房服务、银行外汇服务等
低度接触旅游服务	主要包括酒店夜间稽核服务、邮电通信服务等

(二) 基于活动性质的城市旅游服务分类

按照旅游服务作用的对象(人或物)和旅游服务的有形性程度(有形或无形)这两个维度,可将城市旅游服务分成四种类型(如表10-3所示):①作用于人的有形服务,如客户服务;②作用于物的有形服务,如行李寄存;③作用于人的无形服务,如导游服务;④作用于物的无形服务,如旅游保险。这种分类方法一方面有助于城市旅游企业进行设施设计和员工管理,另一方面有利于分析城市旅游服务设施位置的影响和营业时间的便利性。

表10-3 基于活动性质的城市旅游服务分类

		旅游服务的作用对象	
		人	物
旅游服务活动的性质	有形活动	作用于人体的服务: ● 客房服务 ● 餐饮服务 ● 航空服务 ● 健身服务	作用于物品或其他实物财产的服务: ● 行李寄存服务 ● 洗衣服务 ● 客房服务 ● 旅游物品的邮购服务
	无形活动	作用于人精神的服务: ● 导游服务 ● 旅游教育服务 ● 旅游信息服务 ● 娱乐服务	作用于无形资产的服务: ● 旅游保险 ● 银行外汇

资料来源:Lovelock C. H. Classifying Services to Gain Strategic Marketing Insights [J]. Journal of Marketing, 1983, 47 (03).

（三）基于城市旅游者关系的分类

根据"城市旅游企业与旅游者之间的关系"和"城市旅游服务传递的性质"这两个维度，可以将城市旅游服务分为四种类型（如表10-4所示）：①连续性、会员关系的服务，如旅游保险服务；②连续性、非会员关系的服务，如旅游报纸杂志、高速公路等；③间断性、会员关系的服务，如持有酒店会员卡的预订服务、景区套票订购；④间断性、非会员关系的服务，如邮政服务、出租车服务等。城市旅游企业和旅游者均可从会员关系中获益，一方面，城市旅游企业可以建立客户数据库，有利于与旅游者发展长期良好的关系；另一方面，会员旅游者通常会得到产品服务的优惠。

表10-4 根据旅游者关系的城市旅游服务分类

		旅游企业与旅游者之间的关系	
		会员关系	非会员关系
旅游服务传递的性质	持续传递	● 旅游保险服务	● 旅游报纸杂志 ● 高速公路
	间断交易	● 持酒店会员卡的预订服务 ● 景区套票订购	● 邮政服务 ● 出租车服务

资料来源：Lovelock C. H. Classifying Services to Gain Strategic Marketing Insights［J］. Journal of Marketing, 1983, 47（03）.

（四）基于传递方式的城市旅游服务分类

根据"城市旅游服务的可接近性（空间地理因素）"和"与旅游者交互作用的程度"这两个维度，可将城市旅游服务划分为六种类型（如表10-5所示）：①在单一地点旅游者趋向旅游企业，如独立酒店；②在单一地点旅游企业趋向旅游者，如导游服务；③在单一地点旅游者与旅游企业远距离交易，如信用卡；④在多个地点旅游者趋向旅游企业，如连锁酒店；⑤在多个地点旅游企业趋向旅游者，如连锁餐馆的送餐服务；⑥在多个地点旅游者与旅游企业远距离交易，如旅游电子商务服务。在城市旅游者必须到场的情况下，城市旅游企业位置的便利性就变得非常重要，而多场所服务可便于旅游者就近购物；信息和通信技术的发展促使无须亲临现场的远距离交易日益增多，由于减少了人员接触所产生的不确定性对服务质量的影响，因此有助于城市旅游企业对服务传递过程及结果进行管理。

表10-5 基于传递方式的城市旅游服务分类

		旅游服务的可接近性	
		单一地点	多个地点
与旅游者交互作用的程度	旅游者主动接触旅游企业	● 独立酒店 ● 娱乐场所	● 连锁酒店 ● 公共交通服务
	旅游企业主动接触旅游者	● 导游服务 ● 出租车服务	● 连锁餐馆的送餐服务
	旅游者与旅游企业远距离交易	● 信用卡 ● 旅行支票	● 旅游电子商务服务 ● 全球旅游分销预订服务

资料来源：Lovelock C. H. Classifying Services to Gain Strategic Marketing Insights［J］. Journal of Marketing, 1983, 47（03）.

（五）基于定制化程度的城市旅游服务分类

根据"城市旅游者的定制化程度"和"服务人员需要自主判断的程度"这两个维度，可将城市旅游服务分为四种类型（如表10-6所示）：①定制化程度高，服务人员需要做出大量主观判断，如专业服务等；②定制化程度高，服务人员无须做出太多主观判断，如酒店服务、高级餐厅等；③定制化程度低，服务人员需要做出较多主观判断，如团队导游服务等；④定制化程度低，服务人员无须做出太多主观判断，如公共交通服务、快餐服务等。定制化可以更好地满足旅游者的个人需求，促使很多城市旅游企业积极为旅游者提供定制化服务以获得竞争优势，但是定制化并非是成功的必然选择，标准化也可能使某些城市旅游企业赢得竞争优势，因此，是否需要定制化要视城市旅游企业的目标市场的需要及其自身的经营性质和战略而定。

表10-6 基于定制化程度的城市旅游服务分类

服务人员需要自主判断的程度		旅游者的定制化程度	
		高	低
	高	● 专业服务	● 团队导游服务
	低	● 酒店服务 ● 高级餐厅	● 公共交通服务 ● 快餐服务

资料来源：Lovelock C. H. Classifying Services to Gain Strategic Marketing Insights［J］. Journal of Marketing, 1983, 47（03）.

三、城市旅游服务管理

（一）概念内涵

当前，服务管理已经成为众多企业（无论是服务业企业还是制造业企业）的重要管理理念和内容。**城市旅游服务管理就是从服务管理的视角出发，对城市旅游目的地和城市旅游企业提供的旅游服务及其经营过程进行管理的理念和方法。**城市旅游服务管理强调以旅游服务为导向，以旅游感知服务质量管理为基础，以建立在旅游满意度基础上的旅游供应商的长期发展和获利能力为目标。由于城市提供的旅游服务是城市旅游企业及其相关机构所提供的旅游服务的综合，城市旅游服务管理主要围绕城市旅游企业的服务管理问题展开。

城市旅游服务管理涵盖的内容十分广泛，涉及城市旅游企业对旅游服务的设计和销售、对旅游服务的生产和传递，以及对旅游服务的参与者及其之间相互作用等方面所进行的管理活动，主要包括以下方面的管理：

（1）旅游服务产品。任何旅游服务产品都是无形服务和有形实物的组合，也是核心服务和一系列辅助服务的结合。城市旅游企业要通过管理整体旅游服务产品为旅游者提供核心服务，通过辅助服务实现差异化竞争优势。

（2）旅游服务促销。城市旅游企业需要向旅游者提供产品利益等方面的信息，提出建议并劝说其在企业所希望的时间内进行购买行为。

（3）旅游服务价格。旅游者外出旅游不仅要支付旅游服务产品的价格，如酒店房价、航班票价、景区门票或者旅游线路包价，同时还要付出其他成本，如时间、精力及由认知风险所引起的心理负担等。因此，城市旅游企业需要确定旅游服务的价格，并通过尽可能减少旅游者的其他非货币成本来增加其旅游消费体验价值。

（4）旅游服务传递。城市旅游企业要确定向旅游者传递服务的时间、地点和内容，通过服务传递系统的设计和管理保证旅游者在需要的时间和地点方便、快捷地获取旅游服务。

（5）旅游服务过程。过程性是包括旅游服务在内所有服务的重要属性。在旅游服务过程中，旅游者要与城市旅游企业的人员、设备、系统发生多方位的接触，服务程序、服务持续时间、等候服务时间、技术等诸多过程因素都影响着旅游者的服务体验。

（6）旅游服务效率。对于多数旅游企业来说，高服务效率往往意味着高质量。但是对于采取定制化服务战略的城市旅游企业来说，效率和质量却经常表现为一对矛盾，提高效率意味着花费在每位旅游者身上的平均时间减少，意味着更少的个性化关注及旅游服务质量的降低。所以，此类城市旅游企业需要在两者之间寻求平衡，既要满足企业对服务效率的要求，也要满足旅游者对服务质量的要求。

（7）旅游服务人员。旅游服务人员、旅游者及他们之间的相互作用都会对旅游服务体验和服务质量认知产生影响，因此城市旅游企业需要对服务人员这一最活跃、最具能动性的因素进行有效管理，通过服务人员的满意和留任实现旅游者的满意和忠诚，最终实现城市旅游企业长期发展的目标。

（8）旅游服务环境。通常包括旅游服务设施设备、员工着装，以及指示牌、文具、菜单、登记表、票据等有形实物。旅游服务中往往存在着大量有形物品，它们不仅是旅游服务生产所必需的物质基础，同时还作为整体旅游服务产品的重要组成部分，以及与无形服务相关的有形线索，对旅游者的质量期望和感知产生重要影响。因此，城市旅游企业有必要对服务环境因素进行管理，充分发挥其信息沟通的作用。

（二）主要内容

1. 顾客感知价值

顾客感知价值指旅游者对城市旅游企业服务价值的主观认知。虽然目前对顾客感知价值的认识仍不统一，但从本质特点来看，这一多维度的复杂概念具有以下共识特性：一是主观性，它是由旅游者的主观判断决定的；二是比较性，它既是旅游者对感知所得与感知付出比较的结果，也是与城市旅游竞争企业比较的结果；三是多维性，它包括功能价值和非功能价值；四是层次性，功能价值、情感价值和社会价值是一个由低到高的层级，当低层次价值得到满足后，高层次价值才会得到重视；五是权变性，不同旅游者对同一旅游服务的感知不同，同一旅游者在不同场合的感知也可能不同。

由于城市旅游服务的特殊性，与有形产品相比，旅游者服务感知价值的形成过程更为复杂，影响旅游者服务感知价值的具体因素也表现出特殊性。

第一，由于城市旅游服务的无形性和异质性，旅游者很难对旅游服务结果做出判断，也很难与其他旅游者的评价进行比较，因此旅游者对旅游服务是否满足自己需求的评价主要建立在顾客期望与实际感知的比较基础之上。如果顾客感知低于顾客期望，将产生消极的顾客感知价值；如果顾客感知超出顾客期望，将产生积极的顾客感知价值；如果顾客感知与顾客期望相吻合，旅游者将产生满意感，并认为这种感知价值是理所当然的。可见，顾客感知与顾客期望的比较过程都体现为旅游者的心理认知，有效管理旅游者期望将对旅游者感知价值的形成产生重要影响。

第二，由于城市旅游服务的生产与消费具有同步性，旅游者直接参与服务的生产和传递过程，因此旅游者与服务人员之间存在着互动关系。由于旅游服务结果的无形性，旅游者对旅游服务质量的评价主要取决于对服务过程的感受，旅游者的主观判断更多的是以消费过程中的旅游体验感受为基础的。因此，旅游服务过程直接影响到旅游者对服务功能价值的认知。同时，旅游者与服务人员之间的友好交往还会使旅游者在满足功能价值之外，感觉到情感价值。此外，旅游者与服务人员共同参与旅游服务的生产与传递过程，满意的旅游服务结果还会使旅游者感受到一种参与的成就感，从而使旅游者的社会价值需求得到满足。因此，城市旅游服务过程的有效管理对旅游者体验服务及其感知价值的各个维度都具有决定性影响。

第三，由于城市旅游服务的异质性和互动性，旅游者和服务人员的个性、情绪及所处环境都对顾客感知价值的具体形成过程产生影响。例如，不同的旅游者对旅游服务的期望可能是不一样的，因为他们对功能价值、情感价值和社会价值的需求强度不同；在旅游服务过程中，其他旅游者也可能影响到旅游者的情绪和心境，进而对其感知价值产生影响；而服务人员在一些关键环节与旅游者的互动表现，对旅游者感知评价更具有决定性影响。因此，针对具体情形来强化情境管理与旅游者服务感知价值的形成密切相关。

综上所述，为了提升旅游者服务感知价值，城市旅游服务的内在特性要求城市旅游企业必须加强期望管理、过程管理和情境管理。在城市旅游服务中，具体的顾客服务感知价值决定因素模型如图 10-2 所示。不过，这些城市旅游企业的管理活动必须要以正确的战略思想为指导，也就是践行城市旅游企业的服务战略，它又集中体现在旅游服务的定位上。

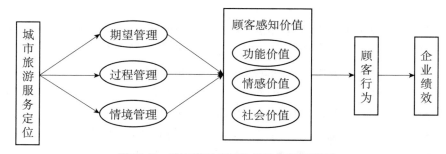

图 10-2　顾客服务感知价值决定因素模型

资料来源：范秀成，罗海成. 基于顾客感知价值的服务企业竞争力探析［J］. 南开管理评论，2003，6（06）.

2. 顾客忠诚

一般来说，忠诚顾客是指与城市旅游企业之间建有深度关系的游客，他们比其他游客接受城市旅游企业服务的次数多，或者在具体时段内他们从城市旅游企业发生的购买行为的总次数更多，或者他们在城市旅游企业的消费金额比例更高。城市旅游企业通常将游客的长期光顾和重复购买行为作为忠诚度标志，或者将忠诚等价于某种旅游服务支出占总支出的比重，但这些指标本身并不能抓住顾客忠诚度的本质。顾客忠诚度可以更好地理解为一种心理状态，例如一些游客在某种旅游服务中可能不只忠诚于一家城市旅游企业；一些游客可能非常忠诚，却只是偶尔光顾。

顾客忠诚逐渐被认为是城市旅游企业通向长期盈利的一条路径。通常情况下，吸引新顾客的成本比维系一位现有顾客的成本要高出 5 倍多（Reichheld and Sasser，1990），与老顾客交易可以节省诸如吸引新顾客、向新顾客解释商业程序、顾客学习过程中非效益性交易等成本。也就是说，城市旅游企业保持原有游客的时间越长，从游客身上得到的旅游收益就越大。所以，城市旅游服务管理的宗旨就是通过旅游服务运营的优秀设计，为城市游客创造良好的旅游服务体验和感知，提升游客的满意与忠诚，从而实现城市旅游企业盈利和成长的战略目标。

由于游客参与旅游服务过程，服务人员与游客之间的服务接触将对旅游服务过程及其结果产生关键性影响。在旅游服务流程中，可以将服务人员分为两类：一类是前台服务人员，即与游客直接接触的一线员工；另一类是后台服务人员，即游客看不见的旅游企业员工。服务接触主要发生在一线服务员工与游客之间，两者的服务接触往往决定了游客的旅游服务体验，服务接触的互动过程通常被称为服务的关键时刻（Normann，1992）。关键时刻指一线服务人员能够向接受旅游服务的游客有效展示服务质量的一系列时间和地点，即服务人员向游客有效展示服务的机会。如果城市旅游企业对服务过程中的关键时刻管理不善，一旦在这些时间和地点出现服务失误，就可能产生非常严重的后果，导致旅游服务质量和整体旅游服务水平的下降。

旅游服务补救作为一种管理过程，首先要及时发现服务失败，分析失败原因，然后对服务失败进行评估并采取恰当的管理措施予以解决。由此，旅游服务补救是在与游客建立关系的过程中对服务失败和服务问题的一种处理策略，其关注的是与游客建立的长期关系。城市旅游企业在出现服务失败后，如果能够及时而有效地实施服务补救，那么原来抱怨的游客就有可能对城市旅游企业的应对表现出很高的满意度，并且他们的满意度很可能超出那些尚未遭遇过服务失败的游客。可见，有效的旅游服务补救有助于提高游客的满意度。关注旅游服务接触，对旅游服务失败采取积极的补救措施，可以巩固游客满意度，建立稳固的顾客忠诚基础。

3. 服务利润链

1994 年，Heskett 等人提出了服务利润链的概念，并给出了构成服务利润的一系列相关因素之间的关系。从服务利润链中可以看出，利润是由顾客的忠诚度决定的，忠诚的顾客给城市旅游企业带来超常的利润空间；顾客忠诚度又是源于顾客的满意度，城市旅游企业提供的服务价值决定了顾客的满意度；最后，城市旅游企业内部员工的满意度和忠诚度决定了服务价值。因此从城市旅游服务来看，旅游服务价值是由令人满意的、具有能力的员工创造的，而员工满意度来源于较好的城市旅游企业内部质量管理。旅游服务利润链相关构成因素的关系如图 10-3 所示。

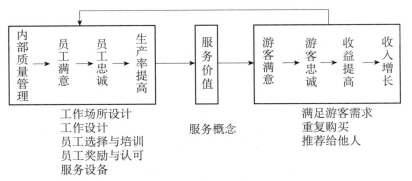

图 10-3　旅游服务利润链

资料来源：李枫林. 现代服务管理理论与实践［M］. 武汉：武汉大学出版社，2010.

（1）城市旅游企业内部质量驱动员工满意。城市旅游企业内部质量指员工对工作、同事和企业的满意程度，反映了员工工作环境的好坏。城市旅游企业内部质量取决于员工对工作的满意程度及员工之间的关系两个方面。其一，员工对工作的满意度取决于其完成预定目标的能力，以及在这一过程中所拥有的权利。当员工具备了这些条件时就会因顺利完成目标而对工作满意，进而对企业满意；其二，员工之间的关系，即员工之间的人际关系和工作关系，它们在很大程度上决定了城市旅游企业内部质量的高低。

（2）员工满意导致员工忠诚和生产率提高。员工满意即员工对现在环境满意，表明员工对城市旅游企业未来的发展有信心，为属于企业中的一员而感到骄傲，这促使员工自觉承担起一定的工作责任，为企业努力工作。员工满意能有效提高员工工作效率，降低员工流失率。在城市旅游企业中，员工由于不满意现状而跳槽为企业带来的损失不仅仅是重新招聘、雇用和培训而产生的费用，更主要的是由于生产率下降和游客满意度降低而导致的游客流失。

（3）员工忠诚和高生产效率产生服务价值。员工的工作是城市旅游服务价值产生的必然途径，其工作效率直接决定他们所创造的价值高低，而只有忠诚度高的员工才能有高的工作效率，进而创造更高的城市旅游服务价值。

（4）提高服务价值导致游客满意。游客的满意度是由其接受到的旅游服务质量和服务价值等因素决定的。对于游客来说，服务价值可以通过比较获得旅游服务所付出的总成本与所得到的总利益来衡量。其中，总成本包括游客获得旅游服务所耗费的时间、精力、体力及所交付的资金等；总利益包括旅游服务的效用及与此旅游服务相关的各种利益，包括生理上的和心理上的。从城市旅游企业的角度来看，提高旅游服务价值可以从两方面入手：一是通过改进旅游服务提高游客的旅游收益；二是采取一些措施降低游客的总成本。

（5）游客满意导致游客忠诚。游客忠诚是由游客满意度决定的。游客满意是一种心理活动，是游客的需求被满足后的愉悦感。对于城市旅游企业而言，只有满意的游客才会持续产生购买行为，最终成为忠诚游客。同时，城市旅游企业还要重视游客的口碑效应，满意的游客会转变那些不接受旅游服务的人的看法，而不满意的游客则会产生不好的口碑，因此城市旅游企业应尽力避免让游客产生不满意感。

（6）游客忠诚导致城市旅游企业获利与成长。很显然，有了忠诚的游客就会给城市旅游企业带来利润，游客的忠诚度越高，城市旅游企业的获利能力就越强。因此，忠诚游客数量的多少在很大程度上决定了城市旅游企业市场份额的大小，比用游客总量来衡量市场份额更有价值。

案例 10-1

海底捞的服务利润链

海底捞（四川海底捞餐饮股份有限公司的简称）经过二十多年的不断发展，成功打造出信誉度高、颇具四川火锅特色、融汇浓郁巴蜀餐饮文化的优质火锅品牌。从服务利润链管理的角度来看，海底捞很好地处理了企业、员工、顾客、利润四者之间由若干链环所组成的闭合循环链条，这也成为海底捞服务制胜的秘密。

（1）通过满足员工需求来提高内部服务质量，增进员工满意度。合理的薪酬体系满足了员工的安全需求和爱的需求，如高薪酬使海底捞对外界的优秀人员具有较强的吸引力，同时也利于留住现有的优秀员工；海底捞非常重视员工的福利和员工的发展，这样既有助于激励员工，提高员工对工作回报的满意度，同时也可满足员工自我实现的需求。

（2）重视员工忠诚度的培养。海底捞每月发放员工满意度调查问卷，做到及时测评、及时改善，并将员工满意度列入管理人员的绩效考核中，通过不断提高员工的满意度来培养具有高忠诚度的员工；海底捞大部分员工招聘接受员工推荐的亲朋好友，这样可以相对降低人员的离职率，提高员工的忠诚度。

（3）通过忠诚员工创造高效率服务。海底捞做到了让员工认可公司，对公司有信心，具有高忠诚度，能够用自然的微笑，给予顾客亲友般照料，才创造出高质量的顾客服务价值。

（4）提供高价值服务，赢取顾客满意度。海底捞主要通过提供让顾客贴心满意的高价值服务来提高顾客的满意度。如以60—70元的人均消费享受到比五星级饭店还贴心周到的服务；海底捞员工也被授予一定的权力来满足顾客的期望，给客人带来超值服务，提高顾客的满意度。

（5）通过提高顾客满意度赢得忠诚顾客。为了提高顾客的满意度，海底捞的每个分店每个月对顾客满意度进行调查，顾客满意度的好坏影响管理者的绩效。据统计，海底捞的顾客满意度调查成绩一直非常好，80%的客人都是回头客，而且这部分顾客的忠诚度很高。

（6）拥有高忠诚度的顾客导致企业盈利。研究表明，忠诚的顾客每增加5%，所产生的利润增幅可达25%—85%，海底捞顾客的高满意度和忠诚度，直接引致海底捞利润的持续增长。

资料来源：胡湘菊，周慧. 论休闲餐饮企业的服务利润链管理——以海底捞火锅店为例[J]. 湖南商学院学报，2010，17（06）.

第二节 城市旅游服务系统及管理

城市旅游服务主要涉及政府部门、旅游非营利机构以及旅游企业所提供的旅游服务，由于其中绝大多数旅游服务主要由城市旅游企业来承担，所以本节着重从微观层面即从城市旅游企业层面探讨旅游服务管理的问题。

一、城市旅游服务系统

城市旅游服务是一个复杂的系统，可以从宏观和微观两个不同层面进行分析。

（一）宏观层面的城市旅游服务系统

从宏观层面来看，城市旅游服务系统建立在城市游客旅游活动的基础上，是从横向上对旅游服务的分析，由客源地旅游服务系统、出行服务系统、目的地旅游服务系统和支持服务系统四个子系统构成，每个子系统相互联系，同时又各自包含着不同的旅游服务内容（如图10-4所示）。可见，宏观层面的城市旅游服务系统实质上是从旅游学的角度对城市旅游服务的一种阐释，涵盖了游客完成一次旅游活动所经历的全部服务。

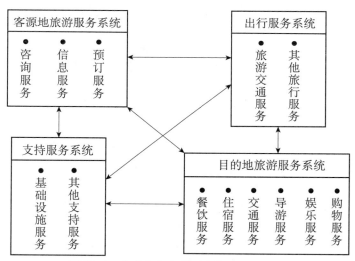

图10-4 宏观层面上的城市旅游服务系统

资料来源：黄晶．旅游服务管理［M］．天津：南开大学出版社，2006.

（1）客源地旅游服务系统指为保证旅游者旅游活动的顺利进行，在旅游者出行之前为其提供的一系列服务，以及旅游者结束旅游活动返回客源地之后的一系列售后服务。旅游者可以通过旅行社、专业旅游机构和目的地旅游企业设在客源地的办事处提供的咨询服务和预订服务，获取必要的信息和建议，安排旅游行程，订购旅游线路或者单项旅游产品；还可以通过旅游部门、行业组织和广播电视等多种渠道获得相关旅游信息，为旅游出行做好准备。

（2）出行服务系统指帮助旅游者实现客源地与目的地之间空间位移的旅游服务，主要分为旅游交通服务和其他旅行服务两类。其中，旅游交通服务包括航空服务、铁路服务、水路服务、公路服务等；其他旅行服务主要有旅游保险服务、银行外汇服务、海关服务等。

（3）目的地旅游服务系统指目的地为满足旅游者在当地逗留期间的多种需要而提供的一系列旅游服务，主要包括通常所说的餐饮服务、住宿服务、交通服务、导游服务、娱乐服务和购物服务等。

（4）支持服务系统指为满足旅游者和当地居民的旅游或生活需要而提供的服务，包括水、电、暖、气供应，市容美化和环境卫生，安全保卫等基础性服务，还包括旅游教育培训服务、金融服务、医疗保健服务等支持性服务。

（二）微观层面的城市旅游服务系统

从微观层面来看，城市旅游服务系统实际上是从服务管理的角度或者说纵向上对一种具体的旅游服务的剖析。根据城市旅游服务的流程与特征，微观层面的城市旅游服务系统可以由旅游服务营销系统、旅游服务运营系统、旅游服务支持系统三个子系统构成（如图10-5所示）。

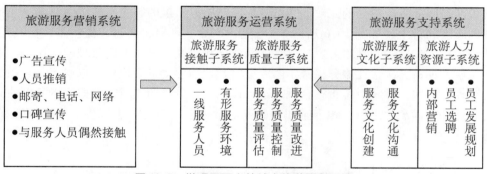

图10-5　微观层面上的城市旅游服务系统

（1）旅游服务营销系统包含了城市旅游企业与游客发生联系的所有可能的途径，如广告宣传、人员推销、大众传媒报道、市场中的口口相传、与服务人员或设施的偶然接触等。所有这些与游客发生接触或游客了解城市旅游企业的方式就构成了旅游服务营销系统。

（2）旅游服务运营系统是城市旅游服务系统的重要组成部分，它通过对投入的资源进行处理，形成旅游服务产品的各个要素。旅游服务运营系统包括旅游服务接触子系统和旅游服务质量子系统，其中旅游服务接触子系统又包括一线服务人员和有形服务环境等内容，旅游服务质量子系统又包括旅游服务质量的评估、控制和改进等内容。

（3）旅游服务支持系统是城市旅游服务系统的配套组成内容，能够为优质的城市旅游服务提供保障支持。旅游服务支持系统分为旅游服务文化子系统和旅游人力资源子系统，其中旅游服务文化子系统包括服务文化创建、服务文化沟通等内容；旅游人力资源子系统包括内部营销、员工选聘、员工发展规划等内容。

二、城市旅游服务的管理内容

结合城市旅游企业的特点，城市旅游服务管理内容主要包括城市旅游服务的接触管理、质量管理、营销管理、文化管理以及城市旅游企业的人力资源管理等内容。

（一）城市旅游服务接触管理

城市旅游服务接触是指游客与服务人员之间的互动，在互动过程中游客不仅体验功能性质量，而且也体验技术性质量。城市旅游服务接触主要涉及一线服务人员和有形服务环境，具体包括服务人员、设施设备、布局设计等，其中服务人员与游客之间的互动对游客感知服务质量的影响最大，也正是在服务接触中游客对旅游服务质量做出评价。例如，游客下榻酒店，从游客进入酒店、办理登记、入住客房，一直到最后结账离开酒店，中间包含了许多关键的服务接触，因而在合适的时间、合适的地点、由合适的服务人员向游客提供合适的旅游服务就显得十分重要，这是向游客展示旅游企业服务质量的最好机会，一旦在服务接触点上发生服务失误将会给游客的感知服务质量带来负面影响，若不能及时采取补救措施，将会导致游客的流失。

Bitner 在 1990 年提出了服务接触评价模型，认为顾客满意与否的原因在于顾客服务接触预期与服务接触感受的比较，并据此形成对服务质量的感知，然后由感知质量确定后续的态度和行为（如图 10-6 所示）。首先，产品、价格、渠道、促销、人员、过程、物质环境构成的服务营销组合影响顾客的服务接触感受，而顾客的心理倾向影响顾客的服务接触预期；其次，在服务接触中顾客会将预期与感受进行比较，以确定是否符合自己的预期；再次，顾客对是否符合预期进行诊断，并分析原因所在，原因的判断决定顾客对服务是否满意；最后，顾客感知的服务质量可以使顾客产生三种态度：口碑宣传、服务转向、服务忠诚。

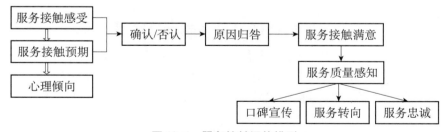

图 10-6　服务接触评估模型

资料来源：张文建，王晖. 旅游服务管理［M］. 福州：福建人民出版社，2006.

服务接触评价模型对于城市旅游企业进行服务管理有着重要的参考价值。一方面，当服务人员被要求总结游客不满的原因时，他们往往倾向于将问题归咎于外部原因，而不是自身原因。例如，旅游服务设计的失误、游客没有确切表达意愿、没有按照流程操作或者游客没有意愿沟通等。由于服务人员在旅游服务接触中的重要性，改变员工对游客不满原因的归咎，使员工树立正确的态度对待游客的不满，并且培训员工处理游客不满的方法和技巧，将直接影响游客对旅游服务接触质量的感知。另一方面，大部分导致游客满意的事件是因为服务人员能设法满足游客的需求,可见在城市旅游服务接触中,服务人员积极满足游客需求的态度,不仅能决定游客对服务接触失误原因的归咎,而且将影响游客的后续行为和态度。下面以城市旅游景区中的人员接触为例:

城市游客游览景区是一种主观体验过程,在这个过程中,游客和景区工作人员之间的互动关系存在很多接触点,每个接触点都是游客评价旅游服务质量的基础。根据游客的行进路径、景区工作人员与游客的接触方式,以及景区与游客接触的关键点构建了景区旅游服务接触链(如图10-7所示)。

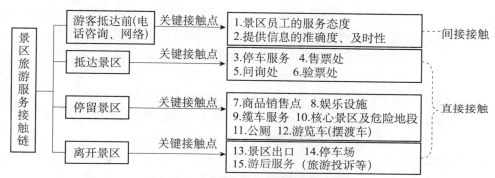

图 10-7 城市旅游景区旅游服务接触链

资料来源:易艳. 旅游景区服务接触链现状及其优化研究[J]. 江西教育学院学报,2014,2.

游客在确定前往城市旅游景区前会通过电话或网络的方式对有关景区的问题进行咨询(如门票优惠、营业时间等),但是景区员工的服务态度、服务语气及其提供信息的准确度和及时性都会成为游客评价景区服务质量的依据;在抵达景区时,游客主要会接触停车引导、信息咨询、购票验票等服务内容;在停留过程中,游客与景区接触的时间是最长的,由于景区所依赖的环境和资源都处于户外,景点比较分散,人员比较复杂(有其他游客、景区员工、景区外娱乐设施的员工和商贩等),游客在此阶段容易与上述人员发生冲突。一旦发生冲突,景区员工必须在场及时解决问题;在离开阶段,在停车场容易发生汽车剐蹭等游客车主之间的冲突,以及前面阶段中遗留的投诉处理等。

(二)城市旅游服务质量管理

从游客的角度来看,城市旅游服务质量是指在旅游活动中,游客对旅游服务的体验总和,即游客对旅游活动过程进行整体感知并做出评价。其中,旅游活动包括准备过程、旅游过程和旅游结束的延伸过程。从旅游企业的角度来看,城市旅游服务质量是城市旅游企业满足游客需求的综合表现。因此,城市旅游服务质量本质上是从游客和旅游企业角度解释服务质量的均衡状态,即游客利益和旅游企业利益的有机统一。

城市旅游服务质量内容包括技术性质量和功能性质量两个方面。技术性质量是旅游服务结果的质量,即城市旅游企业提供的服务项目、服务时间、设施设备、服务质量标准、环境气氛等满足游客需求的程度。它是游客旅游服务体验的重要组成部分,游客对其评价较为客观。功能性质量是城市旅游服务过程的质量，与服务人员的仪表仪容、礼貌礼节、服务态度、服务程序、服务技能技巧等有关，还与游客的心理特征、知识水平、个人偏好等因素相关，因此游客对功能性质量的评价较为主观。城市旅游服务质量管理的内容主要包括旅游服务的质量评估、质量控制、质量改进三个方面。

1. 城市旅游服务的质量评估

城市旅游服务的质量评估不仅与客观物质实体有关，还与评估者的主观心理因素有关，这就使旅游服务质量评估工作变得困难且富有挑战性。技术性质量易于测量，但功能性质量涉及主观判断，存在许多不确定的评估因素。目前，对旅游服务质量的评估研究一般在服务质量评估方法的基础上展开，20 世纪 80 年代，美国学者 Parasuraman，Berry 和 Zeithaml 从顾客感知和评估的角度对服务质量构成进行研究，提出了服务质量的五个维度：

（1）可靠性（Reliability），可靠、准确和一致地履行服务承诺的能力；
（2）保证性（Assurance），员工的知识、礼貌和传达信任的能力；
（3）有形性（Tangibility），物质设施、设备及人员的外表；
（4）移情性（Empathy），对顾客的关心和个别化关注；
（5）响应性（Responsiveness），提供快捷的服务和帮助顾客的愿望。

此外，Parasuraman 等在服务质量五个维度的基础上，提出了衡量顾客感知服务质量模型，这种评价方法是建立在定量分析基础上的，选择服务质量的五个维度共 22 个要素进行顾客调查（如表 10-7 所示）。调查问卷分为两个部分，分别用来衡量顾客期望的服务质量和实际体验到的服务质量，每个要素的分值从 1 至 7，分别代表"完全不同意"至"完全同意"。每个要素的顾客体验得分与顾客期望得分之差，即为该项要素的服务质量得分（$Q = P - E$），并可由此来确定总体感知服务质量的分值。1992 年，Cronin 和 Taylor 提出了不考虑顾客期望影响的绩效感知服务质量度量模型，用 $Q = P$ 代替了前面模型中的 $Q = P - E$，并以实证研究证明两个模型中后者比前者具有更强的解释能力。两个模型的问卷调查内容相同，不同之处是后一个模型中顾客只需就体验服务和服务属性的重要性打分，而不必给服务期望打分。

2. 城市旅游服务的质量控制

城市旅游服务质量具有复杂性，对其进行适度的控制是十分必要的，目的在于保证城市旅游服务质量的一致性，从而保持和发展与游客的良好关系。根据时间、对象和目标的不同，城市旅游服务质量控制包括预防控制、过程控制和售后控制三方面内容。

（1）旅游服务质量预防控制。它指在旅游服务交付之前，对服务质量输出进行的事先控制。城市旅游服务的预防控制过程就是构建旅游企业服务质量系统的过程，包括服务流程设计、服务设施规划、服务设备配置、服务标准制定、人员配备、管理制度等。

（2）旅游服务质量过程控制。旅游服务传递是一个复杂的过程，对游客感知质量有重要的影响，对服务过程进行有效控制，不仅可以改进功能性质量，还可以推动技术性质量的提升。城市旅游服务质量的过程控制包括：①以服务结果带动服务过程质量的

表 10-7 顾客感知服务质量模型评价方法条目

可靠性	1. 提供承诺的服务 2. 独立处理顾客的服务问题 3. 提供服务时，第一次就做对 4. 按照承诺的时间提供服务 5. 保持无差错记录
响应性	6. 随时告知顾客何时将提供服务 7. 向顾客提供快捷的服务 8. 愿意帮助顾客 9. 随时准备回答顾客的问题，满足顾客的要求
保证性	10. 员工能使顾客建立信心 11. 员工能使顾客在与之接触中感到安全 12. 员工保持有礼貌 13. 员工有能力回答顾客的问题
移情性	14. 给顾客以个人关注 15. 员工能以热情、关心的态度对待顾客 16. 真心为顾客着想，从顾客利益出发 17. 员工理解顾客的需要 18. 提供令顾客方便的购买时间
有形性	19. 现代化的设备 20. 员工着装整洁，服装职业化且统一 21. 与所提供的服务相关的、外观上吸引人的材料和设备

资料来源：Parasuraman, A., Berry, L. L. and Zeithaml, V. A. Alternative scales for measuring service quality: A comparative assessment based on psychometric and diagnostic criteria [J]. Journal of Retailing, 1994, 70 (3).

改进。通过对问题的分析，制定相应的控制方法，是实施过程控制的一种有效方法。②管理者的现场控制。管理者在服务需求集中的时刻应在服务现场出现，积极预防或及时解决可能出现的服务质量问题。③对员工授权。对员工授权可以调动员工的积极性和过程性，为游客提供优质的旅游服务。④对游客满意度的即时控制。城市旅游企业应时刻关注游客满意度的变化，开设便捷的信息反馈通道，使游客的问题和需求能在第一时间内解决。

（3）旅游服务质量售后控制，主要涉及旅游服务补救。城市旅游服务补救是城市旅游企业对服务失败或游客不满所采取的应对行动，目的是希望游客重新评价旅游服务质量，避免负面的口碑宣传，并留住游客。具体措施有：①建立聆听机制，欢迎并鼓励顾客的积极抱怨；②快速行动，设立快速反应的系统和程序，通过对员工进行适当授权，快速、积极地采取补救措施；③公平对待顾客，顾客在投诉时，给予公平的对待，其中包括结果公平、过程公平和相互对待公平。

3. 城市旅游服务的质量改进

城市旅游服务质量的交付是一个复杂的系统，在关键环节上处置不当会导致游客感知质量和服务期望的差距，从而影响游客的满意度，降低城市旅游企业竞争力。Zeithaml，Berry 和 Parasuraman 在全面分析服务质量传递过程后，提出了一种"差距分析模型"(Gap Analysis Model)的服务质量分析方法,目的是分析服务质量问题产生的原因并帮助管理者了解应当如何改进服务质量。他们认为在服务传递过程中存在着五种差距:差距1,顾客对服务质量的期望与管理者对顾客期望认知的差距;差距2,管理者对顾客期望的认知与其制定的服务质量标准之间的差距;差距3,服务质量标准与员工实际提供服务之间的差距;差距4,服务人员实际提供的服务与企业外部服务承诺之间的差距。在前四种差距的基础上,会导致第五种差距的产生,即顾客预期的服务质量与顾客感知服务质量之间的差距。图10-8是对服务质量差距模型的概括,而这一模型同样适用于城市旅游服务质量的研究。

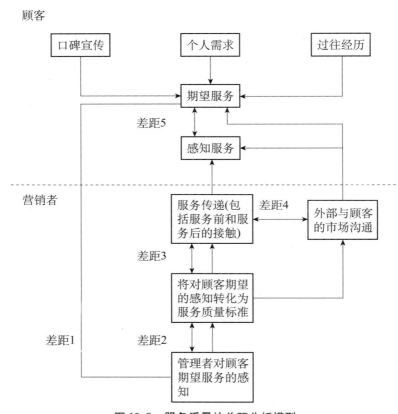

图 10-8　服务质量的差距分析模型

资料来源:Zeithaml, V. A., Berry, L. L. and Parasuraman, A. Communication and control processes in the delivery of service quality [J]. Journal of Marketing, 1998, 52 (4).

(1) 消除认知差距(差距1)。解决方法是管理者准确把握游客的期望,具体包括:①通过调查研究、顾客访谈、投诉分析、顾客小组、头脑风暴法等途径了解游客的期望;②增加管理者与游客之间的直接沟通,使管理者更加了解游客的期望;③减少管理层次,提高服务人员向上沟通的效率;④对市场进行细分,侧重于留住游客,而不是过多关注服务交易。

(2) 消除服务质量标准差距(差距2)。解决方法是城市旅游企业以顾客为导向建立服务质量标准,具体包括:①对城市旅游企业优先发展问题的顺序进行重新排列,把满足游客需求作为制定服务标准以及激励机制的基础;②标准制定者、管理者和一线员工相互协商,共同制定相关的旅游服务标准;③质量标准制定要有一定的弹性空间,否则员工在执行标准时缺少灵活性,影响旅游服务的提供。

(3) 消除服务传递差距(差距3)。解决方法是城市旅游企业保证服务的实施达到服务质量标准,具体包括:①雇用合适的员工;②提供必要的支持系统;③保留最出色的员工;④监督和奖励体系应与旅游服务质量标准相匹配。

(4) 消除市场沟通差距(差距4)。解决方法是城市旅游企业保证服务传递与服务承诺相一致,具体包括:①建立服务运营与传递同外部市场沟通的协调机制,使二者能够相互配合;②利用科学的计划手段来改善市场沟通的质量,同时合理运用管理监督系统。

(5) 消除感知服务质量差距(差距5)。感知服务质量差距具体指游客感知或实际经历的服务质量与其所期望的不一致。通过服务质量差距1到差距4的弥补,可以减少城市旅游服务质量差距5的缺失。

案例 10-2

迪士尼主题公园的优质服务

迪士尼主题公园是世界上最具人气和享有盛名的主题公园。迪士尼对旅游服务的本质有很深刻的理解,一直把为游客提供高质量的旅游服务作为发展的根本。

第一,旅游服务是一种互动的活动,游客参与了服务过程,成为服务活动的主角,他们的感受决定了主题公园的发展。因此,迪士尼主题公园事先认真分析游客的期望值,深入调查游客不同的服务要求,根据游客的需求进行服务设计。在迪士尼主题公园,游客都被视为贵宾而不仅仅是来客,使游客在迪士尼主题公园获得与众不同的体验是每一位员工的职责。

第二,迪士尼建立了以游客开心为核心的服务宗旨,这一宗旨作为一种文化理念已经为所有员工所接受。新员工一旦被雇用,就要学习迪士尼的发展历史,接受迪士尼的整套文化理念,迪士尼认为这是提供优质服务的基础和理念保证。

第三,在了解了迪士尼的基本文化理念后,每个成员须明确自己的职责,包括角色要求、向谁汇报、如何穿着,以及如何提供有针对性的服务。员工需要广泛了解游客的各种需求,如为游客指路,向他们推荐最好的用餐地点等。同时,公司按照游客的期望来安排角色,能出色地协调服务人员与游客的互动,因此游客的期望能得到超额的满足。

第四,为了保证服务的质量,迪士尼为员工提供很多培训,包括上岗培训、定期在岗培训,以及了解迪士尼的最新发展动态。如果员工遇到培训中未涉及的突发性事件,他们可以通过电话向后台求助,以及时满足游客的需求。另外,迪士尼为了保证管理者了解前台员工的工作,要求每个管理人员每年必须有一周的时间到一线为游客提供服务，从而掌握一线服务的实际情况。同时，每个管理者还要以游客的身份带着家人到迪士尼游玩一天，以感受迪士尼的服务质量。此外，迪士尼还让员工检验自己的服务质量，所有的员工都必须填写一份调查表，记录自己在服务期间的真实感受。通过分析结果，迪士尼可以掌握员工的满意度。迪士尼的理念是员工满意了，游客就会满意。

总之，迪士尼主题公园通过对旅游服务内涵的深刻理解，并将这种理解贯彻实施，其服务取得了骄人的成绩。

资料来源：王欣. 国外主题公园发展成功经验对我国主题公园发展的启示——以美国奥兰多迪士尼为例[D]. 沈阳：辽宁师范大学，2014.

（三）城市旅游服务营销管理

城市旅游服务营销指城市旅游企业在充分了解游客需求的前提下，为满足游客服务需求而在营销过程中采取的一系列活动，包括旅游服务营销组合和旅游服务营销整合两部分。

城市旅游服务营销组合可以视为城市旅游企业控制的、能影响游客认知的若干因素的组合。1960年由美国学者McCarthy首次提出的4Ps营销组合——产品（Product）、价格（Price）、渠道（Place）、促销（Promotion），一直以来被视为市场营销理论研究和实践的基础。近年来，不断有专家学者提出新的营销组合，其中被广为接受和认可的是由Booms和Bitner于1981年提出的7Ps营销组合。他们认为，服务营销应对传统的4Ps加以修改和补充，还要加入人员（People）、有形展示（Physical Evidence）和过程（Process）这三项元素，7Ps营销组合也构成了城市旅游服务营销的基本框架。关于城市旅游服务营销组合的具体内容前文有所涉及，在此不再赘述。

城市旅游服务营销贯穿了城市旅游企业经营的全过程，城市旅游企业中几乎所有的部门和员工都或多或少地担负着营销的功能。因此，城市旅游企业应倡导全员营销的观念，对所有的服务营销活动进行整合。

（1）整合营销沟通。所谓整合营销沟通是指城市旅游企业通过计划、协调和整合所有的沟通手段，以实现企业或其产品统一的市场定位的管理过程。城市旅游服务互动的本质及其涵盖多种要素的营销组合，使得城市旅游企业有必要对各种可控制的信息沟通渠道进行整合。除了促销这一传统的沟通手段之外，城市旅游服务营销组合中的其他要素也同样发挥着与游客进行信息沟通的作用。城市旅游服务设施的位置和气氛、员工的外表和举止、服务的价格和品牌等都在向游客传递有关旅游服务的信息，影响其在游客心目中的形象。另外，营销沟通方式可以分为人员沟通和非人员沟通两种类型（如表10-8所示）。

营销沟通既包括对游客的外部沟通，也包括对员工的内部沟通。通过外部营销沟通，城市旅游企业不仅要吸引新游客，而且要保持与游客的长期关系。与顾客建立联系和保持关系的沟通手段包括直接邮寄、电话接触及其他的沟通方式，如传真、电子邮件、互联网、新闻简讯等。内部营销沟通在创建企业文化、培养团队精神、支持组织目标、建立员工信任与忠诚方面发挥着重要作用，城市旅游企业可以利用内部报纸杂志、有线电视网、局域网以及面谈、奖励等手段与员工沟通。

表 10-8 主要的营销沟通措施

人员沟通	• 人员销售 • 电话营销 • 顾客服务（提供信息、接受预订、接受付款、解决问题） • 口碑宣传 • 服务人员本身
非人员沟通	• 广告（广播电视、互联网、直接邮寄） • 销售促进（样品、折价券、折扣、礼品、抽奖） • 公共宣传和公共关系（新闻稿、新闻发布会、特殊事件、展览、赞助） • 指导材料（网址、手册、宣传册、录影/磁带、软件/光盘、语音邮件） • 企业设计和有形展示（制服、内部装修、设备、文具）

资料来源：黄晶．旅游服务管理［M］．南开大学出版社，2006．

（2）服务营销三角形。城市旅游企业整合营销就是以游客为核心，企业内所有部门和员工都协同一致地为顾客利益服务，在此基础上实现企业的长期经济利益。它主要包括两个层次的内容：一是市场调研、服务设计、促销、售后服务等不同营销功能必须协调；二是营销部门与企业运营、人力资源等其他职能部门之间的协调。服务营销三角形（如图 10-10 所示）的三个角分别表示城市旅游企业、员工和顾客；三条边则代表了外部营销、内部营销和交互营销，该理论总体上整合了城市旅游服务营销中不可或缺的三种营销活动，同时也把三种管理职能相互关联起来。其中，外部营销主要由市场营销部门完成，交互营销的实施主体是城市旅游企业的运营部门，而内部营销则主要依靠人力资源管理部门来贯彻实施。

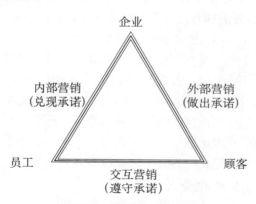

图 10-9 服务营销三角形

资料来源：Gronross C. Relationship marketing logic［J］. Aisa- Australia Marketing Journal，1996，4（1）．

第一，外部营销——做出承诺。城市旅游企业的外部营销活动应当与游客的个人需求、价值和愿望相符，以便在游客心目中树立起良好的旅游企业形象。

第二，内部营销——兑现承诺。通过内部营销激励员工热情，使员工的态度和工作动机适应顾客的需求，从根本上保证优质旅游服务的创造和传递。

第三，交互营销——遵守承诺。能否提供旅游市场上外部营销承诺的服务，取决于特定的城市旅游服务过程中,游客与服务过程中的有形资源和无形资源的互动是否顺利、愉悦,游客体验到的服务质量与顾客期望的服务质量是否一致,能否形成良好的感知服务质量。通过把有形资源和无形资源与游客结合起来,建立起信任、合作和积极的双向沟通,是互动营销遵守承诺的关键所在。

由于三种营销活动之间存在着密切的联系,所以城市旅游企业中的三个部门或者说三种管理职能也需要以游客为纽带密切配合、相互协调。通常,外部营销由城市旅游企业中传统的营销部门负责,但营销部门必须保持与生产经营部门的相互沟通,这样才能保证营销部门对外提供切实可行的承诺。内部营销则主要由人力资源管理部门来负责,但同时也需要营销部门和运营部门的配合,以保证用高质量的内部服务创造高质量的旅游服务。交互营销往往是服务生产运营管理部门的责任,但同时也需要营销部门和人力资源管理部门的配合与支持。以旅游业价值链整合营销为例:

通过收集近年来国内旅游业出现的多个跨环节整合营销案例,重点针对景区门票、旅游项目、机票、乘车、景区驻场演出,以及住宿、餐饮、购物六个环节之间的组合营销进行了归类梳理,如图 10-10 所示(其中每一方格表示其纵向和横向所对应的若干价值链环节的跨环节整合营销业务)。

如图 10-10 所示,运用移动信息服务技术,在航空产业价值链整合营销中的应用方向可以分为两大类:

其一,跨两个环节的初级整合营销模式。如"景区+旅游项目""机票+包车""机票+住宿"等,这些模式的应用案例虽然很多,但其对于旅游业价值链的整合营销力度较为有限,属于传统旅游项目打包营销的延伸。其中,使用智能移动终端、LBS(定位服务)等技术手段开展的移动整合营销业务应用空间也不大。

其二,涵盖多个产业链环节的高级整合营销模式。比如,主要由旅行社发起的"旅游项目+机票+包车+住宿、餐饮"整合营销模式,以及由景区和旅游企业联合发起的"景区门票+机票+包车+住宿、餐饮"整合营销模式、由航空公司和旅行社发起的"机票+包车+住宿、餐饮"整合营销模式等。这些模式一般涉及旅客自出发到搭载各种交通工具,再到景区游览和住宿、餐饮、购物等各个环节,移动营销手段在其中能够起到良好的全程跟踪和精准推送效果。这种旅游行业上下游环节主体间合作开展的组合营销模式,能够推动价值链整合、提升旅游业链整体竞争力。

(四)城市旅游服务文化管理

旅游服务文化是在企业文化的基础上,以旅游服务为核心思想,在长期经营过程中形成的对服务理念、服务标准、服务规范、服务态度等内容的共同认识,并以此为基础形成全体员工在服务过程中共同遵循的最高目标、价值标准、基本信念及行为规范。以服务为核心的城市旅游企业正处于日趋激烈的竞争环境中,如何在竞争中获取优势,旅游服务文化的建设至关重要。在城市旅游企业内部创建富有特色,以游客为导向,具有稳定亲和力和持久向心力的旅游服务文化,对城市旅游企业制定和实施服务战略、发挥各项管理功能、形成持久竞争力具有重要的意义。关于旅游服务文化的理解需要注意三

	景区门票	旅游项目	机票	乘车	景区驻场演出	住宿、餐饮、购物
景区门票	行为主体为景区和当地政府，目前旅游产业其他主体介入景区门票开发刚起步，涉及较少					
旅游项目	旅行社常采用的促销方式，如打折价券、全家游套餐优惠券等	旅行社与景区联合推出旅游路线促销方案				
机票	适用于淡季促销，竞争程度较高的细分市场，整合航空公司、酒店多方合作，整合旅游、包车、包机、住宿、餐饮和购物等各个环节，推出配套旅行优惠券方案	适用于旺季促销和竞争程度较高的细分市场，旅游企业整合航空、包车、住宿、餐饮和购物等资源，推出整合营销方案，形成核心竞争力				
乘车	主要应用于高端领域为商务旅行，包括机票折扣、里程积分优惠、免费升舱等，以及将里程积分兑换成购物优惠券在机场免税店等场所使用	适用于高端商务旅行，将航空、包车、酒店、商务会所等业务打包推出高端会展商务旅行等全套解决方案	针对包车环节设计的优惠券形式，为少见			
景区驻场演出		适用于交通不够便利的旅行目的地，将航空、包车等运环节打包推出"旅行到家"服务优惠	适用于本地旅游业	整合乘车与景区驻场演出的促销方案，为少见		
住宿、餐饮、购物		整合航空飞行与旅游演出的优惠促销方案，目前较少见	适用于交通比较便利的旅行目的地	适用于本地旅游业	针对演出环节的优惠促销形式	景区或旅行社推出的演出一住宿综合促销方案	景区驻场演出	酒店餐饮集团针对其自营业务推出的优惠活动
	景区门票	旅游项目	机票	乘车	景区驻场演出	住宿、餐饮、购物

图10-10 旅游产业价值链整合营销模式

资料来源：王建冬、童楠楠．论移动互联时代旅游产业价值链整合营销[J]．信息化研究，2014，14．

点：第一，城市旅游企业必须提倡优质服务，才能逐渐形成旅游服务文化；第二，优质服务既面向外部顾客，也面向内部顾客；第三，在旅游服务文化中，优质服务是一种生活方式，是自然而然产生的，而不是强制推行的。

城市旅游服务文化的形成意味着城市旅游企业中的员工和管理层形成了一种"服务导向"特征，它是旅游服务文化中最重要的特征。服务导向是影响城市旅游企业员工和游客之间交互作用质量的一系列行为和态度，它提高了游客感知的服务质量，并会对利润率产生积极影响，而更高的利润率会为保持和改善员工的服务导向提供动力（如图10-11 所示）。

图 10-11　服务导向效果示意

资料来源：克里斯廷·格罗鲁斯著，韦福祥等译．服务管理与营销：服务竞争中的顾客管理［M］．电子工业出版社，2008．

1. 城市旅游服务文化的内容

城市旅游服务文化主要由三个层面的内容构成：

（1）外围层，即城市旅游服务文化的最外在表现形式，涉及游客所能观察到的一切有形因素，包括旅游服务设施设备、装饰装潢、色彩照明、温度湿度、员工制服、语言举止、态度氛围和技术服务程序等，所有这些内容都是城市旅游服务文化的直接反映。

（2）中间层，这一层次主要涉及城市旅游企业的制度、规范、策略与计划，也是城市旅游服务文化的体现和外化，例如城市旅游企业的人力资源管理规划直接体现着服务文化，同时又对服务文化的塑造和构建起着重要的作用。与外围层所不同的是，游客并不能直接接触到这些内容。

（3）核心层，包括服务意识、服务理念等内容，这是城市旅游服务文化的内核，也是前两个层次的基础和原则。服务意识是对服务性质、服务质量、服务重要性的直觉反应和理性思考；服务理念指导服务文化的实施，有什么样的服务理念，就有什么样的服务态度和行为。

2. 城市旅游服务文化的创建

塑造城市旅游服务文化是一项艰巨而复杂的系统工程，需要做好充分的准备，采用科学的手段和方法，并遵循特定的文化原则，按照规范的程序来进行。

（1）分析和规划。城市旅游服务文化是城市旅游企业在长期生产经营活动中形成的，没有足够时间的延续难以形成稳定的文化积淀，因此只有认识本企业的历史和现状，才能对未来的文化建设进行规划。

首先，城市旅游企业要追溯本企业的历史传统，考察历史上的重大事件、兴衰历程、礼仪习俗、思维方式、英雄人物等，对企业的历史进行总结和归纳显得十分有必要。

其次，城市旅游企业应对企业现状进行系统分析，主要包括内部环境和外部环境两方面：一是诊断内部环境。首先要分析旅游企业的员工素质，员工的素质状况影响着旅游企业文化的类型，也制约着旅游企业文化发展的现实水平和潜在能力；其次要分析企业的管理体制，因为管理体制合理与否对旅游企业文化的塑造有重要的影响；然后要分析旅游企业的特色，旅游服务文化的塑造应该考虑旅游企业与众不同的地方。二是诊断外部环境。旅游企业的外部环境是企业本身无法控制的，但是对旅游企业的经营状况和职工行为的影响很大。分析外部环境要考虑市场状况，适应市场变动的趋势；还要分析新的服务技术的发展，因为每一次新的服务技术的出现都会给企业带来新的机遇和挑战。

最后，在完成上述工作后开展文化建设的规划，包括总体思想、实施重点、实施方法和时间表等，其中总体思想是核心，城市旅游企业文化建设及其他规划都要围绕这一总体思想展开。

(2) 组织与实施。这是城市旅游企业文化塑造的关键阶段，通常包括以下五个方面：

一是调查现有的规章制度。在塑造城市旅游企业文化的过程中，需要检查与企业存在冲突的规章制度，并对其进行修正。在调整的过程中，应当考虑人们的既得利益和心理承受能力，采取慎重稳妥的方式。

二是全面提高员工的素质。员工素质是城市旅游企业文化建设的基础，全面提高员工的素质是塑造城市旅游企业文化的重要工作内容。

三是强化员工的企业意识。适时开展各种旅游企业文化活动，采取多种形式培养全员的企业文化行为，制定企业员工行为规范，印发员工手册，培育顾客导向的意识与行为。

四是设计各种仪式和活动。根据城市旅游企业实际，设计相应的企业庆典、奖励表彰等仪式，通过这些仪式和活动强化提升企业文化的认同度。

五是树立服务标兵和模范人物。将那些对城市旅游企业做出重大贡献的员工树立为企业的标兵模范人物，写进企业文化的宣传案例，使之成为企业员工学习的榜样，使旅游企业文化人性化、形象化，如借助影视、广播、图片展等形式，及时宣传旅游企业文化建设中的先进人物和典型事迹。在旅游企业外部，举办诸如媒体宣传、公共关系等塑造企业形象的专题活动，使城市旅游企业核心经营理念得到社会公众和客户的认同，进而提高企业认知度和美誉度。

案 例 10-3

希尔顿的微笑经营

美国"酒店"大王康纳德·希尔顿（Konard N. Hilton）于 1919 年把父亲留给他的 12 000 美元连同自己挣来的几千美元投资出去，开始了他雄心勃勃的酒店经营生涯。当他的资产奇迹般地增值到几千万美元的时候，他欣喜而自豪地把这一成就告诉了母亲。出乎意料的是，她的母亲淡然地说："依我看，你和以前根本没有什么两样。事实上你必须把握比 5 100 万美元更值钱的东西。除了对顾客诚实之外，还要想办法让来希尔顿的人住过了还想再来住，你要想出一种简单、不折本而行之有效的办法去吸引顾客，这样你的酒店才有前途。"后来，希尔顿找到了具备母亲说的"简单、不折本而行之有效"条件的东西，那就是微笑服务。

1930 年是美国经济萧条最严重的一年，全美国的酒店倒闭了 80%。希尔顿酒店也一家接着一家地亏损不堪，一度欠债 50 万美元。但希尔顿并不灰心，他召集每一家酒店的员工特别交代并呼吁："目前正值酒店的困难时期，我决定强渡难关，一旦美国经济恐慌时期过去，我们希尔顿酒店很快就能出现云开日出的局面。因此，我请各位注意，万万不可把心里的愁云摆在脸上。"事实上，在那纷纷倒闭后只剩下 20% 的酒店中，只有希尔顿酒店服务员的微笑是美好的。

紧接着，希尔顿又充实了一批现代化设备。此时，他又走到每一家酒店召集全体员工开会："现在我们酒店已新添了一流的设备，你们觉得还需要配备一些什么一流的东西来使客人更喜欢它呢？"员工们做出各种回答之后，希尔顿笑着摇头说："请你们想一想，如果酒店只有一流的服务设备而没有一流服务人员的微笑，那些客人会认为我们供应了他们最喜欢的东西吗？如果缺少服务员美好的微笑，就好比花园里失去了春天的太阳和微风。假如我是顾客，我宁愿住进虽然只有残旧地毯，却处处见到微笑的酒店，也不愿去只有一流设备而见不到微笑的地方。"

从此，希尔顿每天上班对员工说的第一句话就是"你对顾客微笑了没有？"为了让微笑经营这一理念深入每一个员工的内心，希尔顿要求每一个员工每天来酒店上班的第一件事就是集体唱微笑歌，无一例外。微笑经营理念成了希尔顿酒店文化的精髓，每一个希尔顿人都在用微笑传承着这一理念，用微笑走向世界。

如今，希尔顿的资产从 5 100 万美元发展到数十亿美元。希尔顿酒店吞并了号称"酒店之王"的纽约华道夫的乌斯托利亚酒店，买下了号称"酒店皇后"的纽约普拉萨酒店，其名声显赫于全球酒店业。

资料来源：汪洋．希尔顿的微笑经营［J］．人民文摘，2010，(10)．

（五）城市旅游企业人力资源管理

人力资源是城市旅游企业的重要资产，硬件设施设备和技术较为容易模仿，由人员所形成的差异性却是竞争对手难以复制的。因此，人力资源管理对城市旅游企业核心竞争力的培养具有深远的意义。接下来从内部营销、员工选聘、员工发展规划三个方面展开探讨。

1. 内部营销

内部营销是一种将员工视为企业的内部顾客，通过努力满足内部顾客的期望和要求来获得员工满意，吸引和保持优秀员工，并使其对企业的外部绩效做出贡献的管理理念。研究表明，员工的满意程度越高，企业就越有可能以顾客和市场为导向，顾客才越有可能满意。企业除了要对外部顾客进行营销外，还要对内部顾客即员工进行营销，而内部营销实际上处于一个更重要的地位，因为它是企业成功地开展外部营销的前提。西方学者们大多倾向于认为内部营销是从营销角度进行人力资源管理的一种哲学，强调人力资源管理也要具备顾客导向，通过招聘、培训、激励、沟通等各种管理手段，为员工提供良好的内部服务，创造员工满意感，使其对组织产生认同，愿意与组织发展长期关系。就城市旅游企业而言，员工的高流动率一直是人力资源管理的一个难题，造成员工流失的原因固然很多，但是归根结底很大程度上还是由于企业人力资源管理缺乏有效性。以内部营销观念来指导城市旅游企业的人力资源管理，可以促使旅游企业在人力资源管理过程中更多地注重员工的需要与期望，保持员工与组织的长期互利关系。

（1）人力资源管理。受过良好培训的员工，是比原材料、技术和产品本身更重要的稀缺资源。城市旅游企业需要通过薪资和红利系统、激励计划及其他人力资源工具保证内部营销目标的实现。因此，人力资源管理应在内部营销观念的指导下，从系统管理的角度出发，在招聘、培训、员工职业生涯规划、激励计划、奖励系统、绩效考核等方面形成相互配套的体系，从而不仅可以留住优秀的员工，降低员工的流失率，而且能够吸引外部优秀人才的加入，为实施内部营销活动提供有力的保障。

（2）提供有形展示。城市旅游企业不仅要给员工物质激励，还要在有形展示上给员工精神激励：①物质有形展示。旅游服务的高标准、复杂性、枯燥性、易受挫折性，给员工带来较大的心理压力，因此，员工往往会寻找服务现场有缓解压力和缓解紧张情绪的物质。例如，可口的午餐可以缓解员工紧张的心理，工作休息之余的水果和甜点也会减少服务的枯燥感。②管理人员的有形展示。管理人员的形象是旅游服务文化和管理理念的载体，他们的言行是员工发现、追踪和效仿的目标。因此，管理人员在传播旅游服务文化和内部推销时，应给员工做好示范和表率，并进行合理的指导和监督。

（3）培训员工。①提高员工对自身角色的认识。通过培训使员工了解其在执行服务战略和承担营销职能时，与其他人、其他部门及顾客之间是如何衔接、协作和服务的。通过对多方面关系的认识，可以加深员工对角色的认识。②培养员工对服务战略和角色的态度。经过培训，当员工对服务战略和营销过程形成清楚的认识之后，角色定位将使员工重新认识工作职能和作用，进而改变对服务战略和工作职能的态度。对于服务战略，员工能积极参与、认真实施；对于工作职能，员工不仅能认真承担生产职能，还能做好营销工作。③培养和强化员工的沟通、销售和服务技能。良好的沟通技能可以促进内外部服务质量的改善，提高整体营销效果。通过培训，可以有效改善员工的服务技能和销售水平，有助于内部营销目标的实现。

（4）促进团队协作。团队协作意识一方面可以给予员工情感安慰，保证员工情绪的稳定，提高整体服务质量；另一方面，企业创新和发展源于每一个员工参与的凝聚力，团队协作意识有助于提高顾客整体满意度。当团队协作意识成为企业共识时，内部和外部服务质量之间会形成良性互动。旅游服务过程的复杂性，对团队协作精神提出了更高的要求，这就需要城市旅游企业有针对性地设计组织机构，减少管理层级，对一线员工进行授权。同时，鼓励员工之间的沟通，保持成员之间和谐的关系。

（5）了解内部顾客。通过内部营销调研，可以了解员工的期望和需求、对经营管理和服务活动的态度、对各级管理人员的意见、对企业未来发展和规划的看法，并提出合理化的建议。因此，城市旅游企业必须建立员工满意度调查制度，保持通畅的沟通渠道，采取相应措施满足员工的合理需求。另外，城市旅游企业应像对待外部顾客一样，做好内部服务补救工作，认真接待并积极解决员工投诉，同时提供多种渠道方便员工的投诉，如座谈会、专线电话、意见箱、总经理接待日等。这样可以及时发现管理过程中存在的问题，了解员工的实际困难，并通过内部营销加以解决。

2. 员工选聘

招聘和选拔工作是保障城市旅游企业人力资源的重要步骤。招聘是吸引候选人应聘空缺工作岗位的人力资源补充方式，选拔则是城市旅游企业从候选人中选择新成员的手段。招聘和选拔会产生相应的成本和费用，因此采取正确、有效的方式十分必要。

（1）招聘。①信息沟通。城市旅游企业在对空缺职位要求，以及员工应具备的素质进行全面评估的基础上，需要选择合适的途径向劳动力市场传递信息，目前常用的方法是广告招聘。②渠道选择。除了采取广告招聘以外，充分利用外部机构进行招聘有助于扩大人员的选择范围，其他渠道包括：职业介绍所、专职猎头机构、不定期的自荐应聘信息、员工介绍、学校教育机构、电话热线、招聘接待日、网络招聘等。③筛选。筛选是对应聘的候选人逐步过滤的过程，目标是将背景和潜质与岗位规范要求相符的人挑选出来。

（2）选拔。①采用多种选拔手段。城市旅游企业设立多种选拔手段有助于较为客观地反映候选者各方面的能力，其中面试环节可以获得候选者的综合素质信息；模拟服务现场测试法能够综合测定候选者的实际操作技能。②评估成本效益。一方面，选拔过程要使用科学、合理的方法，提高选拔效益；另一方面，要建立合适的组织机构，对成本和效益进行评估和控制。③事后评估。城市旅游企业需要对员工的工作绩效进行考核，以发现选拔过程中存在的问题。

3. 员工发展规划

员工的发展规划始于对员工素质和能力的认识，需要通过考核来实现。在考核的基础上，通过有针对性的培训计划和激励措施，可以实现留住优秀员工的人力资源管理目标。

（1）员工的考核。城市旅游企业一般通过正式评价和非正式评价来对员工的工作状况做出判断，从而与员工的报酬挂钩，并将评价的结果与员工的培训及个人发展计划结合起来，以实现人力资源管理的系统化和有序化。

（2）员工的发展管理。从服务管理的延续性和服务质量的一致性角度来看，城市旅游企业应经常为有能力和有潜能的员工提供培训，为其成长创造一个良好的环境。目前，许多旅游企业开始引进员工职业生涯设计，通过提供多方面培训和指导为员工个人发展描绘清晰的蓝图，这对培养旅游企业的凝聚力、激励员工士气、挖掘员工潜能具有重要的实践意义。

（3）留住优秀的员工。城市旅游企业必须建立支持系统留住优秀员工。员工的流动，尤其是优秀员工的流动，会对顾客满意度、员工士气和整体旅游服务质量产生影响。因此，留住员工尤其是优秀员工显得十分重要，具体策略包括将员工纳入企业发展愿景；将员工作为内部顾客对待；评估并奖励优秀员工等。

第三节 城市旅游服务趋势

一、发展趋势

城市旅游服务是城市旅游产品的本质，为城市游客提供优质旅游服务是城市旅游企业赢得市场份额、实现可持续发展的基础。未来城市旅游服务的发展趋势表现为以下几个方面：

（一）旅游服务专业化

专业化（Specialization）描述的是一个专业程度加深的动态过程。就产品和服务而言，专业化主要体现在技术性、独特性和市场认可度三方面：技术是专业化的一个十分重要的因素，所提供的产品和服务包含的高新技术和先进手段将直接构成专业化内容；无论多么先进的技术，必须通过特定的产品和服务展现出来，通过技术的应用和创新，形成独特的产品和服务，从而占据独特的细分市场；产品和服务的技术性、独特性还必须以市场为导向，也只有得到市场认可的、受市场欢迎的产品和服务，才是追求专业化的初衷。

城市旅游服务专业化表现为城市旅游活动中的服务内容得到不断规范和提升的过程，具体体现在服务的细致化和全面化上，细致化和全面化又分别表现在硬件的服务和软件的服务两个方面。硬件服务专业化具体指城市旅游服务设施设备的配套齐全，如食、住、行、游、购、娱等旅游要素功能设施的保障到位，以及邮政、通信、金融等旅游辅助功能设施的供应配备；软件服务专业化体现在城市旅游服务的对象、内容、方式、理念、技能等方面。

（二）旅游服务特色化

特色化是对服务特性的一种特有描述，是指提供一种具有独特魅力的服务。城市旅游服务的特色化指在城市旅游活动中，结合所提供服务的特点及其所处的人文地理环境和游客需求，形成一种与众不同的服务风格。现代城市普遍存在一种"千城一面、千篇一律"的印象，如何从众多同质化的城市中脱颖而出是城市旅游业亟须解决的问题，而特色化的城市旅游服务提供了一种可能路径。城市旅游特色化服务一般是由具有新、奇、特、优等特点的服务环境、服务项目、服务方式、服务效果构成，能给人耳目一新的感觉，可有效满足城市游客求新探奇的心理。因此，为城市游客提供特色化服务是旅游城市彰显服务个性、构建特殊吸引、形成比较优势的重要途径，更是旅游城市"标新立异"、打造城市旅游品牌的重要法宝。

（三）旅游服务科技化

科技是管理者在设计、制造、分销产品和服务时所使用的技术和设备的总称。科技力量是管理者用于设计、制造、分销产品和服务的科学技术发生变化后的效果。科学技术的发展刺激了市场对消费品的需求，迫使生产者不断开发新产品，适应新的市场需求。随着科学技术的迅猛发展并且快速转化为社会生产力，越来越多的科学信息技术也被运用到城市旅游服务中来，这些先进的科学信息技术在城市旅游活动过程前、过程中、过程后为城市游客提供旅游服务，在一定程度上可以提升城市旅游服务的水平和效率，因此也成为城市旅游服务工作不可或缺的辅助手段。

二、提升策略

（一）推进旅游标准化工作

标准化是提供专业旅游服务的保障因素，优质的旅游服务需要建立在标准化的基础上。服务标准化是国际标准化面临的一个新领域，国际服务标准有助于推动竞争者提供比以往更好的服务，让制造商、服务商和消费者都同样受益。目前中国旅游服务状况与发达国家的主要差距并不在于硬件，而在于软件上，即在管理和服务上。因此，推进旅游标准化工作是城市旅游企业发展的需要，是培育和完善旅游市场体系的需要，是促进中国旅游业与国际接轨的需要，也是保护旅游消费者合法权益的需要。

做好城市旅游标准化服务，一方面要做好旅游服务标准的设计工作。除了城市旅游主管部门对旅游服务标准要做相关规定外，城市旅游企业还要针对自身的实际情况设计服务标准，根据市场状况和自身资源特点，结合旅游者的需求特点，把标准建立在优化服务流程、提升服务质量和效果上。另一方面要做好旅游服务标准的实施工作。服务标准的实施要靠一线员工，因此必须要有一支素质高、态度好、技能强的员工队伍。通过做好员工的技能培训，保证服务标准的有效执行，员工要能够在不降低服务质量的情况下灵活执行服务标准，具有一定的现场处置能力，在服务过程中根据游客的需求适当变通；同时，根据城市旅游行业发展和市场变化的需要，适时改进和提高旅游服务标准，不断优化工作流程，提升旅游服务档次。

（二）挖掘地方旅游文化内涵

拥有特色鲜明的旅游产品可以有效地避免同质化，巩固和提升城市旅游业的核心竞争力。城市旅游企业创立特色化的旅游服务，不仅要对自身状况进行认真分析，还要对竞争对手的状况、特点进行调查研究，更主要的是对接受服务的游客群体进行分析，从而提供与众不同、适销对路的旅游服务。保持显著差异的旅游服务特色需要贯彻"人无我有、人有我优、人优我变"的理念。

文化是旅游的灵魂，旅游是文化的重要载体。城市旅游特色是与城市地域文化紧密相连的，城市旅游服务的独创性最终要归结到城市的文化资源上来。只有挖掘和体现地方历史、文化内涵，加强文化与旅游的有机融合，才能彰显城市旅游特色，避免"千城一面、千篇一律"。具体需突出以下几点：第一，城市旅游项目开发应挖掘文化内涵、打造精品。在旅游线路设计上体现文化特色，在旅游商品开发中注入文化元素，在旅游项目招商中营造文化氛围。第二，旅游市场开拓应创造文化效应和文化魅力。加大旅游宣传促销工作力度，编制富有文化特色的旅游宣传资料，提升旅游知名度和影响力。第三，旅游行业管理提升文化素养和文化层次。总之，应抓好旅游企业员工培训，提升员工文化素养和业务能力，培育诚实守信的文化氛围，加强从业人员的文明礼仪和职业道德管理。

（三）开展智慧旅游城市建设

智慧旅游以通信与信息技术融合为基础，以游客互动体验为中心，以一体化的行业信息管理为保障，以激励产业创新、促进产业结构升级为特色，是科学技术在旅游业的全新应用，可以更好地指导旅游业的良性发展。智慧旅游城市的建设与发展具体体现在城市旅游管理的智慧、城市旅游服务的智慧和城市旅游营销的智慧三个层面。

（1）城市旅游管理方面。通过信息技术及时准确地掌握旅游者和旅游企业信息，实现旅游行业监管从传统的被动处理、事后管理向过程管理和实时管理转变；鼓励和支持旅游企业运用信息技术，改善运营流程，提升管理水平。

（2）城市旅游服务方面。通过信息技术提升游客的旅游体验和旅游品质；通过科学的信息组织和呈现形式让游客方便快捷地获取旅游信息，帮助游客更好地安排旅游计划，做好旅游决策；推动传统旅游消费方式向现代旅游消费方式转变，引导游客产生新的旅游习惯。

（3）城市旅游营销方面。通过旅游舆情监控和数据分析，挖掘旅游热点和游客兴趣点，开展旅游行业的产品创新和营销创新；通过量化分析和判断营销渠道，筛选效果明显、可以长期合作的营销渠道；充分利用新媒体传播的特性，吸引游客主动参与旅游的传播和营销，逐步形成自媒体营销平台。

 拓展阅读

云台山铸就国家质量大奖品牌

焦作市云台山景区经过短短10多年的发展后名声在外，2015年景区接待游客连续第四年突破500万人次，达到530万人次，实际购票人数增长7.7%，实现收入4.7亿元，达到2012年以来的历史最高值。2016年3月，云台山景区获得第二届中国质量奖提名奖，是本届中国质量奖中唯一获城市旅游景区，也是河南省唯一获得质量奖提名奖的服务企业。

一直以来，云台山景区以"打造世界知名、全国一流的旅游目的地"为愿景，全力实施"一体两翼，复合发展"的转型升级发展战略，持续推进项目建设，创新市场营销模式，全面加强企业管理，深化提升服务质量，用心去经营，用情去服务，使景区游客满意度、品牌影响力和综合竞争力得到全面提升，成为河南省唯一获得中国驰名商标、全国质量工作先进单位及首届省长质量奖三项殊荣的城市旅游企业。那么，云台山景区是如何锻造游客满意、国家认可的质量品牌的呢？

标准化管理战略：不断提升的品牌内涵

云台山景区的管理及服务质量标准建设，是一个不断突破、不断提升的过程。自2006年起，云台山景区开始了标准化建设，先后完成了《云台山风景名胜区管理局标准化管理体系》2006年版和2009年版的编制、发布和实施；2011年，景区按照GB/T 24421-2009《服务业组织标准化工作指南》要求，结合景区实际，编制了《云台山风景名胜区服务标准化体系》（2011年版），包括服务通用基础标准体系、服务保障标准体系和服务提供标准体系3大体系、20个子体系、658项标准；2015年，景区又出台了《关于深入实施标准化管理发展战略的意见》，在财务、规划、营销、服务、安全等方面全面实施标准化管理，引领和推动景区管理水平的提升。

不断推进标准化服务工作，在景区职工中形成了"学标准、讲标准、用标准"的良好氛围，真正实现了"一切工作有标准，按照标准做工作"，营造了充分授权、科学管理、主动参与、持续创新、优质服务、诚信经营的和谐发展环境；实施标准化管理战略，是对景区标准化工作的升级，是全面的企业管理，以标准化管理来引领和提升企业科学化、精细化管理水平，增强企业核心竞争力。

精细化服务：从一点一滴锻造金字口碑

实施标准化管理战略的最终落脚点是提升景区的服务品质，云台山景区把标准化服务意识渗透到细节，体现在平时，持续推进人性化、精细化的贴心服务，打造一流服务品质。景区树立了"不让一位游客在景区受委屈""突出人性化""注重精细化"的服务理念，对全体职工和旅游服务从业人员进行"态度决定一切，细节决定成败"的职业教育，要求员工始终以最美好的形象面对游客，以最细致、最贴心的行动服务游客，争取使每一个游客都能高兴而来、满意而归。

在云台山景区，精细化服务体现在每一个细小环节。细心的游客会发现景区的栏杆上缠绕着整齐的尼龙绳，这是为了使金属栏杆在夏天不烫手，冬天不冰凉，雷雨天防触电。游客也可以随时看到有员工弯下腰，随手捡起地上的纸片、烟头、塑料袋，"山美、水美、人更美"已成为游客对云台山的最深印象。

优美的山水，人性化的精细服务，为云台山赢得了广大游客的赞誉，口口相传成为游客认知景区的重要途径，近50%的游客是通过亲朋好友的推荐慕名前来云台山的。根据游客意见反馈和问卷调查，云台山景区的游客重游率达到25%，景区综合评价好评率达到98%。2014年"五一"小长假期间，在央视"景区服务，口碑是关键"的新闻报道中，云台山景区以第二名的成绩荣登景区服务正面评价口碑排行榜。

智慧旅游：为景区标准化建设扩脑增眼

随着数字化信息技术对社会生活的渗透，智慧旅游建设成为景区提高服务水平、管理水平及满足游客多样化旅游体验的现实需求。云台山景区持续推进数字化基础设施建设，将数字、信息、网络技术应用到云台山的保护、管理和开发之中，提升信息化、智能化、科学化管理水平，积极融入"互联网+"，使景区智慧旅游不断登上新高度。

经过不断地建设，包括信息监管、电子门禁、智能监控、多媒体展示、电子商务、GPS车辆调度、LED信息发布、电子商务、智能全景导游图等多个系统在内的一期、二期工程均已建成并投入使用，可实时掌握各景点的客流及车辆、人员工作和环境、安全异常情况等，特别是在"十一"等客流高峰时段，高效的实时调度与分流皆得益于此，全面提升了景区的管理水平。近年来，云台山景区启动了B2C模式，开通了云台山景区官网、APP、微官网、微博、微信"五位一体"的自媒体平台，还对电商平台和票务系统进行了升级改造，率先实现了网上订票，凭身份证或二维码直接验票入园，这些都大大方便了游客的游览。如今，云台山景区正在加快三维地理信息系统建设，为实现平台共享数据和应急指挥提供强大的数据分析及汇总支持，为虚拟导览提供高精度的三维电子地图及仿真景观；景区 Wi－Fi 全覆盖和观光车智能讲解系统建设也正在推进，这些将为智慧旅游服务和精准营销提供全面的大数据支撑。

资料来源：云台山等获第 2 届中国质量奖提名奖，新浪网，2016 年 3 月 29 日.

思考与练习

1. 联系实际，论述城市旅游服务的类型及特点。
2. 举例说明城市旅游服务系统。
3. 阐述城市旅游服务管理的内容体系。
4. 结合所处城市实际，谈谈城市旅游服务的发展趋势。

参考文献

［1］〔芬〕克里斯廷·格罗鲁斯. 服务管理与营销［M］. 韦福祥等译. 北京：电子工业出版社，2008.

［2］〔美〕马克·戴维斯等. 服务管理［M］. 王成慧，郑红译. 北京：人民邮电出版社，2006.

［3］陈信康. 服务营销［M］. 北京：科学出版社，2006.

［4］范秀成. 服务管理学［M］. 天津：南开大学出版社，2006.

［5］冯俊. 服务企业管理［M］. 北京：科学出版社，2007.

［6］付业勤，郑向敏. 我国智慧旅游的发展现状及对策研究［J］. 开发研究，2013，（04）.

［7］华倩. 商务旅行服务专业化发展研究［D］. 上海：华东师范大学，2007.

［8］黄晶. 旅游服务管理［M］. 天津：南开大学出版社，2006.

［9］江小娟. 服务全球化的发展趋势和理论分析［J］. 经济研究，2008，（02）.

［10］李枫林. 现代服务管理理论与实践［M］. 武汉：武汉大学出版社，2010.

［11］李克芳. 内部营销与人力资源管理的整合模型［J］. 云南财经大学学报，2011，（06）.

［12］蔺雷，吴贵生. 服务管理［M］. 北京：清华大学出版社，2008.

［13］汪洋. 希尔顿的微笑经营［J］. 人民文摘，2010，（10）.

［14］张文建，王晖. 旅游服务管理［M］. 福州：福建人民出版社，2006.

第十一章　城市旅游创新

 学习目的

通过本章的学习，了解创新的内涵、特点、分类和模式，理解和掌握旅游创新的概念、机制和特征，了解城市旅游创新的原因和基础，理解和掌握旅游创新形式在城市旅游中的实践应用。

 学习要点

- 创新的内涵、特点、分类和模式
- 旅游创新的概念与特征
- 旅游创新的形式与机制
- 城市旅游创新实践

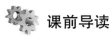 **课前导读**

大英博物馆的虚拟旅游

位于英国伦敦的大英博物馆（British Museum）是世界上历史最悠久、规模最宏伟的综合性博物馆。博物馆收藏了世界各地的文物珍品及众多伟大科学家的手稿，藏品之丰富、种类之繁多，为全世界博物馆所罕见，成为伦敦城市旅游的重点产品，每年吸引了成千上万的游客。

2015年，大英博物馆与谷歌文化学院合作推出虚拟游览项目，全世界的博物馆爱好者们借助电脑或移动设备，在网上就能欣赏4 500多件藏品，甚至能凑近至玻璃柜，近距离观摩。谷歌文化学院采用街景地图技术，全面展现了大英博物馆的内部景观，让网友能够像看街景一样，用鼠标代替足迹，模拟实体观展体验，在大英博物馆内部进行一场全方位的虚拟旅行。网友能够对其中的每一件藏品进行随意地放大和缩小，藏品的全部细节也因此尽收眼底。该项目的成功上线不但让大众实现了在家中端着酒杯就能享受艺术的美好愿景，而且进一步增强了人们亲临大英博物馆进行实地游览的兴趣。

资料来源：佚名. 大英博物馆推虚拟游览项目，海量藏品搬上互联网［EB/OL］. 第一旅游网，http://www.toptour.cn, 2015-11-24.

第一节 关于创新

一、创新的界定

（一）创新的内涵

创新（Innovation）意指新事物的创造。1912年，经济学家约瑟夫·熊彼特在《经济发展理论：对于利润、资本、信贷、利息和经济周期的考察》中首次提出创新理论，书中认为"创新"就是"建立一种新的生产函数"，即实现生产要素和生产条件的新组合，包括了五种情况：①创造或采用一种新产品，即产品创新；②采用一种新的生产方法或新工艺，即过程创新；③开辟新市场，即市场创新；④取得或控制原材料或半成品的一种新的供给来源，即输入创新；⑤开发新的资源实现任何一种新的产业组织方式或企业管理方法，即组织创新（张振刚、陈志明，2013）。

创新理论强调创新的经济学意义，认为创新是一个具有商业目的的生产过程，是追求经济效益的一种手段。随后学者们对创新进行了不断深入的探讨，创新既包括产业创新、过程创新和组织创新，也包括企业外部部门、区域和国家层面上的社会文化创新和制度创新等（Morgan, 1997）。技术创新、知识创新、服务创新等相关概念也先后出现，但是它们具有不同的内涵和外延。技术创新和知识创新是围绕技术或知识等生产要素来定义的，服务创新更倾向于以创新活动的发生领域来定义。虽然不同的创新概念有不同的定义视角，但是它们都强调了两方面的内涵，即首次的"新颖性"和商业化或实践的"应用性"（郭峦，2011）。

（二）创新的类型

根据创新主体对创新的掌握程度，创新可分为内部创新和外部创新（如图11-1所示）。其中，内部创新又包括产品创新、流程创新和战略创新；外部创新包括社会创新、政治创新、哲学创新。

1. 内部创新

（1）产品创新。符合市场需求的产品的生产过程展现了创新行为的轨迹，新产品同时又是创新旨在完成的目标。产品创新是最直观体现创新过程的一种创新形式，可以是技术导向的，也可以是市场导向的。创新的技术属性体现在产品的功能方面。市场创新分为有形的和无形的两类，有形市场创新是在准确把握市场需求上争取在技术上占明显优势，无形市场创新是依靠强大的品牌价值和营销策略占领整个市场。

（2）流程创新。技术性的流程创新通常能提高生产工艺的效率或增强产品的性能。流程创新包括了一系列组织架构、组织工作流程方面的变化。亨利·福特通过创造发展流水线来改革生产体系时，已经在操作上、技术上和管理上实现了同步创新。

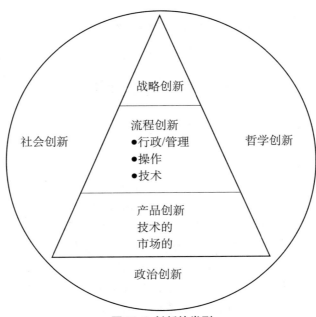

图 11-1 创新的类型

（3）战略创新。战略创新体现在组织转变当前的商业模式或者采用全新的商业模式上。有时战略创新会由组织内部的产品创新或者流程创新驱动；有时则由外部创新和挑战促发。比如，互联网使电子商务得以实现，通过构建电子商务模块并培养相关能力可以让原有的商业模式得到不断补充和完善。

2. 外部创新

（1）社会创新。社会处在不断变迁之中，越来越多的公众融入全球性需求和社会理念演变潮流，这使得现代社会消费需求不断扩大且逐步倾向于个性化。社会创新是由一系列因素联合驱动，进而使整个社会朝某个新方向发展的过程。

（2）政治创新。政治对于社会发展的作用不亚于社会组织，政治创新有多种形式，主要有立法、体制改革、社会治理等，中国改革开放对于国家经济与社会文化的改变真实显现出政治创新的巨大能量。

（3）哲学创新。哲学观念不断更新着人类的知识体系，哲学创新产生的变化可谓是极其深远的。以中国为例，从"父母在，不远游"到"说走就走"的生活哲学与价值观念变化，正在为全球旅游市场创造着规模越来越庞大的中国旅游消费者。

（三）创新的特征

1. 风险性

创新的风险性是指创新给社会及创新主体自身带来损失的不确定性。创新的风险性主要表现为以下两方面：一是因时机把握不当而给自身带来损失的不确定性；二是因创新内容、手段等选择不妥而给自身带来损失的不确定性。

2. 综合性

创新的综合性表现为硬技术的综合化和管理技术的综合化。硬技术的综合化是指在充分利用内部资源的基础上，通过对全球技术资源的整合与利用实现创新的过程，主要表现在全球化技术转移使用、全球化技术合作、全球化技术研发三个方面。管理技术的综合化是指在创新过程中综合运用各种管理手段和工具，对各部门的活动进行有效整合，从而实现协同创新的过程。

3. 超前性

创新的超前性是强调创新是预知并率先抓住未来市场需求的行为，主要体现在技术领先和稀缺资源抢占两方面。在技术领先方面，通过技术研发获取领先技术，并通过专利的申请在短期内获得比竞争对手更大的成本优势。在稀缺资源抢占方面，通过商业模式创新优先抢占关键稀缺资源，增大其与竞争对手抗衡的资本。

二、模式和战略

对创新模式和战略的理解有助于了解创新活动的规律和创新实践的特征。创新模式的选择是创新战略制定的重要内容，选择何种模式在很大程度上决定了经营战略的性质、方向和成败。

（一）创新模式

创新模式是指关于创新的方式、方法和范式的理论归纳与总结。依据创新目的和方法的不同，创新模式可以分为自主创新、模仿创新和合作创新三种模式。

1. 自主创新

自主创新是指通过自身努力和探索产生技术突破，以获得自主知识产权为目标，独立完成技术的商业化全过程。自主创新的成果，一般体现为新的科学发现及拥有自主知识产权的技术、产品等。

2. 模仿创新

模仿创新是指通过向首创者学习创新的思路、经验和行动，购买或者破译核心技术和技术秘密，对技术进行改进和完善，根据市场的特点和趋势加以深入开发的创新行为。

3. 合作创新

合作创新是指企业之间、企业与高校或者研究机构之间优势互补，共同投入某一项研究，形成创新的协同效应，达到双赢或者多赢的目标。狭义的合作创新是企业、大学、研究机构为了共同的研发目标而投入各自的优势资源所形成的合作，一般特指以合作研究开发为主的基于创新的技术合作，即技术创新。近年来，合作创新已经成为国际上一种重要的创新方式，由于企业合作创新的动机不同，合作的组织模式也多种多样。

（二）创新战略

创新战略是指在复杂多变的环境中为保持独特的竞争优势而制定的关于经营、工艺、技术、产品、组织、市场等方面的创新方案和策略。根据创新战略实施的难度和特点，可将创新战略分为领先者战略、追随者战略、仿制战略和实用工程战略四类。

城市旅游管理

1. 领先者战略

领先者战略是赶在其他竞争者之前,率先采用新技术并将新产品投入市场,以获取较大市场份额和利润的一种战略。采用领先者战略一般需要拥有雄厚的实力,有较强的应用研究与开发的力量,能先发制人,保证技术处于领先地位。

2. 追随者战略

追随者战略是通过模仿领先者的产品技术,在产品处于成长期的初期阶段时将新产品投入市场的一种战略。该战略的重点不在于激发用户的初始需求,而在于总结"领先者"所犯的错误和经验,开发出性能更好、可靠性更高和具有先进性的产品,把现有用户吸引过来。

3. 仿制战略

仿制战略是通过产品仿制,以较低的成本开拓市场的一种战略。采用仿制战略往往在产品成长期或稍后一些时间内进入市场,并在产品定型化或标准化之后再对生产设备进行大量投资。

4. 实用工程战略

实用工程战略是通过专用技术服务少数特定需求的战略。采用实用工程战略进入市场的时机可能在产品生命周期的早期或成长期,也可能在产品的后期即市场进一步细分的时期。

第二节　旅游创新

旅游业的发展也离不开创新。在旅游业中,游客有体验、享乐、舒适、温馨和求新求异等多方面的需求和期望,这就要求旅游业不断创新以满足人们"喜新厌旧"的心理。为了满足"大众旅游时代"的综合需要,旅游业必须从多方面实现旅游创新,创新的目的就是创造差异化的优势。只有通过旅游创新来开发出新产品、新服务等,才能更好地满足旅游者的需求,从而实现企业的可持续发展。

一、旅游创新的概念和分类

(一) 旅游创新的概念

约瑟夫·熊彼特的创新理论始于对制造业的研究,这一理论被引入旅游领域后出现了不同的认识和理解。从创新来看,旅游创新应该属于创新中的一类,是前所未有的或首次出现的被商业化或实践应用的行为或结果;从旅游来看,旅游创新是具有旅游属性的创新。广义的旅游创新包括旅游业内发生的所有创新,以及旅游业外部一切服务于旅游(活动)的创新;狭义的旅游创新是从产业范畴定义为旅游业内发生的所有创新(郭峦,2011)。

(二) 旅游创新的类型

经济学界一般把创新分为技术创新和制度创新。这一观点引入旅游业,技术和制度方面的旅游创新又能够做进一步细分,其中技术创新体现在三个方面(卞谦、邓祝仁,

2000）：

（1）产品创新。如旅游景点的重构与再造，旅游纪念商品的设计、开发与制作，娱乐场所的改造，旅游线路和旅游方式的多样化创新组合等。

（2）工艺创新。如交通、通信、食宿、游览、娱乐、安全、督查、旅游商务、受理投诉等与旅游相关的各项服务手段的改进。

（3）功能创新。如运用高科技手段多角度开发旅游景点和休闲活动的文化内涵；对某些特殊景点和服务设施进行多功能化的综合设计；运用相应的宣传促销理念和手段改变或吸引游客，帮助旅游服务人员树立新的旅游观念，提高游客和服务人员的旅游文化档次等。

制度创新则体现在四个方面：

（1）政策创新。如政府、合作团体、个人在权责利方面的合理配比政策；旅游企业作为经营主体在自主权方面的政策；税收政策；价格政策等。

（2）组织创新。如企业外部的产权重组形式；合伙企业的国有与私有之间的结合方式；企业内部"新三合"与"老三合"的关系；在实体公司内部组织体制中选择集权组织结构发展形态还是分权组织结构的发展形态等。

（3）管理创新。它指一种更有效而尚未被采用过的新管理方式或方法的引入。

（4）市场创新。它不仅包括新产品市场的开拓和占领，而且还包括市场构成机制的创新。

（三）旅游创新的特征

1. 有新意

旅游创新就在于"创"和"新"，"创"就是开创、开辟、开拓、新创、创造，就是有所突破，有所革新，有所造就；"新"就是前所未有、不同既往，就是新意、新鲜、新颖、新生（高舜礼，2012）。旅游创新具有服务部门创新的特点：①服务生产和消费的同一性，促使消费者成为创新的重要来源和创新者；②产品创新和过程创新难以划分界限，信息、人力资源、组织是旅游创新的重要因素。旅游业主要通过相关活动的集合、暂时性、旅游者—旅游业契合、旅游者—本地社区、环境关系五个方面体现出旅游创新的独特性（Hall，2008），倾向于非技术创新且集中在专业技能、品牌和设计上，服务产业化和新的信息通信技术能激发更多的旅游创新（Decelle，2006）。

2. 多样化

旅游创新不仅包含技术创新，还包括非技术创新，如组织创新、制度创新等，呈现出多样化的特征。旅游创新所包含的技术创新，与制造业的技术创新有很大的区别，旅游部门主要侧重于引进新技术的应用创新。已有实践之中的旅游领域的创新，虽然也有技术创新的成分，但更大程度上表现为管理创新、组织创新和服务创新。其中，由于旅游业是服务业的龙头产业，因此服务创新在旅游业的应用更为多见，能够促进整个服务业的创新发展（石培华、冯凌，2011）。

3. 易融合

由于旅游消费的开放性，旅游业的进入壁垒比较低，这使得旅游业在发展过程中很容易与其他的因素结合产生旅游创新，如工业与旅游的融合出现了工业旅游，农业与旅游业融合产生了农业旅游。另外，旅游业也常常结合新技术的应用，如应用电子商务模式而出现的线上旅游企业。易融合的特征给旅游业带来了更加多样化的创新发展机会与空间。

4. 难划分

在旅游创新过程中，各种创新方式常常混合在一起，难以划分清楚。例如携程旅行网的出现，代表着一种新型的旅游企业，属于旅游组织创新；其经营模式是现代信息网络技术加传统旅游业务，是一种新的旅游经营模式，也是一种结合新技术应用的创新；另外，携程通过互联网销售旅游产品，又是营销渠道的创新。

（四）旅游创新的机制

创新虽然有多种类型，但是创新的核心在于知识创新。旅游创新的核心本质就是新知识在旅游实践中的应用，是知识创新在旅游业外显或物化的结果。旅游创新的形成过程首先是个体从外界获取知识，并在个人的直觉、经验、灵感、思考的基础上，将显性知识（包括结构化知识和非结构化知识）和隐性知识相互转化及整合。例如，对于现有的未能解决的旅游问题，个体通过实地考察或同其他个体的交流，获得新的认识、经验等，与自身已经具有的存量知识进行重新整合，通过创造性的思维，形成新的知识，即解决问题的方案构想，再将这个构想在旅游企业里予以应用和实施，转化为旅游创新。因此，旅游创新与知识创新有着紧密的内在联系，知识创新是旅游创新的基础，旅游创新是知识创新在旅游业中物化的结果和外在表现形式。

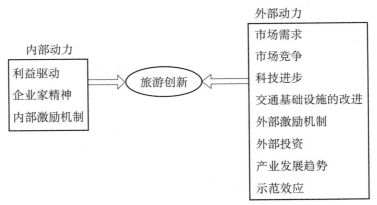

图 11-2　旅游创新主体系统的动力机制

而旅游创新的产生是多种动力共同作用的结果，是一个非常复杂的过程，需要各种因素构成一个综合的动力机制（如图 11-2），来促进各个行为主体产生旅游创新动机和旅游创新行为。这一旅游创新系统的动力机制由内动力机制和外动力机制组成：内动力机制是指主体内部促使旅游创新产生的各种动力要素，主要包括利益驱动、企业家精神、内部激励机制等；外动力机制是指主体外部促使旅游创新产生的各种动力因素，主要包括市场需求、市场竞争、科技进步、交通设施的改进、外部激励机制、外部投资、产业发展趋势、示范效应等（郭峦，2014）。

二、旅游创新的形式

（一）技术创新

信息通信技术的发展为旅游业的生产、运营和分销技术带来了变革，旅游业的各个酒店物业管理系统管理层面都受到了巨大影响。在饭店业，依靠前台员工操作的"房况控制表"已经被物业管理系统（PMS）取代，以前需要人工填写、检索的顾客信息现在可以方便地通过客户管理系统（CRM）数据库调用，饭店企业的生产效率因此有了很大的提升。在主题公园等景区中，用于实时管理游客排队、提高游玩效率的信息系统已经为游客带来了极大的方便。除了运营之外，旅游企业内部的财务、人力资源等职能管理，也借助于计算机和信息技术实现了速度、准确性和方便性方面的提升。技术创新还影响着旅游企业内部和企业之间的信息交流方式，并对企业组织结构和产业价值链变化产生了重大影响。例如，在员工广泛分布于全国各地的大型连锁旅游企业中，通信技术使得人力资源管理的政策可以方便地被各地企业员工所获知；而旅游预订类网站与景区、饭店、餐馆等下游企业之间的自动化订单处理系统，也大大减少了确认、复核等方面的工作量。

旅游技术创新包括两种类型：①新技术在旅游领域中运用所引发的创新，如数字技术被广泛应用于酒店中，催生"网络客房""电脑房"等的出现；②旅游新技术的发展和运用，如导游讲解系统，从投币方式的"电子导游机"，到采用数码技术供游客自由选听的"数码按键播放机"，利用视频与网络技术将重要文物做成视频图像和配上解说供参观者观赏的"触摸式视频讲解系统"等，这些都在很大程度上降低了导游人员的工作难度，提高了旅游效率。

（二）产品创新

旅游产品创新是指旅游供给系统外在表现形式的创新，处于与旅游者接触的界面，更为旅游者所关注与接受。旅游产品创新包括旅游产品的品牌、服务过程、有形实物等方面的创新。在竞争的作用下，旅游者求新异、求质量的要求不断被转化为现实的产品和服务，满足人们探险、度假、观光等不同旅游需求的线路不断被开发出来。旅游产品方面的创新往往意味着旅游者能够获得选择更多、质量更好的产品和服务。以技术为先导的创新更加注重在产品质量和用户体验方面下工夫，致力于满足客户不断提升的质量要求，如以深圳"华侨城"、广州长隆游乐园为代表的一批旅游企业不断研发推出最新的游乐项目，给游客带来前所未有的感官体验，获得了良好的市场反响与评价。

（三）流程创新

流程创新是指旅游企业在经营过程中采用了新的生产方式或新的销售方式，从而一方面降低生产成本，能够向旅游者提供更低价格的产品及服务；另一方面，以前由于各种原因无法成为现实消费者的人群转变为现实消费者。例如，廉价航空公司采用直飞航线、直销机票等方式，转变了原有航空运输产品的生产和销售方式，大大降低了航空旅行的成本并以低票价吸引乘客，使得以前无力承担高票价的旅游者也有能力乘飞机旅行。再如，当前各类酒店预订 APP 的开放，能够让产品和服务以更快的速度传递到更大范围的消费者群中，消费者能够随时随地预订酒店房间，大大提高了预订的方便程度；基于信息技术的各类管理软件的应用，使得门店数以"千"甚至"万"计量的巨型企业管理不再困难；大规模顾客数据库的应用，也可以让旅游企业更好地根据顾客的需求研发新产品和新服务。

第三节　城市旅游创新

一、城市旅游创新的基础

旅游曾经是一个由旅行社、旅游大巴、旅游饭店、旅游景区、旅游餐饮、旅游购物等要素构成的相对封闭系统，但是发展到今天，至少在城市旅游的范围内，自助出行、自主选择的旅游者已经完全进入目的地居民的公共生活空间。旅游促进城市发展是当今社会十分显著的现象，发展城市旅游已经成为众多城市的实际选择，虽然并不是所有城市都会把"旅游业"定位为城市的主导产业或重要产业加以重视和发展，但几乎所有的城市都可以作为旅游目的地或集散地。这样一来城市旅游面临着激烈的竞争，而旅游创新能够使城市旅游发展产生新的竞争优势，从而优先实现发展和效益。当然，城市所拥有的各种要素优势也为城市旅游创新提供了全面而坚实的基础条件。

（一）充足的资本投入

资本投入已经成为开发新旅游景区、建设新酒店等旅游创新的必备条件，城市的经济资本规模远远大于乡村，能吸引各个方面的社会资本投入，这使得城市旅游创新拥有广阔的经济空间。另外，资本投入为城市旅游创新带来的不仅仅是资金数量的增加，还会引入外部的知识、信息、人才等资源，旅游创新因而具备更为全面的基础条件。例如，上海吸引美国迪士尼公司投资建设了上海迪士尼乐园，迪士尼公司的资本投入并不是最大的优势要素，随之投资而来的品牌管理、营销经验、运营人才、设计理念等才是其他旅游企业学习和效仿的核心因素，将对上海的城市旅游发展格局产生重大影响。

（二）成熟的技术条件

旅游信息技术的创新对技术知识和人才的储备、金融支持都有一定要求，经济发达地区的创新活动通常优于经济欠发达地区，这往往受到技术条件的影响。城市有着更好的技术条件基础，一直是大规模人流的集散之地，以旅游景区、休闲活动为特征的城市旅游业也由此得以持续发展（文彤，2007）。在旅游发展过程中，交通技术条件的改进大大改变了旅游客流方式，改变了沿途区域尤其是城市的可进入性，这使得高铁沿线的城市正在吸引着越来越多的城市旅游者。同样，以移动互联、物联网等新兴技术为代表的信息技术革命也总是率先在城市中发展起来，新的科技不断地被应用于旅游生产或服务，促成城市旅游创新的产生。

（三）激烈的市场竞争

市场经济社会中旅游竞争无处不在：竞争要素上，从过去依赖于资金、旅游资源等硬件要素的比较优势逐步转变为依托于人才、知识、品牌、管理等软件要素的竞争优势；竞争层面上，由过去景点竞争、旅游设施竞争、线路竞争等单一要素的局部性竞争转变为多要素综合的区域性竞争；竞争手段上，由过去价格竞争的单一形式转变为以质量、种类、特色等非价格竞争为主的多元化竞争；竞争周期上，由过去短期阶段性竞争转变为长期持续性竞争。

随着城市旅游的经济功能和社会功能的日益凸显，上述竞争更为集中地表现在旅游城市之间，激烈的市场竞争促使每个旅游城市都在努力地丰富旅游产品类型，提高旅游产品质量；开拓旅游市场，提高市场占有率；改进服务过程，提高生产经营效率，这一切都需要通过不断创新才能实现，从而为城市旅游创新提供了巨大的发展空间。

（四）广阔的市场需求

任何的创新最终需要体现出足够大的商业应用价值，这就对市场需求规模提出了要求。城市作为人类集中居住的场所，拥有规模庞大的人口基数，从而使城市旅游具备了巨大的市场消费需求，成为旅游创新更多地集中于城市区域的根本原因。并且，随着城市居民社会消费习惯、可支配收入和人口特征的变化，旅游者将更多地追求高品质、方便、新奇的产品和服务元素，多样化、个性化的旅游者需求正在促使城市旅游不断创新。

另外，现有市场需求得到满足后，又会出现新的旅游需求，将会拉动新一轮旅游创新。满足旅游市场需求的旅游创新在得到市场认可的同时，也进一步拉动了大规模旅游需求的产生，从而刺激更多的企业模仿、移植和学习，使旅游创新得以扩散，城市旅游创新因而形成良性循环。

二、城市旅游技术创新实践

日新月异的现代信息技术不断颠覆着人类传统的生活观念和生活方式。互联网、电脑和手机的普及，改变了人类获取信息的方式和消费行为模式。旅游技术创新是指新的科学技术与旅游业的需求和特点相结合，通过研究、开发、工程化、商品化等阶段，使技术在旅游业发展中发挥重大作用的过程和活动的总和（钟海生，2000）。虚拟现实技术的实践为受时间、金钱、身体素质限制的旅游者创造了旅游的可能；电子导游系统的创新则在很大程度上降低了导游人员的工作难度，改善优化了旅游者的体验效果与效率。

（一）虚拟现实技术在城市旅游中的应用

1. 虚拟旅游及其特征

虚拟旅游，指的是建立在现实旅游景观的基础上，利用虚拟现实技术，通过模拟或超越现实景观，构建一个虚拟旅游环境，使参与虚拟旅游的旅游者能够身临其境般地进行旅游活动的过程。一般有广义虚拟旅游和狭义虚拟旅游之分：广义虚拟旅游是指任何以网络或其他非身临其境的方式获得旅游景点相关知识和信息的过程；狭义虚拟旅游则源于虚拟现实，能够模拟、创造虚拟旅游场景以提供给旅游者虚拟旅游体验的旅游实现过程（如表 11-1 所示）。

表 11-1 虚拟旅游与现实旅游的差异比较

		现实旅游	虚拟旅游
主体	主要群体	各年龄层	中青年
	主体行为	易受时空、经济的限制，耗时、费钱、费力，多委托旅行社操办	不易受时空、经济影响，方便、省时、省钱、省力，可直接参与
	付费方式	现金消费	虚拟消费
	主体满意度	满意度相对较差，且所提建议不易得到解决	灵活性较强，旅游者提出的建议可以得到及时的解决
客体	景区体验	已成型的旅游产品，更改随意性弱；旅游者主导性弱；一些可进入性差的景观旅游受限较多	以现实旅游景点为基础，可任意进行三维场景旅游，适合任何场景的旅游
	环境影响	环境影响较大	无环境影响
	旅游纪念品	旅游活动过程中或结束前在指定的商店进行购买	通过虚拟网络进行查找，获取自己想要的旅游纪念品，通过虚拟购物的形式进行消费
媒体	旅行社	负责旅游者的接待工作，为其提供食、住、行、游、购、娱等服务	致力于三维场景环境的创立，为旅游者开辟全新的视觉效果，服务跟随旅游需要而变化
	饭店	不同星级的服务、设施之间的差距往往给旅游者带来不满	虚拟场景服务与设施的差异较小
	导游	素质不一，讲解偏差，规范化程度有待改进	三维场景中的解释、注释，就是最好的导游，旅游者可根据需要进行查询，方便快捷

传统旅游产品一般都是在现实的人与人、人与物之间展开的，而虚拟旅游是在网络时代下产生的新兴旅游方式，游客、旅游供应商、交易方式等都与实际存在区别。因此，虚拟旅游具有与其他传统旅游产品不同的特征：

（1）时间方面。虚拟旅游作为信息化社会的新兴旅游产品，打破了传统旅游产品的时间限制，具有超前性、随时性和高速性。世界各地的旅游者只要借助计算机网络即可方便快捷地随时享受旅游带来的无穷乐趣，大大节约了以往旅游所必须花费的穿梭于旅游目的地与居住地之间的时间成本。

（2）空间方面。虚拟旅游打破了传统旅游的旅游地与居住地之间异地性的限制，游客不需要离开自己的家门即可享受到虚拟场景空间构造的异域风光。

（3）成本方面。众所周知，旅游活动产生的两大要素是有钱、有闲，而虚拟旅游的出现在很大程度上满足了一部分有钱无闲或有闲无钱的潜在旅游消费者的旅游需求，因为它能够大大节约旅游者的经济成本、时间成本、机会成本和风险成本，使旅游的实现变得简单易行。

（4）技术方面。传统旅游产品的提供主要依赖于人与人之间的沟通交流，感性特征比较突出，而虚拟旅游是在借助虚拟现实技术这一新型信息技术的基础上而衍生的一种旅游产品，其发展和应用具有明显的技术性特征，这样就能避免一些由感性因素引起的不稳定情况的发生。

2. 城市虚拟旅游的应用方面

（1）在政府部门中的应用。目前，已有一些经济基础较好、旅游发展水平较高的城市，尝试由政府牵头开发整个地区或城市的虚拟旅游系统，以提升该地区的旅游信息化水平，推动该地区旅游业的进一步发展。例如，西安市以旅游者特征为基本考量，在分析西安旅游者的消费特征、市场构成、旅游偏好的基础上，综合运用互联网技术、数据库技术和地理信息技术设计了一个西安市景区的虚拟旅游系统。该系统具备了虚拟游览、信息导航、网上支付、社区交友和娱乐游戏等诸多功能，为实现西安市旅游景区的虚拟旅游和虚拟管理提供了一个良好的平台。此外，连云港和湛江也通过制作三维地形景观图和构建虚拟全景漫游系统将当地的魅力风光形象而逼真地在互联网上展现出来，这在一定程度上促进了当地旅游经济的发展。

（2）在城市旅游企业中的应用。伴随着网络技术的迅速发展和普及，城市旅游企业也越来越重视旅游网站的建设，利用互联网强大的宣传推广力度来营销自身，以提升旅游企业的市场竞争力和影响力，这使旅游企业的整体信息化水平得到了大幅提升。而虚拟现实技术的出现及其在旅游企业中的应用主要体现在旅游网站中的应用，这也成为近年来旅游网站发展的一个新趋势。网络虚拟旅游是一种以互联网为基本载体，基于图像进行三维虚拟世界全景观察的方式。目前，此类技术已广泛应用于旅游城市的旅游景区、宾馆酒店、会议展览等相关旅游企业，消费者在实际消费之前可以通过这一方式实现对景区、房间、展厅等的360°全景观察，从而形成更为真实的印象感知，作为消费决策的重要依据。

以北京故宫博物院的虚拟旅游为例：北京故宫博物院推出了一个名为"超越时空"的虚拟旅游项目，利用3D虚拟技术为那些不能实地到紫禁城的游客在网上打造了一个虚拟的环境。参观虚拟的紫禁城时，每一位游客可以以一种自己喜欢的身份进行游览，比如公主、禁军或皇室侍从等。还有不少"网络导游"会主动带路。如果对某个景点特别留恋，还可以点击鼠标将网络中的自己和景点进行合影。一些虚拟旅游网站还可以提供各种表演。

（二）电子导游系统在城市旅游中的应用

1. 电子导游系统

随着可以自主安排行程、自由分配时间的自助游越来越受到广大游客的青睐，旅游活动形式正在从比较趋同的团队游向更为灵活的自助游、半自助游过渡。自助游的游客常常不会有导游陪同，因此出现了对自助式导游服务的需求，例如一个小巧的设备，可以提供动态的电子地图，并能够自动提醒游客到达了哪个景点；指示如何到达想去的景点；讲解各个景点的历史背景、故事传说等。正是基于这类需求的出现，借助日益成熟的信息技术手段，自助电子导游系统应运而生。

电子导游系统，是指采用科技化手段，用随身电子设备模仿人工讲解和人工导游的新型导览方式，具有费用低、多语种、自主性强、解说规范、环保等诸多优点，已在世界上许多名胜古迹、博物馆、美术馆、艺术馆广泛采用，它可以用图文、语音、视频等形式把景区和陈列展示的相关信息呈现出来，起到景区导览和介绍的功能，使游客在观赏景物和展品的过程中更好地了解其背后的文化内涵和趣味故事。

随着景区游客量的不断增长，景区导游的数量已经不能满足游客的需求。电子导游系统则很好地缓解了景区导游人力不足的压力，也不用担心旺季游客暴增或者多语种游客的问题。对于游客来说，租用电子导游器的成本要远远低于聘请一位导游，部分景区还提供了免费租用的服务。此外，智能手机与移动网络的技术创新普及使人们旅游出行时获取信息的方式迅速变化，旅游者可以通过自己的手机终端在移动中接受电子导游系统的信号，不必依赖于景区提供的电子导游器，从而在提升便利性的同时进一步降低成本。

2. 电子导游系统的优势

个性化服务具有极大的研发空间和盈利空间，是未来导游服务的重要发展方向（秦良娟、闫伟，2011）。旅游景点通过为游客提供基于手机等移动终端通信工具的导游服务以提高游客满意度，优质服务可以吸引更多游客从而增加旅游收入。同时，利用移动电子终端身份固定的特点，可以大力发展个性化导游服务，做到不仅不同的景点有不同的服务，不同的游客也可获得不同的服务，并且这一系统还能带来管理运营成本的降低（刘霞，2010）。

另外，采用定位技术的电子导游系统同时也是游客的一个安全保障。景区可以通过相关的检测设备，知道每个电子导游设备当前处在什么位置，从而了解游客的行动轨迹。这不仅使游客在景区内的游览安全有更好的保障，还可以方便景区运营部门通过对游客游览轨迹的分析，更好地规划布局景区的相关设施，规范引导景区游客流的平衡有序。

三、城市旅游产品创新实践

旅游产品是指旅游经营者凭借旅游吸引物、交通和旅游设施，向旅游者提供的用以满足其旅游活动需求的全部服务，旅游产品就是服务，产品创新就是服务创新，它可以是技术导向的，也可以是市场导向的。城市旅游产品创新直接从供给的角度大大提升了旅游者的体验和旅游企业的效率，夜间旅游产品的开发就是市场导向的创新范例，服务流程创新则是以技术为导向的创新拓展。

（一）城市夜间旅游产品创新

大多数旅游景区在激烈竞争中都在努力创造差异化的经营优势，但大多无法摆脱处于相同经营时间段的根本竞争；而旅游者在城市中的旅游活动以日间为主，夜间旅游活动往往处于空白或流于单一形式。随着人们作息规律的变化、旅游产品竞争的加剧，以及景区经营观念的创新，"全天候旅游"理念逐渐得到提倡，从而促进了城市夜间旅游产品的形成与发展。目前，国外有诸如威尼斯、纽约、巴黎等享誉世界的夜间旅游城市；中国也涌现出北京的夜色长城、阳朔的"印象·刘三姐"、广州的珠江夜游等深受旅游者喜爱的城市夜间旅游产品，对城市旅游发展起到了积极的促进作用。

1. 概念和类型

夜间旅游是21世纪产生的新兴休闲旅游类型,宋雪茜(2005)最早提出夜间旅游的概念,认为夜间旅游是指外地游客和本地居民在夜间进行休闲娱乐的活动;黄玉梅(2007)借助休闲旅游与城市旅游的定义,引申出城市夜间旅游的概念,是指从日落到深夜,在城市内开展的以休闲为主要内容的各种活动,包括欣赏夜景、参加夜间的娱乐项目、景点游览等活动。狭义夜间旅游是指从日落开始直到凌晨为止,游客在城市范围内进行的观光类旅游活动;广义夜间旅游是指从日落开始直到凌晨为止,市民和游客在城市范围内进行的包括观光、餐饮、购物、娱乐在内的各项旅游活动。目前,学术界还未有对这一概念的统一界定,本书认为夜间旅游是指活动时间主要在夜晚的旅游形式,通常来说集中于从傍晚到深夜大约5个小时的时间段内(文彤,2007)。因此,夜间旅游产品也主要针对这一时间段人们的活动特点和时间规律而设计和开发,主要分为表演型、参与型、景观型三种(如表11-2所示)。

表11-2 夜间旅游产品类型

类型	特点	代表产品
表演型	特定的舞台空间,观赏性突出的动态产品,游客较难实现参与	主题公园的歌舞演出,苏州园林的曲艺表演
参与型	游客亲身参与,单个规模较小,分布较为广泛	美食夜市,城市酒吧,商业街区
景观型	以静态的灯光照明为主,硬件设施和能源供应依赖性强,主要集中在城市中心区域	北京夜色长安街,广州珠江夜游

2. 产品特点

(1)人文性。由于夜间旅游的时间特性,夜间旅游产品基本上以人文旅游资源为基础,主要是针对客源市场的旅游需求以及夜间活动规律的人工策划旅游产品,具有明显的人文风格。突出的主题、鲜明的文化特色是决定产品吸引力的关键因素,例如深圳"华侨城"大型夜间歌舞表演正是凭借鲜明的文化特色而成为主题公园品牌的核心内容的。

(2)集聚性。由于安全、照明、设施等的要求,夜间旅游活动往往局限于一定规模的有限空间内进行,例如表演型产品往往局限于歌舞舞台场所周边,景观型产品通常也集中于城市的某一路段或社区空间,这主要受到成本、设备、技术等因素的影响。因此,绝大多数夜间旅游产品在空间上都表现为明显的城市集聚特性,其目的就是借助和利用城市的硬件设施作为支撑。

(3)时间性。游客夜间旅游的活动时间相对有限,往往选择一个地点进行旅游活动且活动范围集中在住宿场所附近,严格控制活动时间,一般不做延长。这就使得夜间旅游产品也表现出相应的时间性,其运营时间大多设计为3小时左右。为此,夜间旅游景区往往会通过配套专线交通车辆减少游客的交通时间。

3. 现实价值

城市夜间旅游产品对于自然资源的依赖较低,避免了城市的资源局限;城市基础设施又为夜间旅游产品提供了现实的支持;城市作为主要的住宿地又能保证夜间旅游的活动时间，因此夜间旅游在城市的发展具有天然的优势。反过来，夜间旅游优势的发挥对于城市旅游甚至城市发展又具有显著的现实价值。通过发展夜间旅游，可以促进城市餐饮、购物、娱乐、旅游、休闲、健身等几大消费服务领域的进一步发展，使游客消费活动时间延长，并潜在地拉动生产需求，从而增加就业机会，提高各种设施的利用率，推动城市经济发展和人民生活水平提高。目前，夜间旅游实现了以下主要价值：

（1）丰富游客旅游体验。夜间旅游产品的发展改变了长期以来日间产品"一枝独秀"的旅游产品格局，形成了全天候的旅游活动系统，直接增加了城市旅游产品总量，有助于游客拥有更多的活动选择，实现不同时间段的差异体验。这一点恰恰顺应了目前旅游消费潮流中追求"新、奇、异"的趋势，也是夜间旅游产品得以迅猛发展的重要原因。

（2）整合产品错位竞争。差异化经营策略成为各种旅游产品保持竞争力的重要选择，夜间旅游产品在经营时间上与绝大多数旅游产品形成了错位竞争，不但大大缩小了产品所面对的竞争群体，而且填补了游客夜间旅游活动需求的空白，对于旅游企业经营具有十分重要而现实的意义。

（3）提升产品经营效率。延长生命周期是每一个旅游景区经营的核心问题，在固定的生命周期内尽可能延长景区开放时间可以增加有效经营时间。大部分的夜间旅游产品是依托于日间旅游景区而发展起来的，开展夜间旅游延长了这些景区的游览时间，有效的经营时间得到增加，这意味着单个景区竞争力的提高，产品生命周期内的经营效率上升，景区经济能力增强。

（4）增强城市旅游品牌力。夜间旅游产品充实了城市旅游产品体系，增强了城市的旅游品牌力。一方面，夜间旅游产品所带来的产品体系完善推动部分城市实现了由旅游过境地向旅游住宿地的角色转换，从而提升了区域旅游功能地位；另一方面，夜间旅游产品的出现不仅带来大量的消费群体，还通过停留时间的延长进一步提高了游客的消费水平，从而实现了城市旅游经济的进一步发展。

（二）旅游产品服务流程创新

旅游产品创新主要是旅游产品的设计和重新组合、旅游服务项目的增减或改善、新技术的应用、旅游品牌塑造、旅游服务功能的创新等，同时也更多地涉及新的旅游服务概念、新的游客界面、新的服务技术等旅游服务创新。互联网技术、金融支付方式、通信网络和大数据的快速发展，正在深刻地改变旅游业的发展格局。例如，电子点菜系统的出现对餐饮业产生了巨大影响，实现了顾客、服务员、前台收账人员、后厨厨师之间的信息共享，服务流程创新大大提高了旅游产品经营成功的可能。

1. 酒店经营服务

一方面，通过全球网络分房系统和电子商务平台，让旅行社团、会议团队、散客都可以通过互联网直接访问，获取酒店的详细资料和房态房价，并能立即接受预订和确认，提升酒店和顾客的综合效益。另一方面，酒店可以更多地从网上信息平台获取顾客的兴趣与偏好，针对顾客的个性需求和自身能力重新整合酒店产品，全面提升服务和酒店管理,充分体现酒店与顾客共同设计产品的特色,顾客在自己参与"设计"的酒店里会得到最大限度的满足。

2. 酒店内部管理

借助移动互联网技术,酒店可以通过为员工配备移动通信系统来改变酒店内部管理流程,实现工作效率的提高和管理成本的降低。通过随身佩戴加载了该系统的胸卡,服务人员能够适时地为顾客提供服务。酒店也能通过系统快速地找到员工,以便更好地为需要服务的顾客解决难题。酒店的控制系统还能清晰地了解顾客的入住状况,确保顾客休息时不受打扰,外出后又能安排服务人员及时进行客房整理。

四、城市旅游组织创新

旅游组织创新是指企业由于外部环境的改变、组织自身成长的需要以及组织内部生产、技术、管理条件的变化等,对自身机构进行改革或创新性的调整。旅游业由于主体和资源的广泛性,单纯的部门管理很难实现全行业的统筹,需要一套级别高、权威大、职能强的旅游管理机制,才能实现对旅游"食、住、行、游、购、娱"六个要素进行宏观调控和综合协调,对旅游资源进行大规模、深层次的开发或整合,推动跨地区、跨行业、跨所有制的大型旅游企业集团的组建。在国家层面,旅游管理涉及交通部、外交部、民航总局、国土资源部、公安部、环保部、文化部、建设部、林业局等十几个部门,因此没有一套统筹力度强的管理协调制度,很难推动旅游业的全方位管理。在地方层面,目前旅游产品主要以风景、文物、园林、文化等为主,涉及文物、林业、文化等部门,旅游部门缺乏有效的管理手段,行业管理和行政约束的能力很弱,出现了很多管理上的空白,多头管理也导致旅游市场混乱。因此,高位统筹、跨部门协调是解决部门利益冲突的重要途径。

 知识卡片

中国旅游管理体制创新改革:从旅游局到旅发委

随着政府对旅游业的重视程度逐年提高,以及经济社会发展的转型,云南、海南、河北、甘肃、黑龙江、贵州等省份都逐渐把旅游局升级为旅游发展委员会,力图借助管理体制创新实现工作协调能力增强、执行力和公共资源组织力提高、旅游产品和旅游政策等效能显著提升的组织管理目标。2016年5月5日,贵州省旅游局改制为贵州省旅游发展委员会(简称"旅发委"),由省人民政府直属机构调整为政府组成部门。旅发委增设运行监测处(考核处)、产业发展处(企业发展指导处),并整合机构设置,从过去的8个内设机构增加到9个。同时在职责调整上,强化了旅游业政策和规划制定、旅游与各领域深度融合、旅游评价和监管、旅游商品开发的职责;增加了推进旅游服务体系规划建设和管理、旅游项目规划论证与审核、区域旅游和旅游企业发展以及协调促进旅游发展等工作职责。这意味着旅发委可以整合更多与旅游相关的资源,旅游业将作为贵州省"五大新兴产业"和"三大长板"之一,全面带动经济社会发展。

资料来源:佚名. 贵州省旅游局更名为贵州省旅游发展委员会 [EB/OL]. 网易新闻, http: //news. 163. com/16/0505/21/BMB77JAG00014JB6. html, 2016-5-5.

旅游管理体制从旅游局到旅发委,就是为充分发挥旅游业对经济发展的贡献所做的重要制度创新,是发展理念的大转变、旅游地位的大提升,也是推动城市旅游加快增长的必然要求,对于进一步深化行政体制改革,提升政府管理效率,推动旅游业发展理念创新、管理创新、服务创新,促进旅游资源整合、区域联合、产业融合具有重要的作用。因此,旅游局升级为旅发委这一管理体制创新,有利于推动旅游资源所有权、管理权、经营权"三权分离"改革,形成多方联动、政出一门、利益共享的新局面。

 拓展阅读

拉斯维加斯城市旅游产品创新

1931 年,美国内华达州议会通过了赌博合法化的议案,拉斯维加斯借助博彩业得以迅速崛起,成为美国发展最迅速的城市。在拉斯维加斯城市旅游发展的整体进程中,博彩业一直占据着重要的位置,但随着全球众多博彩旅游城市的兴起,拉斯维加斯逐步重视城市旅游产品的创新发展,其中最为典型的就是主题度假酒店的建设和城市会展活动的举办。

拉斯维加斯拥有多座主题度假酒店,这些主题酒店风格各异,是城市一道亮丽的风景线。每一座酒店不论是建筑格局与内部装潢,还是配套娱乐设施,都由专业团队精心设计而成,并且都借助外来文化打造特色主题,营造了对家庭旅游市场的亲和力。据相关统计,酒店每新增加 1 000 间客房,拉斯维加斯每年将多接待 275 000 位游客,主题酒店产品的创新发展成为拉斯维加斯城市旅游的特色,成功地吸引并留住了游客,延长了游客的停留时间,为城市带来了更多的旅游收入。

另外,出于促进城市多元化发展的考虑,拉斯维加斯还借助酒店优势积极发展会展业,配套建设不同规模、等级、档次的会展中心,重点吸引全球各地的商务旅游者。2014 年,拉斯维加斯成功举办共计 22 103 场会议展会,超过 520 万名商务会展游客来拉斯维加斯参加各类会议及世界顶级商贸展会。拉斯维加斯 150 544 间酒店的客房平均入住率为 86.8%,超过北美其他旅游目的地,酒店日均房价增长了 6 美元,达到 117 美元,会展产品的发展成为拉斯维加斯城市旅游业的新亮点。

资料来源:文彤. 旅游文化学 [M]. 广州:暨南大学出版社,2011.

思考与练习

1. 如何理解创新？
2. 举例说明旅游创新的不同类型。
3. 拓展阅读中以拉斯维加斯为例说明了产品创新对城市旅游的促进作用，仿照此例谈谈城市旅游创新在其他旅游城市的现实体现。

参考文献

[1] Decelle X. A dynamic conceptual approach to innovation in tourism innovation and growth in tourism［J］. Innovation & Growth in Tourism，2006，（26）.

[2] Hall C. M. Williams A M，Tourism and Innovation［M］. London：Routledge，2008.

[3] Kevin Morgan. The learning region：Institutions，innovation and regional renewal［J］. Regional Studies，1997，31（05）.

[4] 卞谦，邓祝仁. 技术创新与制度创新在旅游行业的应用——关于桂林市旅游产业发展的个案研究［J］. 社会科学家，2000，15（1）.

[5] 陈福义，生延超. 旅游服务创新分析［J］. 阿坝师范高等专科学校学报，2004，21（04）.

[6] 高舜礼. 旅游创新与模式泛化［N］. 中国旅游报，2012-5-18.

[7] 郭峦. 旅游创新的概念、特征和类型［J］. 商业研究，2011，（12）.

[8] 郭峦. 旅游创新系统理论与应用研究［M］. 北京：经济管理出版社，2014.

[9] 郭峦. 旅游创新系统理论与应用研究［M］. 北京：经济管理出版社，2014.

[10] 黄玮. 浅析旅游服务创新［J］. 浙江树人大学学报，2006，6（03）.

[11] 李果. 自助电子导游的发展及实现技术浅析［J］. 科技信息，2013，（11）.

[12] 刘锋. 旅游驱动新型城镇化：湖北武当山特区发展模式研究［M］. 北京：中国工人出版社，2014.

[13] 刘霞. 手机当"导游"，贴身更贴心——移动技术将引发旅游消费方式二次变革［N］. 科技日报，2010-01-26.

[14] 罗明义. 旅游经济学［M］. 昆明：云南大学出版社，2002.

[15] 宁钟. 创新管理［M］. 北京：机械工业出版社，2012.

[16] 珀威茨·K，阿曼德，查尔斯·D，谢泼德，PervaizK，Ahmed 等. 创新管理：情境、战略、系统和流程［M］. 北京：北京大学出版社，2014.

[17] 秦良娟，闫伟. 城市旅游景点移动电子导游服务系统的研究［J］. 电子商务，2011，（08）.

[18] 秦宇，张德欣，李彬. 中国旅游企业创新创业发展报告（2013）［M］. 北京：旅游教育出版社，2014.

[19] 石培华，冯凌. 现代旅游业科技支撑与创新体系建设（一）——基础研究与基础构架［M］. 北京：中国旅游出版社，2011.

［20］宋雪茜，赵陈. 夜间旅游：城市休闲旅游发展之路［J］. 天府新论，2005，（s1）.

［21］万蓬勃. 构建旅游业产品创新体系的思考［J］. 产业与科技论坛，2007，（8）.

［22］王崇梅，毛荐其. 技术全球化及对我国构建对外技术转移战略的启示［J］. 科技管理研究，2009，（10）.

［23］王学峰. 旅游产品创新的基本问题探析［J］. 山东师范大学学报（自然科学版），2002，17（04）.

［24］文彤. 城市夜间旅游产品研究［J］. 城市问题，2007，（08）.

［25］辛冲，冯英俊. 企业组织与技术的协同创新研究［J］. 研究与发展管理，2011，23（01）.

［26］姚志国，鹿晓龙. 智慧旅游：旅游信息化大趋势［M］. 北京：旅游教育出版社，2013.

［27］于萍. 虚拟旅游初探［J］. 行政科学论坛，2008，22（01）.

［28］约瑟夫·熊彼特. 经济发展理论［M］. 何畏等译. 北京：商务印书馆，1990.

［29］张振刚，陈志明. 创新管理——企业创新路线图［M］. 北京：机械工业出版社，2013.

［30］钟海生. 旅游科技创新体系研究［J］. 旅游学刊，2000，15（03）.

第十二章 城市旅游的未来

 学习目的

通过本章的学习,掌握全域旅游的概念与内涵,熟悉城市全域旅游的类型与模式,了解智慧旅游的概念与形式,领会城市智慧旅游的价值与模式,领会流动性改善对城市旅游的影响。

 学习要点

- 全域旅游的概念与内涵
- 城市全域旅游的类型与模式
- 智慧旅游的概念与形式
- 城市智慧旅游的价值与模式
- 高铁对城市旅游的影响
- 城市绿道与城市骑行旅游

课前导读

南京智慧旅游大数据体系

2016年5月,南京市旅游委员会举行了南京智慧城市旅游大数据体系发布仪式。该体系以"南京智慧旅游大数据监测平台"为核心,依托通信运营商的数据优势和基站资源,构建了旅游大数据综合处理系统,具有全域性、开放性、服务性的特点,有效推动了南京旅游的转型升级。

服务游客:手机可"直播"景区客流,科学指引行程

南京智慧旅游大数据体系将全市4A级以上景区,以及大报恩寺、牛首山等新开发的热门景点、商圈、交通枢纽共40个点纳入数据监测范围,据此开发了配置"景区语音导览""景区舒适度指数播报""一键导航""旅游攻略""城市指南""食宿娱乐"等诸多旅游服务功能的"南京游客助手"手机客户端,通过整合市内近200处旅游点的各类旅游资讯，实现了系统数据的社会化应用，为游客出行提供参考。

服务企业：客源地、年龄层都能掌握，为制定营销策略提供参考

景区管理者可通过互联网登录南京智慧旅游大数据监测平台，实时查看相关情况，了解景区运行状况、客流峰值、游客来源、性别、年龄层次、驻留时间、出行方式、出游轨迹等信息，然后进行大数据分析，为其下一步制定营销策略提供了决策依据。未来平台还将导入旅游消费数据和主要旅游网站的景区评价数据，为景区管理层提供更多的数据决策支持，提升大数据分析的深度和广度。

服务管理部门：可提高管理效率，应对旅游突发事件

旅游管理部门通过一台与南京智慧旅游大数据监测平台联网的电脑，利用前端安装在景区、与平台联网的高清摄像头，就可以看到景区出入口、主要路段、重点景点的即时画面。这样有助于及时了解全市的景区实时情况，及时预控旅游突发事件，及时指导景区客流疏导等工作。南京智慧旅游大数据平台还集成了全市的旅行社、星级酒店、导游等信息，将旅行社和星级酒店的位置标注在电子地图上。管理部门可以直观地了解全市的旅行社和星级酒店的分布情况，为推动区域旅游企业建设和发展提供数据支持。

资料来源：佚名. 数据看旅游 舒适玩南京——南京智慧旅游大数据发布仪式于5.19举行［EB/OL］. 中华人民共和国国家旅游局 http://www.cnta.gov.cn/xxfb/xxfb_dfxw/csxw/201605/t20160520_771587.shtml，2016-5-21.

第一节 城市全域旅游

一、全域旅游的概念与内涵

（一）全域旅游

全域旅游是一个历久弥新的概念和理念，城市旅游发展早期就有城市提出"人人都是旅游形象，处处都是旅游环境，事事都是旅游资源，时时都是旅游时间"，类似的提法就具有全域旅游的理念。随着社会经济的不断发展，旅游业已经逐步进入全民旅游和以个人游、自驾游为主的全新阶段，作为综合性产业的旅游业在经济社会发展中发挥的作用和影响更加广泛。因此，以节点方式为特征的景点旅游传统模式已不能满足现代旅游的发展需要，从三十多年来的景点旅游模式转变为全域旅游模式已迫在眉睫。2016年，中国国家旅游局在全国旅游工作会议上明确提出要转变旅游发展思路，变革旅游发展模式，推动旅游业从"景点旅游"向"全域旅游"转变，全域旅游成为以城市为代表的旅游目的地新时期发展变革的重要战略，指导着城市旅游的未来发展。

全域旅游通俗地讲就是全部区域一体化发展旅游，具体指在一定区域内，以旅游业为优势产业，通过对区域内经济社会资源尤其是旅游资源、相关产业、生态环境、公共服务、体制机制、政策法规、文明素质等进行全方位、系统化的优化提升，实现区域资源有机整合、产业融合发展、社会共建共享，以旅游业带动和促进经济社会协调发展的一种新的区域协调发展理念和模式。全域旅游是一种整体发展的现代理念，需要突破景区局限，让区域建设、环境保护、交通运输、餐饮服务等各个方面都服务于旅游发展大局，形成全域一体化的旅游品牌形象，它要求全社会参与、全民参与旅游业，通过消除城乡二元结构，实现城乡一体化，全面推动产业建设和经济提升。全域旅游所追求的不再是停留在旅游人次的增长上，而是旅游质量的提升、旅游对人们生活品质提升的意义以及旅游在人们新财富革命中的价值。

第一，推进全域旅游并不是到处新建景点景区和宾馆酒店，恰恰相反，全域旅游更加关注景点景区、宾馆酒店等建设的系统性和规划布局的合理性。景点景区、宾馆酒店建设和管理仍然是必要的，而且要提高质量与层次，但这不是工作的全部。在全域旅游格局中，到处都是风景而非到处都是景点景区，到处都有接待服务而非到处都是宾馆饭店，不能把增加景点景区和宾馆饭店的数量与扩大规模简单等同于发展全域旅游。

第二，推进全域旅游并不是到处进行旅游开发。全域旅游是一种积极有效的开发性保护模式，强调的是旅游发展与资源环境承载能力相适应，通过全面优化旅游资源、基础设施、旅游要素、旅游功能和产业布局，更好地疏解和减轻核心景点景区的承载压力，更好地保护核心资源和生态环境，实现设施、要素、功能在空间上的合理布局和优化配置。

第三，不是所有地区都有条件马上实行全域旅游，全域旅游要分步推进。有条件建设全域旅游示范区的地区，一般应具有以下的特点：区域内有明显的旅游主打产品，旅游资源禀赋高，旅游业覆盖面广，具备发展成为该区域主导产业的潜力。

第四，推进全域旅游要因地制宜，突出特色。发展全域旅游的地区应探索各具特色的发展路径，百花齐放、丰富多彩才是全域旅游的魅力所在。既要进行顶层设计，出台创建标准，更要鼓励因地制宜的首创精神，避免千城一面、千景一格、千点一味、千域一样的僵化局面，要形成各具特色、生动活泼的现代旅游格局。

第五，全域旅游不可无序而为，一哄而起。要通过创建全域旅游示范县、全域旅游示范市、全域旅游示范省进行示范引导。理论上讲，全域旅游在空间上不应局限于行政区划，既可以是省、市、县、镇、村，也可以是跨行政区划的旅游区域、经济区域。但是为了更加有效地整合资源、推进发展，初期阶段有必要鼓励重点创建全域旅游示范区。

 知识卡片

首批国家全域旅游示范区创建单位

2016年，经过地方人民政府自愿申报、省级旅游部门推荐、国家旅游局组织专家审核，海南省和北京市昌平区等262个市县成为首批国家全域旅游示范区创建单位（如表12-1所示）。

首批国家全域旅游示范区创建工作原则上应2—3年内完成。国家旅游局将制定国家全域旅游示范区创建工作指南，加大对创建工作的指导力度。对旅游业率先实现当地经济贡献率15%和新增就业贡献率20%，率先实施"1+3"旅游综合管理和综合执法模式，旅游厕所建设率先达标，旅游数据中心率先建成的创建单位，国家旅游局将优先组织验收。通过验收的，正式列入"国家全域旅游示范区"名录。

表 12-1　国家全域旅游示范区首批创建名单

省市	具体名称	数量
北京	北京市昌平区、平谷区、延庆区	3
天津	天津市和平区、蓟县、生态城	3
河北	石家庄市平山县、邯郸市涉县、保定市易县、阜平县、安新县、涞源县、涞水县、张家口市张北县、蔚县、唐山市迁西县、秦皇岛市北戴河区	11
山西	晋中市、长治市壶关县、平顺县、晋城市阳城县、朔州市右玉县	5
内蒙古	包头市达茂旗、赤峰市宁城县、锡林郭勒盟二连浩特市、鄂尔多斯市康巴什新区、兴安盟阿尔山市	5
辽宁	盘锦市、沈阳市沈北新区、大连市瓦房店市、抚顺市沈抚新城、本溪市桓仁满族自治县、丹东市凤城市、丹东宽甸满族自治县、锦州市北镇市、葫芦岛市兴城市、绥中县、朝阳市喀左县	11
吉林	吉林市、长白山、长春净月国家高新技术产业开发区、长春市九台区、双阳区、通化市辉南县、柳河县、集安市、通化县、白山市临江市、抚松县、延边州敦化市、延吉市、珲春市、梅河口市	15
黑龙江	伊春市、哈尔滨市阿城区、宾县、大庆市杜尔伯特蒙古族自治县、黑河市五大连池市、大兴安岭地区漠河县	6
上海	上海市黄浦区、青浦区、崇明县	3
江苏	苏州市、南京市秦淮区、江宁区、徐州市贾汪区、淮安市金湖县、盐城市大丰区、镇江市句容市、泰州市兴化市	8
浙江	杭州市、湖州市、丽水市、宁波市宁海县、象山县、衢州市开化县、舟山市普陀区、台州市天台县、仙居县	9
安徽	黄山市、池州市、合肥市巢湖市、安庆市岳西县、太湖县、潜山县、宣城市绩溪县、广德县、泾县、六安市霍山县、金寨县	11
福建	平潭综合实验区、莆田市仙游县、三明市泰宁县、泉州市永春县、漳州市东山县、南平市武夷山市、龙岩市永定县、连城县、宁德市屏南县	9
江西	上饶市、鹰潭市、南昌市湾里区、九江市武宁县、赣州市石城县、吉安市井冈山市、青原区、宜春市靖安县、铜鼓县、抚州市南丰县、资溪县	11
山东	烟台市、临沂市、济南市历城区、青岛市崂山区、淄博市沂源县、枣庄市台儿庄区、滕州市、潍坊市青州市、临朐县、威海市荣成市、文登区、日照市五莲县	12
河南	郑州市、济源市、洛阳市栾川县、嵩县、安阳市林州市、焦作市修武县、博爱县、南阳市西峡县、信阳市新县、浉河区	10
湖北	恩施土家族苗族自治州、神农架林区、仙桃市、武汉市黄陂区、黄石市铁山区、宜昌市远安县、秭归县、长阳县、黄冈市麻城市、罗田县、红安县、咸宁市赤壁市	12
湖南	张家界市、湘西土家族苗族自治州、长沙市望城区、株洲市炎陵县、湘潭市韶山市、昭山示范区、邵阳市新宁县、岳阳市平江县、常德市石门县、郴州市桂东县、苏仙区、怀化市通道县、娄底市新化县	13
广东	深圳市、珠海市、中山市、江门市开平市、台山市、惠州市博罗县、龙门县	7
广西	北海市、南宁市上林县、柳州市融水县、桂林市兴安县、阳朔县、龙胜县、百色市靖西县、贺州市昭平县、河池市巴马县、崇左市凭祥市	10
海南	全省各市县区	19
重庆	重庆市渝中区、大足区、南川区、万盛区、巫山县	5

(续表)

省（市）	具体名称	数量
四川	乐山市、阿坝藏族羌族自治州、甘孜藏族自治州、成都市都江堰市、温江区、邛崃市、广元市剑阁县、青川县、雅安市宝兴县、石棉县、绵阳市北川羌族自治县	11
贵州	遵义市、安顺市、贵阳市花溪区、六盘水市盘县、铜仁市江口县、毕节市百里杜鹃旅游区、黔西南布依族苗族自治州兴义市、黔东南苗族侗族自治州雷山县、黎平县、镇远县、黔南布依族苗族自治州荔波县	11
云南	丽江市、西双版纳傣族自治州、大理白族自治州大理市、保山市腾冲市、红河哈尼族彝族自治州建水县、迪庆藏族自治州香格里拉市	6
西藏	拉萨市、林芝市	2
陕西	宝鸡市、汉中市、韩城市、西安市临潼区、咸阳市礼泉县、渭南市华阴市、延安市黄陵县、宜川县、榆林市佳县、安康市石泉县、岚皋县、商洛市商南县、柞水县	13
甘肃	甘南藏族自治州、兰州市城关区、天水市武山县、张掖市肃南裕固族自治县、酒泉市敦煌市	5
青海	西宁市大通县、海北藏族自治州祁连县	2
宁夏	中卫市、银川市西夏区、永宁县、石嘴山市平罗县、吴忠市青铜峡市、固原市泾源县	6
新疆	吐鲁番市、哈密地区巴里坤哈萨克自治县、昌吉回族自治州木垒哈萨克自治县、博尔塔拉蒙古自治州温泉县、伊犁哈萨克自治州昭苏县、阿勒泰地区阿勒泰市、布尔津县、新疆生产建设兵团第一师阿拉尔市十团	8

资料来源：佚名．国家旅游局关于公布首批创建"国家全域旅游示范区"名单的通知［EB/OL］．中华人民共和国国家旅游局 http：//www.cnta.gov.cn/zwgk/tzggnew/201602/t20160205_759900.shtml，2016-2-5.

（二）全域旅游的核心理念

全域旅游的核心理念表现在以下四方面，如图12-1所示。

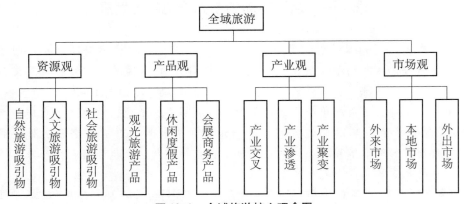

图12-1 全域旅游核心理念图

资料来源：厉新建，张凌云，崔莉．全域旅游：建设世界一流旅游目的地的理念创新——以北京为例［J］．人文地理，2013，3.

1. 全新的资源观

在全新的资源观视角下，不仅旅游吸引物的类型需要从自然的、人文的再进一步扩展到社会的，还需要将吸引物自身和吸引物所处环境结合在一起，否则孤立的吸引物就如同博物馆中的展品，很容易丧失其鲜活的生命力和吸引力。中国多数具有文化底蕴的旅游城市，都需要进一步理清自身的文化物质，加快自身文化的整理和重建，而文化的整理同样离不开地域背景及其存在环境。

2. 全新的产品观

全域旅游的产品观不仅包括吸引物、吸引物所在的环境，还包括吸引物所处环境中的居民。目的地文化不仅体现在建筑、文物上，同时也体现在当地居民的交流语言、生活态度、行为方式、文化取向上。居民的参与也是全新产品观的重要体现，居民对所居城市的记忆和体验是游客感受目的地的重要媒介和信息来源。

3. 全新的产业观

全域旅游概念中，旅游的发展不是孤军奋战，而是在产业融合中共同发展，有些形成了产业之间的相互交叉，有些形成了产业之间的相互渗透，有些则通过产业之间的聚变反应创造形成了全新的产业，例如旅游与农业的交叉融合形成观光农业，文化与旅游的渗透融合形成主题文化酒店。

4. 全新的市场观

全域旅游概念中，游客与居民并不是非此即彼的关系，其市场主体也不局限于外来的游客，也包括内在的基于休闲需求的当地居民。居民可以从休闲中享受高品质的生活，因此全域旅游不仅要为外来游客提供优质的服务，也要充分考虑"生于斯、长于斯"的本地居民利益。另外，居民外出旅游又成为另一个城市的外来市场，全域旅游的市场观正是要体现这种辩证统一。

 知识卡片

瑞士——旅游驱动的多元产业融合发展

瑞士，面积只有 41 284 平方千米，既无优势资源，又无出海口岸，且境内多山无法耕种，却通过区域的创新发展，成为世界人均 GDP 很高的国家。经过观察发现，瑞士缔造的经济奇迹根源是在产业选择上注重"扬长避短"（如表 12-2 所示）。一方面，利用深处欧洲腹地、远离战争纷争的优势大力发展高山旅游业，这也成为占瑞士经济总量 8.5% 的支柱产业，同时通过旅游带动当地的消费集聚、置业和金融驻地；另一方面，发展对资源和交通依赖性不强的精细制造、生物医药、绿色健康食品生产等，而这些产业都有意无意地同旅游产生了某种融合。

资料来源：佚名. 用"全域旅游"激活城市活力 看瑞士新加坡成功模式［EB/OL］. 全域旅游发展协同创新联盟 https://mp.weixin.qq.com/s/F5LALYd1XcCitOK4eX6PIw, 2016-10-7.

二、城市全域旅游的发展模式

（一）主要类型

中国全域旅游示范区创建城市可以划分五种类型，不同类型的城市需要因地制宜，找寻适合自己的发展方向，探索城市全域旅游的发展路径。

（1）全域旅游推进精准扶贫攻坚的城市区域。中国14个集中连片特困地区的城市及其他老、少、边、穷地区城市，往往是旅游资源富集、民族民俗风情浓郁、发展旅游独具潜力的地区，可以将城市全域旅游创建与扶贫攻坚有机结合起来，整合各种资源和资金，通过大力实施全域旅游战略，全面改善基础设施和公共服务，全面推进扶贫攻坚和精准扶贫，推动贫困人口在城市全域旅游发展中更多地受益，促进当地居民在城市全域旅游发展中充分就业创业，大力发展城市全域旅游共享经济，保障人民群众公平享有旅游权利，使城市全域旅游成果惠及广大人民群众。

（2）全域旅游引领新型城镇化的城市区域。随着新型城镇化进程的推进，大城市越来越需要建设都市中央游憩区，这些区域可以大力推进全域旅游，将全域旅游作为都市核心区提升、优化的战略平台和实现路径。通过兴建一批都市旅游示范区，使其成为城市社区、文化区、旅游休闲区、产业集聚区、现代商业区等多区功能叠加、和谐共享的新型城镇。此外，特色小城镇、旅游风情小镇建设可以与全域旅游创建紧密结合，使全域旅游成为引领中小城市提升发展品质的重要抓手。

（3）全域旅游促进生态文明建设的城市区域。在生态功能区，在严格保护生态环境的要求下，生态旅游成为这些城市区域重要的优势产业甚至是主要的发展方向。在这类城市区域，要将创建全域旅游作为探索生态环境保护、生态文明共建共享的重要途径和方式，通过城市全域旅游提升旅游生态文明价值，释放转化生态效益。城市旅游发展要牢固树立绿色发展理念，推广绿色旅游行动，实施绿色开发、绿色消费，推进节能减排与环境保护，创新绿色发展机制，促进旅游业低碳发展，提升城市生态文明水平。

（4）全域旅游促进产业文化升级优化的城市区域。对于资源枯竭型城市和传统产业转型城市，通过创建城市全域旅游，促进产业升级创新，以及整体环境优化，构建新型产业空间和增长新空间。对于历史文化街区、历史文化城镇，通过发展城市全域旅游，促进历史文化的保护、传承和创新，形成旅游和文化融合发展的新模式。

（5）全域旅游促进目的地升级的城市区域。创建全域旅游城市是促进旅游目的地转型升级的重要途径，有助于形成一个旅游要素配置完备、能够全面满足游客体验需求的综合性旅游目的地。城市全域旅游发展注重公共服务系统配套，以及生态环境和社会文化环境整体优化，以游客体验为中心，以提高游客满意度为目标，整体优化旅游服务全过程，围绕市场构建城市主打旅游产品，形成全域化旅游产品业态。

（二）发展模式

根据内在动力和发展路径的不同，中国城市全域旅游的发展模式可以分为以下六种：

（1）综合型的城市全域旅游模式。该模式下，全域旅游所依托的核心景区、城镇等资源丰富、品位高，有条件建成旅游胜地，例如桂林、杭州、苏州、三亚、丽江、宜昌等。这类城市区域以旅游业为主导产业、主打品牌和主攻方向，整合资源构建国际旅游胜地，是典型的全域旅游城市目的地。

（2）龙头景区依托型的城市全域旅游模式。由龙头景区做强做大、带动周边形成城市全域旅游区，例如河南云台山、四川九寨沟、贵州黄果树、重庆武隆源等。这类城市区域的全域旅游发展，先是龙头景区做大，以市场消费带动周边景点、城镇配套旅游产品和旅游服务的发展，形成大规模综合性目的地型旅游景区，并逐步优化形成城市全域旅游区。

（3）都市功能区依托型的城市全域旅游模式。此类全域旅游城市是城市和旅游融合发展，例如北京中轴线区域、杭州西湖、成都春熙路—太古里区域、拉萨八角街、西安曲江旅游区、重庆朝天门码头区等，这些区域集休闲区、商业区、社区、文化区、产业集聚区、生态优化区等多区功能，由居民和旅游者共享，已成为城市旅游的地标。

（4）特色城镇依托型的城市全域旅游模式。乌镇、周庄、丽江、阳朔等依托小镇的全域旅游，有特色文化、特色风貌、特色业态等支撑，引领中小城镇的特色文化旅游发展。

（5）特色产业依托型的城市全域旅游模式。它是依托特色产业，构建全产业链联动的城市全域旅游新模式，例如山东烟台的葡萄酒旅游集聚区、北京海淀区的科教旅游区、深圳大芬村的油画村旅游区等。特色产业的集聚和创意体验，构建了新型的全域旅游城市和新的产业功能区。

（6）生态功能区依托型的城市全域旅游模式。该模式是依托优美的生态环境发展生态型全域旅游城市，例如西藏林芝生态旅游区、贵州百里杜鹃生态旅游区等。这类城市全域旅游区，在保护生态环境的同时，发展无景点、低开发、重保护的生态旅游区，将城市全域旅游发展作为生态环境保护的有效模式。

三、国际城市全域旅游发展分析

由于公众收入水平与日俱增、地区和全球分工日渐清晰、交通效率不断改善、农村社会经济亟待转型等多重因素的推动，全域旅游发展模式成为一些适宜地区顺理成章且势在必行的选择。全域旅游并非全空间、全产业、全员化的直接投入旅游，而是要以旅游业为核心和平台，通过规划和政策方面的顶层设计与保障，引领实现一定地域内城乡社区、自然环境、地域文化、产业体系的良性可持续发展。通过数十年的实际建设，国际上已然形成一系列成熟的全域旅游地区，其中最具代表性的如意大利托斯卡纳地区、法国普罗旺斯—阿尔卑斯—蔚蓝海岸地区（以下简称"蔚蓝海岸地区"）、瑞士阿尔卑斯山地区、美国南加州地区等，通过对其全域旅游发展分析可以发现汇集产业、人口、政府、节事、产品、设施等要素的城市在其中的核心地位与关键作用。

（一）保障要素

1. 地域特色的农林牧渔业

法国蔚蓝海岸地区保有原汁原味的传统农渔产业门类，马赛是产量与质量俱佳的南欧著名渔港；普罗旺斯的熏衣草种植和鲜花市场久负盛名；香水小镇格拉斯借此成为世界最著名的香水原料供应地；以阿维尼翁为中心的普罗旺斯产区是全球最负盛名的桃红葡萄酒产区……这些特色农产业门类与旅游业高度结合，既促进了餐饮、康疗乃至度假经营，又以旅游业作为农产品展销平台，实现了产业叠加的增值效应。

2. 活力十足的小城镇体系

人口集聚情况是反映城乡发展活力的关键指标，例如意大利托斯卡纳地区总计人口近400万，而最大城市佛罗伦萨的人口不足45万人，占比略高于1/10，其余城镇的人口基本都不足5万。考虑到该地区约70%的城镇化率，说明大部分人口居住在中小城镇，这非常有利于保证地区城镇体系的经济和社会活力。

3. 均质优质的公共设施体系

以瑞士阿尔卑斯山地区为例，其公共交通设施体系深入每个旅游小镇、村落和滑雪度假区，旅游巴士、山地列车和登山缆车高效联动，令游客交通的经济性和安全性达到最优水平。该区域的绿道小径体系同样四通八达，且依托沿线小镇村落，设置问询、补给、营地等服务设施；此外，游客中心、救援站、卫生间等公共设施同样实现了全域均质化发展。

4. 交叉融合的地方产业体系

意大利托斯卡纳地区将特色农牧产业、传统手工产业、时尚创意产业和旅游度假产业高度结合，不但始终保持奇安蒂（Chianti）红酒、佛罗伦萨皮具、锡耶纳手工玻璃制品等地域特色产业的发展活力，还在近现代孕育出古琦（Gucci）、菲拉格慕（Ferragamo）、罗伯托·卡瓦利（Roberto Cavalli）等顶级奢侈品牌，令地方产业品牌和地域旅游形象相辅相成，携手享誉世界。

5. 核心公共品牌和吸引物

以美国南加州海滩核心区——70千米长的橙县海滩为例，其被划分为10个区段，其中7个为开放式管理的中低消费海滩。由此，以核心资源的公共福利化供给和公共品牌共享，促进了关联产业门类的发展，在沿岸各城市间形成包括冲浪、航海、文化节事、特色食宿、度假地产等在内的产业价值链。以迪士尼乐园、诺氏果园、环球影城、六旗魔术山主题公园、圣地亚哥海洋世界等组成的主题旅游项目集群也成为南加州公共旅游品牌，吸引源源不断的高潜力客群来访。

6. 高效深入的公私合作关系

意大利托斯卡纳地区政府及其下设的10个次级地方城市政府，始终致力于对城市旅游业的统筹协调，联合旅游、文化、农业、商业、会展等相关职能部门及地区创新协会等非政府组织，成立地区旅游发展委员会，吸纳各方意见，确认策略方向并落实行动措施。该委员会还与外部专业咨询和营销资源机构积极合作，以进一步提高产业发展效率和质量。

（二）发展经验

1. 依托主题文化廊道串联全域旅游体验

意大利托斯卡纳地区构建以佛罗伦萨、锡耶纳和比萨为核心节点的文化旅游廊道，作为大部分初访游客的首选线路。在此基础上，打造文艺复兴、中世纪宗教、佛罗伦萨与锡耶纳双城文化碰撞等系列主题线路等，这些文化廊道和线路清晰引领了全域旅游体验发展。

2. 以品质和规模优势资源实现目标客群的高黏着度

瑞士阿尔卑斯山地区作为世界顶级滑雪度假目的地，所依托的是高密度、高品质、高关联的滑雪度假业态集聚。高密度的雪场避免来客因满员失望而归，高品质服务的常态化令来客信心十足，高关联度的协作经营做大做强区域主题品牌，令全球游客认同瑞士阿尔卑斯山的整体价值而不仅是单个雪场，从而真正实现对目标客群的高黏着度。

3. 以差异化旅游小城镇打造系列增长极

以美国南加州地区为例，50多万人口的长滩是加州游轮母港；30多万人口的安纳海姆是美国最重要的会展举办地之一；10万人口的科斯塔梅沙市是旅游购物中心；不足10万人口的圣芭芭拉是文博产业中心……这些小城镇依托各自的专项休闲旅游业态，实现经济、社会、文化、生态的协调发展，令宜居、宜业、宜游条件得到可持续保障。

4. 以节事活动引导专项客流和业态集聚

法国蔚蓝海岸地区的戛纳电影节（Festival de Cannes）令全球文艺精英客群对戛纳向往不已，尼斯狂欢节（le Carnaval à Nice）吸引世界各地时尚青年来此同聚同乐，阿维尼翁艺术节（le Festival d'Avignon）则成为世界创意工作者的大舞台，这一系列顶级节事活动分别精准地引领细分客群集聚，又从整体上营造出该地区文化艺术终极目的地的品牌形象。

第二节 城市智慧旅游

一、智慧城市与智慧旅游

（一）智慧城市

随着社会经济的快速发展和城市建设规模的不断扩张，城市正面临前所未有的可持续发展挑战：低效的城市管理方式、拥堵的交通系统、难以发挥实效的城市应急系统、过度的资源消耗、严重的环境污染、碳排放的不断增加导致全球气温变化，等等。面对这些现实挑战，城市必须应用新的措施和技术，探索新的发展路径和模式，而城市的智慧增长、新都市主义等不同的理论研究表明，城市的发展不仅依赖于物质性资源，还日益依赖于信息和知识资源所产生的"智慧"，实际上后者真正决定着城市的竞争力。

1990年，美国加利福尼亚州旧金山举行的"智慧城市、快速系统、全球网络"国际会议探寻了城市通过信息技术聚合"智慧"以形成可持续的城市竞争力的成功经验，这成为关于智慧城市研究的早期行动。随后，智慧城市概念被一些技术服务公司（如IBM）所采用，借助信息通信技术（Information Communication Technology，ICT）整合包括建筑、交通、电力、教育、水资源分配以及公共安全等方面的城市基础设施建设和运营服务。对于城市政府来讲，这不仅是政府服务和城市管理技术的创新，更是服务和管理理念及模式的创新。

总结相关组织和学者对智慧城市的诠释，智慧城市可以视为以物联网、云计算等新一代信息技术以及各种社交网络、购物网络、互联网金融等综合集成工具和方法的应

用,实现对生产、生活和城市管理全方位、全体系、全过程创新的城市形态。从这一概念出发,智慧城市主要具有三层内涵:

(1) 健康可持续的经济。智慧城市首先应该具有智慧的经济结构和产业体系,高效增长的城市经济体系。智慧城市的经济是绿色经济,通过创新生态科技使人的经济活动遵循生态系统的内在规律,在促进人的全面发展的基础上促进生态系统的协调、稳定、持续、和谐发展;智慧城市的经济是低碳经济,以减少温室气体排放为目标,构筑低能耗、低污染为基础的经济发展体系,包括低碳能源系统、低碳技术和低碳产业体系;智慧城市的经济是循环经济,充分考虑城市生态系统的承载能力,尽可能地节约城市资源,不断提高现有资源的利用效率,循环使用资源,创造良性的财富。

(2) 更为舒适、便捷的生活。智慧城市是充满活力、积极向上、富有朝气的具有未来视野的居住地。智慧城市是以人为本的城市,城市管理是建设高素质和现代化的城市基础设施、能源基础设施、交通设施、优美的城市环境,建设高素质的城市生态文明和健康、宜居、无染污的绿色城市;智慧城市是生活舒适、便捷的城市,即居住舒适、交通便捷、公共产品服务供给充足、生态优美等;智慧城市是具有良好公共治安环境的城市,城市具有抵御自然灾害(如地震、洪水、暴雨、瘟疫)、防御和处理人为灾害(如恐怖袭击、突发公共事件)等方面的能力,从而确保城市居民的生命和财产安全。

(3) 科技智能信息化的管理。城市管理包括政府管理与居民自我生活管理,管理的科技化要求不断创新科技,运用智能化、信息化手段让城市生活更和谐与美好。智慧城市最显著的表现即广泛运用信息化手段,通过信息基础设施和实体基础设施的高效建设,利用网络技术和IT技术实现智能化,为各行各业创造价值,为人们构筑美好生活。

 知识卡片

美国迪比克市的智能化响应

2009年1月28日,刚就任美国总统的奥巴马会见了作为工商业领袖代表的IBM时任总裁彭明盛(Samuel Palmisano),彭明盛正式向奥巴马政府提出"智慧地球"的概念,建议投资建设新一代的智慧型信息基础设施。同年9月,爱荷华州迪比克市和IBM共同宣布,将建设美国第一个智慧城市。

迪比克市风景秀丽,密西西比河贯穿城区,它是美国最为宜居的城市之一。以建设智慧城市为目标,迪比克市计划利用物联网技术,将城市的所有资源(包括水、电、油、气、交通、公共服务等)数字化并连接起来,通过监测、分析和整合各种数据,进而智能化地响应市民的需求并降低城市的能耗和成本,使迪比克市更适合居住和商业发展。迪比克市的第一步是向所有住户和商铺安装数控水电计量器,其中包含低流量传感器技术,防止水电泄漏造成的浪费。同时搭建综合监测平台,及时对数据进行分析、整合和展示，使整个城市的资源使用情况一目了然。更重要的是，迪比克市向个人和企业公布这些信息，使他们对自己的耗能有更清晰的认识，对可持续发展保持更多的责任感。

整理自：佚名. 国外智慧城市案例又一波，看看国内能学到些什么［EB/OL］. 智能家居网 http://www.h001.com/detail/5997.html, 2016-3-25.

（二）智慧旅游

智慧旅游（Smart Tourism）来源于智慧地球及其在中国实践的智慧城市。2008年，IBM首先提出智慧地球的概念，指出智慧地球的核心是以一种更智慧的方法通过利用新一代信息技术来改变政府、企业和人们交互的方式，以便提高交互的效率、明确性、灵活性和响应速度。2009年，国务院在《关于加快发展旅游业的意见》中提出，指导旅游业寻求以信息技术为纽带的旅游业体系与服务管理模式重构方式，以实现将旅游业建设成为现代服务业的质的跨越。在此背景下，受智慧城市的理念及其在中国建设与发展的启示，智慧旅游应运而生。从城市角度而言，智慧旅游可视作智慧城市信息网络和产业发展的一个重要子系统，实现智慧旅游的某些功能可借助或共享智慧城市的已有成果。虽然目前学者们对于智慧旅游的概念总体上不及智慧城市概念阐述的深入与完整，但是总体上智慧旅游可以视为利用云计算、物联网、移动通信、人工智能等技术，借助便携的终端上网设备，实现旅游信息的广泛采集、挖掘分析、实时传输和自动感知，提升游客在食、住、行、游、购、娱等旅游活动中的自主性、智能性、交互性，为游客带来超出预期的旅游体验和无处不在的旅游服务。

因此，**智慧旅游是一种融合最新科技成果，以游客自主体验为核心，以全方位、一体化的旅游行业信息管理活动为基础，服务于游客、旅游企业、目的地政府的全新旅游发展理念与运营方式**。可以将其理解为借助智慧城市的技术支持整合旅游业链，服务旅游市场主体的各类旅游活动，其体系涵盖技术层、应用层、产业层和关联层（如图12-2所示）。

（1）智慧旅游的技术层。它指智慧城市依托的新技术在智慧旅游中的应用，包括信息技术（RFID技术、空间定位技术、SOA技术、SaaS技术、云计算技术）、物联网技术、互联网技术（Web 2.0技术、三网融合技术）、4G移动通信技术、传感技术等，实现智慧旅游底层基础的搭建，这是智慧旅游体系的根基，同时也是智慧旅游的来源。

（2）智慧旅游的应用层。它指技术层与旅游要素的融合，即将新兴技术应用到旅游要素中去，形成智慧旅游资源分析、智慧旅游服务、智慧旅游环境、智慧旅游营销、智慧旅游接待体系等。

（3）智慧旅游的产业层。它指智慧要素在旅游业各个市场中的渗透所带来的旅游业转型升级和产业的丰富，包括智慧要素在传统旅游业和部门中的应用，智慧旅游城市背景下新型文化产业和创意产业的兴起。

（4）智慧旅游的关联层。它指智慧旅游不是独立存在的，而是智慧城市的一个重要组成部分,其存在是与智慧城市的其他部件相互关联在一起的。一方面,智慧旅游体系的构建和其他智慧产业体系均依托于智慧城市的技术层,实现基础资源的共享;另一方面,由于旅游业的高度关联性,智慧旅游体系的构建同时也需要其他智慧产业(如智慧交通、智慧物流、智慧环境)所形成的智能化平台。

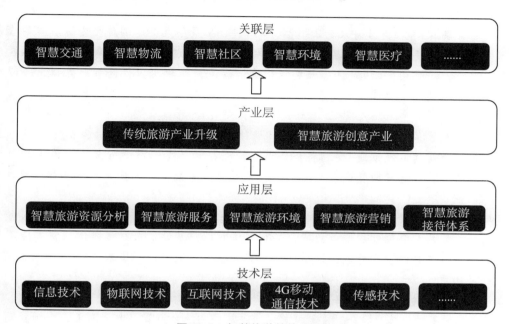

图 12-2　智慧旅游的体系架构

资料来源:黄超,李云鹏."十二五"期间"智慧城市"背景下的"智慧旅游"体系研究 [J]. 2011《旅游学刊》中国旅游研究年会会议论文集.

 知识卡片

2014 年十佳智慧旅游城市

- 北京市

2014 年,北京旅游业运行监测调度中心的功能得以完善,使调度中心真正实现了"联通、整合、监测、调度"的功能;北京旅游业信息资源系统和互联互通的视频图像系统得以建立,实现了产业信息资源共享和视频监控。同时,北京旅游网矩阵平台的构建,向北京、全国乃至全世界游客提供可靠、及时、准确、权威的北京旅游信息服务。

- 大连市

初步建成"智慧旅游城市"平台,完善九大智慧旅游城市支撑体系,形成"融合创新、整合开放、持续高效"的大连智慧旅游建设运营模式。目前已有 48 家企业加入电子交易平台,推出了"i 慧游伴侣"APP 等应用,并成立专门的智慧旅游运营支撑机构,全面启动网络营销系统建设。

- 成都市

开通"成都旅游手机一点通",实现手机智能旅游。同时积极推进成都旅游数据中心支撑平台建设,优化旅游门户网、咨询服务中心、呼叫中心等服务功能,在全市三星级及以上酒店等重要旅游点位设置智能旅游展架,推进区(市)县旅游门户网建设。

- 武汉市

全面开展"1体系、1中心、2平台、3门户、N服务渠道"的建设内容。智慧旅游数据中心已投入使用,"旅游信息自助查询系统"得到广泛部署,"掌上游"手机客户端开发上线,同时在5A级景区内开展智慧旅游建设,初步实现景区智能入口、智能停车场、智能导览、智能监控等功能。

- 青岛市

相继发布了《青岛市"智慧旅游城市"建设规划(2014—2016)》,制定了《青岛市智慧旅游企业建设规范》。通过整合全市旅游资源开展了一系列智慧旅游城市建设探索,高度集成旅游智慧调度中心,推出"执法e通"系统,大大提升了智慧管理能力。

- 苏州市

搭建了一云多屏、一云多路的智慧旅游基础体系,重点打造便捷的城市旅游服务体系。同时,创新智慧微营销服务手段,实现多语种门户网站、自有微媒体、官方应用和带来主要入口流量的境内外主流网络媒体、旅游手机端应用的全覆盖。

- 洛阳市

基于"一中心、一基础、四平台、八业态"的建设框架,建立旅游综合基础数据库,推动智慧旅游基础设施建设,开发智慧旅游公共服务、综合监管、电子商务、市场营销四大平台,完善景区、饭店、餐饮、购物、乡村、旅行社、交通、娱乐等八大业态建设。

- 长春市

长春旅游政务网改版升级,长春旅游资讯网完成建设;开发了伪满遗迹、生态游、新十五景的手机APP应用系统;智慧旅游监控平台开发建设工作开始启动,旅游呼叫中心系统投入运营;同时,积极开展智慧旅游营销,升级长春旅游官方微信平台,在政府部门中首家开通政务微博"长春旅游"。

- 黄山市

在智慧旅游营销方面,深度开发旅游微信,实现"一机在手,游遍黄山";在智慧旅游管理方面,建立"智慧黄山"旅游调度中心,完善旅游综合信息数据库;在智慧旅游服务方面,完善旅游电商服务,在景区内安装二维码导览牌1000余个,并使扫码支付在全景区得到广泛应用。

- 惠州市

充分利用移动互联网及新媒体技术,培育了一批智慧旅游应用的骨干力量和技术能手,积极探索智慧旅游的机制保障和以智慧旅游引领惠州旅游业改革、创新、发展的有效模式,大力发展智慧旅游,保证旅游业健康、快速、有序的良好发展势头。

资料来源:佚名. 北京大连等入选2014十佳智慧旅游城市[EB/OL]. 新华网, http://news.xinhuanet.com/local/2015-01/14/c_1113994514.htm, 2015-1-14.

二、智慧旅游的形式与功能

(一) 表现形式

智慧旅游的"智慧"体现在旅游服务的智慧、旅游管理的智慧、旅游营销的智慧三大方面:

1. 旅游服务的智慧

智慧旅游从游客出发,通过基于物联网、云计算、互联网/移动互联网、定位导航和监控技术,实现信息的传递和实时交互,让游客的旅游过程更顺畅,以提升旅游的舒适度和满意度,为游客带来更好的旅游安全保障和旅游品质保障。游客在旅游信息获取、旅游计划决策、旅游产品预订支付、享受旅游和回顾评价旅游的整个过程中,都能感受到智慧旅游带来的全新服务体验。智慧旅游还推动传统的旅游消费方式向现代的旅游消费方式转变,引导游客产生新的旅游习惯,创造新的旅游文化。

2. 旅游管理的智慧

智慧旅游将实现传统旅游管理方式向现代旅游管理方式的转变。通过新一代信息技术,可以及时准确地掌握游客的旅游活动信息和旅游企业的经营信息,实现旅游行业监管从传统的被动处理、事后管理向过程管理和实时管理转变;通过与公安、交通、工商、卫生、质检等部门形成信息共享和协作联动,结合旅游信息数据形成旅游预测预警机制,提高应急管理能力,保障旅游安全,实现对旅游投诉和旅游质量问题的有效处理,维护旅游市场秩序;鼓励和支持旅游企业广泛运用新一代信息技术,改善经营流程,提高管理水平,提升产品和服务竞争力,增强游客、旅游资源、旅游企业和旅游主管部门之间的互动,高效整合旅游资源,推动旅游业的整体发展。

3. 旅游营销的智慧

智慧旅游通过旅游舆情监控和数据分析,挖掘旅游热点和游客兴趣点,引导旅游企业策划对应的旅游产品,制定对应的营销主题,从而推动旅游行业的产品创新和营销创新;通过量化分析和判断营销渠道,筛选效果明显、可以长期合作的营销渠道;充分利用新媒体传播的特性,吸引游客主动参与旅游的传播和营销,并通过积累游客数据和旅游产品消费数据,逐步形成自媒体营销平台。

(二) 主要功能

从使用者的角度出发,智慧旅游主要包括导航、导游、导览和导购四个主要功能。

1. 导航

智慧旅游将导航和互联网整合在一个界面上,地图来源于互联网,而不是存储在终端上,无须经常对地图进行更新。当 GPS 确定位置后,最新信息将通过互联网主动地弹出,如交通拥堵状况、交通管制、交通事故、限行、停车场及车位状况等,并可查找其他相关信息。通过内置或外接的 GPS 设备/模块,用已经连上互联网的平板电脑,在运动中的汽车上进行导航,位置信息、地图信息和网络信息都很好地显示在一个界面上。随着位置的变化,各种信息也及时更新,并主动显示在网页和地图上,体现了直接、主动、及时和方便的特征。

2. 导游

在确定了位置的同时，在网页和地图上会主动显示周边的旅游信息，包括景点、酒店、餐馆、娱乐、车站、活动（地点）、朋友/旅游团友等的位置和大概信息，如景点的级别、主要描述等；酒店的星级、价格范围、剩余房间数等；活动（演唱会、体育运动、电影）的地点、时间、价格范围等，餐馆的口味、人均消费水平、优惠等。

3. 导览

智慧旅游就像一个自助导游员，拥有比导游人员更多的信息来源，包括文字、图片、视频和3D虚拟现实，只需戴上耳机或点击（触摸）感兴趣的对象（景点、酒店、餐馆、娱乐、车站、活动等），就可以获得关于兴趣点的位置、文字、图片、视频、使用者的评价等信息，深入了解兴趣点的详细情况，供旅游者决定是否需要它。导览功能还将建设一个虚拟旅行模块，只要提交起点和终点的位置，即可获得最佳路线建议（也可以自己选择路线），推荐提供沿线主要的景点、酒店、餐馆、娱乐、车站、活动等资料。

4. 导购

利用移动互联网，游客经过全面而深入的在线了解和分析，已经知道自己需要什么了，于是可以直接在线预订（客房/票务），并且可以随时随地进行预订。借助安全的网上支付平台，游客还可以随时随地地改变下一步的旅游行程而不浪费时间和精力，也不会错过一些精彩的景点与活动。

三、城市智慧旅游

（一）价值与意义

1. 城市智慧旅游是满足游客个性化需求的必然选择

随着大众旅游时代的到来，游客对城市旅游公共服务的需求迅速提高，特别是面广量大的自助游客和散客，他们数量众多，约占整个旅游人数的85%以上，而且需求各异。如何满足游客的个性化旅游需求，是各级旅游管理部门在未来一段时间所面临的重大课题。依靠传统的服务模式，要满足广大游客的需求，几乎是不可能完成的艰巨任务。因此，必须突破传统的服务模式，只有依靠现代技术手段加以创新，才能实现城市旅游公共服务上的革命。而智慧旅游正是依托云计算、物联网等高新技术，将旅游目的地的食、住、行、游、购、娱等活动，以及和旅游相关的各类资讯和服务整合于一体，利用智能手机等各类体验终端，为广大游客提供"各取所需"的服务。这是构建现代城市旅游公共服务体系的主要内容，也是把旅游业培育成令游客更加满意的现代服务业的必然选择。

2. 城市智慧旅游是提供旅游公共产品和服务的主要渠道

城市智慧旅游建设的重点是在现代通信技术的应用支撑下，在云平台的基础上，采用结构化系统，构建一个资源统筹、信息贯通、应用丰富的综合服务平台，涵盖旅游信息服务、旅游行程服务、旅游商业服务、旅游营销和旅游管理等多方面子项目与系统，其提供公共服务的覆盖面更宽，除政府部门、景区、旅行社、酒店等传统旅游服务环节外，还包含了交通、医疗、安全等旅游服务保障体系。游客通过这一综合服务平台，游前通过信息门户实现咨询了解、产品选择、行程设计和预订付费等；游中通过各类智能终端享受酒店、景区、购物等智慧旅游设施提供的智能化服务和质量平台提供的品质保障；游后通过信息门户和智能终端反馈信息，从而获得高标准、智能化的服务体验。

3. 城市智慧旅游是旅游业转型升级的重要举措

城市旅游业转型升级的基础是城市旅游企业转型升级。传统旅游企业为游客提供的多为直接、面对面的线下旅游产品服务，而智慧旅游建设一方面将逐步改变旅游企业的经营模式，由于在线营销系统大大节约了旅游企业的经营成本，因此，旅游企业的传统经营模式将被引导到全新的智慧旅游系统平台之上，由线下服务转为线上线下相结合的经营模式；另一方面，智慧旅游平台也是旅游企业充分展示形象和提供产品的平台，科技与文化的结合可以促进旅游企业加快对旅游资源的深度开发，打造新型的旅游文化产品与旅游创意产品，进一步放大旅游资源的综合效益。

（二）发展模式

智慧旅游是城市旅游业发展的大势所趋，但是城市智慧旅游的建设不是一蹴而就的，就像每一个新兴事物的发展一样，城市智慧旅游也是由初级阶段向成熟阶段不断发展和完善的。在城市智慧旅游发展的不同阶段，市场需求、行业主导力量、旅游企业实力、网络与支撑系统的成熟度、系统集成能力和经验等都会有所不同，所以不同阶段决定了需要采取不同的发展模式。整体而言，城市智慧旅游的建设将遵循从最初的公用为主到逐渐引入商用，最后融合发展的道路。

因此，城市智慧旅游的发展主要体现为三种模式：初期阶段应将政府作为城市智慧旅游建设的主要推动力量，建设公用事业类的基础设施等，为后续的智慧旅游的运营和发展创造良好的条件，并且初步培养游客的习惯和黏性；在市场达到一定规模，城市智慧旅游取得一定发展之后，适时扩大应用范围，引入商业竞争，提升运营效率，提高整体水平和服务能力；当市场得到较大发展，业内呈现良性竞争局面，整体产业环境较为完善时，要注重各行业的相互融合，通过多元合作方式强化各行业的主导应用，通过开放融合的方式不断挖掘资源，实现对于市场需求的覆盖和更高的运行效率。

1. 初级阶段：政府主导发展模式

一般来看，城市智慧旅游建设可以分为市场主导模式和政府主导模式：市场主导模式指在城市智慧旅游建设中，政府让位于市场，由市场积蓄力量自主发展，这种模式在一些西方发达国家比较常见；政府主导模式指在城市智慧旅游建设中，在政府推动经济发展的思路下，因地制宜，充分利用政府整合资源的优势，形成集成服务系统，如韩国、新加坡等东亚国家。

中国城市智慧旅游建设的初级阶段需要政策支持，由于资金缺口大，对行政强制执行能力要求较高，加上初期市场并不成熟，项目建成后的盈利能力并不足以吸引旅游企业的参与，因此这一阶段应以政府为主导，政府是项目最大的建设运营方，建设项目主要集中在社会关注度高、需求突出的公用事业领域，如旅游信息公共服务等。初级阶段的政府主导发展模式，就是要通过充分发挥政府的主导和引领作用，加强城市旅游信息化基础建设，加大智慧旅游的投入，加强资源整合，引导智慧旅游公共服务平台建设，承担市场做不了的工作，促进旅游服务信息化导向机制的形成，借助政策推动和标准引导培育旅游市场的网络应用环境，为城市智慧旅游的发展建设打下良好的基础。

2. 发展阶段："政府＋市场"发展模式

随着城市智慧旅游的不断发展，其认可程度和接受程度逐步得到提高，并且游客培养了一定的智慧旅游行为习惯，智慧旅游行业管理和公共服务领域的应用也得到进一步完善，城市智慧旅游进入发展阶段。在此阶段适宜采用"政府＋市场"发展模式，引入市场机制，政府与企业通过市场合作提供城市智慧旅游公共服务的模式。

在发展阶段的"政府＋市场"发展模式下，政府不需要继续主导城市智慧旅游的运营，而是可以将全部或者部分业务，通过采购、招标、外包、补贴、特许经营、授权等形式委托给专业的旅游企业，政府在其间则起到监督和保障的作用。以运营商为代表的旅游企业也可以独立或者通过合作形式创新并推出更多的应用，通过常规自费收费或者第三方资金的方式获得盈利。这一模式集合了政府与市场的双重力量，有利于合理配置资源，节省时间和资金，提高智慧旅游建设和智慧旅游服务供给的效率。

3. 成熟阶段：多元联合发展模式

随着城市智慧旅游发展的成熟和完善，行业标准体系最终确立，关联软硬件平台建设和融合初步成型，应用更加丰富，城市智慧旅游供应链的整体竞争力大大提升并且高效运转，城市智慧旅游发展真正进入成熟阶段。这一阶段适宜采用多元联合发展模式，即"政府主导、部门支持、市场主体、企业运作和社会参与"的模式，由政府、市场、社会多个主体共同参与城市智慧旅游的建设。

在成熟阶段的多元联合发展模式下，城市智慧旅游公共服务平台基本形成，政府由投资、建设主体转为实施监督和保障，多方主体形成合作关系，采用的主要方式有购买、免费服务、政府协议、志愿服务等。食、住、行、游、购、娱等旅游六要素相关企业成为城市智慧旅游建设最大的投资主体和运营主体，智慧旅游规划提供商、应用软件系统提供商等智慧旅游企业则起到促进和推动作用，传统互联网和移动互联网等公共服务企业投入公益性智慧旅游建设以开拓更大的市场空间。"社会参与、多方合力、均势发展"是该模式的主要特征，通过彰显各方参与主体的优势，形成更公平、更高效的旅游资源配置格局，确保城市智慧旅游发展进程的系统性和科学性。

第三节　流动性与城市旅游

在全球经济一体化的背景下，人力、资源、资金、信息等要素都在越来越大的范围内快速流动，当今社会被视为一个"流动性的社会"。旅游作为一个空间移动的行为，是构成社会流动性的重要组成，而旅游的流动在根本上离不开交通运输工具，这使得交通变革与旅游发展之间形成了紧密而重要的联系。尤其对于城市旅游来说，城市往往凭借大规模的人口、良好的区位、完善的设施而成为交通流动的中心，随着交通流动技术与理念的变革，城市在流动社会中的发展环境与条件也不断变化，城市旅游的未来也在这一流动性变革中出现了新的趋势与导向。

一、高铁与城市旅游

(一) 高铁的发展

高速铁路（High-Speed Railway，HSR）的产生是铁路旅客运输业的一场技术革命，是世界交通变革的一个重要标志，它以显著优势成为解决大量旅客快速输送问题的最有效途径，代表着全球社会流动的新方向。国际铁路联盟（UIC）认为高速铁路包含组成这一"系统"的所有元素的组合，包括基础设施、高速动车组和运营条件。中国对高速铁路的定义为新建设计开行250千米/小时（含预留）及以上的动车组列车，初期运营速度不小于200千米/小时的客运专线铁路。随着社会经济的快速发展和城市化进程的不断加快，中国已经成为世界上高速铁路发展最快、系统技术最全、集成能力最强、运营里程最长、运营速度最高、在建规模最大的国家。截至2015年年底，中国高铁运营里程达到1.9万千米，占世界高铁总里程的60%以上，高铁与其他铁路共同构成的快速客运网已基本覆盖50万以上人口城市，形成以特大城市为中心、覆盖全国，以省会城市为支点、覆盖相邻大中城市间1—4小时交通圈及城市群内0.5—2小时交通圈的流动网络。高速铁路的快速发展使中国真正迈入高铁时代的流动社会，将大大满足人们日益增长的出行需求，并对沿线城市的社会经济发展产生很大的影响。

(二) 高铁带来的城市旅游变革

高铁的发展，实现了高速、便捷和优质服务的统一，打破了空间距离，缩短了时间距离，拉近了心理距离，将开创城市旅游业新的局面，催生同城化、近城化、网络化、网格化等多种变化，游客时间成本和空间成本也将发生新的变化，城市旅游目的地选择将被重新分配，城市旅游业也将拥有新的价值并面对新的问题。高铁运营对城市旅游的影响有以下几个方面。

1. 提高了城市旅游可达性

旅游可达性指借助交通设施，从旅游客源地到达旅游目的地的方便程度，主要受距离、交通工具、交通费用等因素的影响。在高铁开通运营之前，因线路技术、站点等级和客运组织等因素的影响，各城市旅游目的地的可达性水平还存在很大的差距。而高铁的开通运营，引致一种"远在千里又近在咫尺"的新局面，旅行时间的锐减使得游客对空间距离的感知界限变得模糊。

当然，影响旅游可达性的感知时间不仅仅是城市间的交通时间，还包括城市内部交通的接驳。通常高铁站建在离城市中心不远的地方，因其对应的是高品质而配备较好的基础交通服务体系，相对于普通铁路运输来讲，速度较快；相对于航空运输来讲，准点率、市内交通、候车时间、交通费用等方面具有比较优势。调查发现，82%的高铁旅客候车时间均在1小时以内，而航空旅客候机时间多在1小时以上，总体运行耗费时间较长。在交通费用方面，高铁作为一项基础设施，国家财政给予较大的补贴和支持，票价相对合理。总体来讲，高铁的总体需要时间相对较短，费用合理，改善了沿线旅游城市与交通网络的连接程度，使得中国形成一系列的"小时旅游经济圈"和"日旅游交通圈"。

2. 改变了城市旅游客源结构

高铁开通运营后，大大提高了旅游者往来于沿线城市尤其是端点城市之间的便捷度和舒适度，促使更多旅游者参与到城市旅游活动中，客运量大为增加，城市旅游市场的结构随之改变，新的客源市场空间格局逐步形成。例如在入境旅游方面，城市旅游目的地不再仅仅局限于北京、上海等城市，已经明显触及其他省市；国内旅游方面，高铁沿线较为发达的城市表现出散客化、同城化、区域化的发展趋势，各个相关城市旅游目的地的市场辐射范围进一步扩大。

高铁对旅游者的消费行为意向影响明显，城市旅游客源结构也有所改变。短线旅游如节假日探亲游因高铁的开通更加容易实现。例如，郑西（郑州—西安）高铁开通后，据郑州旅游市场的抽样调查显示，西安、三门峡、洛阳等地的来郑游客同比增长了20%以上；以武广（武汉—广州）高铁为例，旅游市场消费需求发生的变化主要体现在短线旅游产品需求旺盛，出游率攀升，周末出行比例加大，高铁周边城市成为最主要的旅游目的地。

3. 城市旅游接待能力要求提高

随着大量游客搭乘高铁涌入，城市旅游目的地短时间内的食、住、行、游、购、娱等方面的接待能力均面临严峻考验。首先，旅游餐厅的接待压力直接加大，如武广高铁开通后，大批来自广东的游客涌入武汉市，但据2010年调查，武汉市愿意接待旅游团用餐、操作比较成熟的大型餐厅只有10余家，每天最大接待量仅为数百人，在武汉樱花盛开这样的旅游高峰季节显然难以满足需要。其次，高铁带来的大批旅游者除了对城市常规接待能力造成压力，也在考验旅游产品的吸引力。如果一个城市的旅游产品以初级观光类为主，龙头景区、新景区比较少，而且现有景区容量有限、游客承载量偏低，缺少高端游客所喜好的娱乐、购物等弹性旅游产品，以及会展、商务、度假、康体等新型旅游产品，那么在高铁开通后，大批商务旅游者和其他高端旅游者的需求必然不能很好地得到满足，进而影响旅游目的地的形象和未来发展。

4. 沿线城市旅游空间竞争加剧

从以往的经验来看，几乎所有的沿线城市都将高铁开通视为良好的发展机遇，众多城市新建或改建旅游吸引物，高铁沿线的旅游城市正在经历一场你追我赶的"生死时速"，都不愿错过这场高铁带来的城市旅游盛宴。需要指出的是，竞争并非仅仅局限在一条线路上，不同高铁沿线城市之间的竞争也包括在内。就全国范围来看，从"高铁自由风，好客山东行"到"天津滨海新区高铁旅"，再到浙江"谋划高铁旅游3D新干线"，可以看出这场竞争将是一场因高铁而发生的长期的旅游客源争夺战。另外，因高铁开通运营而诞生的城市旅游目的地也在悄然成长中。以山东济宁为例，该市曾于2011年在京沪高铁上成功举办"高铁自由行，休闲在济宁"高铁营销大会，使游客对该市"三孔"、"四孟"、梁山、微山湖等景区有了深刻的印象。全国类似的做法越来越多，因高铁而由"冷清"到"温点"再到"热点"的城市旅游目的地日益增多，高铁催生的城市旅游竞争不断加剧。

5. 区域城市旅游呈现强弱分化

这样的竞争局面一方面给不少老牌旅游城市带来了新的发展机会和更大的市场空

间，另一方面也为其带来了不少负面影响，如一些城市在没有任何可行性论证的情况下盲目追风，难免造成大量的资源浪费和不良的社会影响。以京沪高铁为例，其沿线城市旅游资源非常丰富，整条线路上不仅包括北京、南京、上海、无锡等热点城市，也存在一些被称为旅游"温点"的中小城市，如枣庄、徐州、蚌埠等。从实际情况来看，由于该线路上的旅游者对热点城市的传统景区比较熟悉，反而是处于旅游"温点"的滕州、枣庄这样的城市更有吸引力。然而，沧州、德州、定远、滁州等城市并非一直无所作为，却逐渐面临沦为"洼地"的风险。能否留住高铁带来的大批旅游者，对沿线城市旅游产品、服务提出了更高要求。高铁沿线存在一部分城市属于旅游吸引力偏弱的区域和旅游业的"洼地"，这部分城市的旅游接待能力、基础设施完善程度以及服务业结构优化和转型的步伐速度，将决定它们是成为旅游"热点"还是仅仅被作为过境地。一条线路上如果一部分城市成为过境地，大批旅游者就会涌向各方面条件比较成熟的旅游城市，造成"强者更强，弱者更弱"的情景。

二、城市绿道与城市旅游

绿道（Green Way）指沿着河滨、溪谷、山脊、风景道路等自然和人工廊道建立的，内设可供行人和骑车者进入的景观游憩线路，连接主要的公园、自然保护区、风景名胜区、历史古迹和城乡居住区等，有利于更好地保护和利用自然、历史文化资源，并为居民提供绿色通行、游憩健身等多种功能的线形绿色开敞空间。城市绿道可以是一条无污染的上下班通行道，一条供骑自行车或步行者使用的路径，也可以是一种提高水质或者保护野生动物栖息地的手段，还可以是一种突显地域景观或历史特性的途径，不同的功能决定了绿道是一种多功能、多用途的复合型绿地空间模式。

自行车骑行旅游（也称"骑游"），指以自行车为旅游的主要交通工具，并以在骑行过程中获取体验和乐趣为主要目的的一种旅游方式。近年来随着城市绿道的全面建设，在城市绿道上开展自行车骑行旅游成为一项集休闲、娱乐、竞技、交友、时尚于一体的新型旅游产品和旅游流动方式。由于绿道沿线优美的城市景观、良好的生态环境，以骑行为主（包含徒步、慢跑在内）的城市绿道旅游休闲活动日渐成为释放激情、融入自然、男女老少皆宜的极佳旅游项目，环保意识日益高涨的城市游客和居民纷纷选择集健康、环保、经济、时尚于一体的绿道骑行旅游方式，各个城市相关部门或企业也不遗余力地广泛宣传并大力推广。

需要指出，绿道骑行旅游还具有如下优点：

（1）有益于身心健康。现代运动医学研究表明，骑自行车同跑步、游泳一样，是一种能改善人体心肺功能的耐力性锻炼。它能够预防大脑老化，提高神经系统的敏捷性；提高心肺功能，锻炼下肢肌力和增强全身耐力；可以减肥塑形，骑自行车时，由于周期性的有氧运动，锻炼者消耗较多的热量，可收到显著效果。

（2）有利于低碳环保。绿道骑行旅游属于低碳旅游，在旅游活动中，自行车没有二氧化碳排放，是一种低能耗、低污染的绿色旅行。

（3）经历独特、随意性强。绿道骑行者有着骑行的特殊感受与经历，如品尝沿途的特色食物，体验路上的风土人情，观赏当地的自然风光等；在绿道骑行过程中，还可以走走停停，随时与当地人交流沟通；无论是在乡间小道、公路旁、山路边还是其他适合骑行的道路上，骑行游客都可以不受时空限制，驻足停留、品味欣赏。

（4）费用低廉，容易推广。一方面，绿道骑行旅游不涉及太多的旅游消费，是一种十分经济的旅游方式；另一方面，绿道骑行旅游属于一种大众化项目，非常容易普及，无论老少，只要有一辆自行车，都可以在平时、周末或节假日展开一场说走就走的短途或长途骑行。

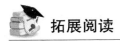
拓展阅读

济南"五位一体"智慧旅游公共服务体系建设

随着旅游信息化和大数据时代的到来，智慧旅游已然成为旅游业良性运行的"中枢神经"，智慧旅游融入智慧城市，成为智慧城市的重要组成部分。济南市旅游局根据旅游业规模、客源结构、消费需求的变化，突出规划引领，着力构建"五位一体"的智慧旅游公共服务体系，充分利用信息技术手段，搭建集体验、展示、集散、推广于一体的旅游集散网络体系，开发集宣传营销、公共服务于一体的网站集群，借助微博、微信平台搭建新媒体宣传体系，智慧旅游服务体系建设大大提升了旅游公共服务能力，为城市品牌推广和旅游企业营销提供了新引擎。

第一，充分运用新媒体，打造多元的互动公共服务平台。济南市旅游局开通了济南旅游新浪官方微博、腾讯微博、人民网微博、"济南旅游局"微信订阅号、"游济南"服务号，构建起一个多"微"同转自媒体矩阵平台，为泉城济南旅游品牌提供"微"引擎，为公众提供"微"服务。微平台立足营销济南、深挖活动、重推热点，增强粉丝黏性，制造旅游话题，最终服务广大旅游企业和粉丝。结合旅游热点节点还策划了系列网络宣传活动，提供旅游公共服务资讯，为各县市区旅游局（委）、行业单位搭建微平台进行宣传、营销和产品的活动推广，既使旅游企业有效益，又使游客得便利。

第二，构建网络化集群，形成多网信息共享服务平台。为适应旅游业态发展，形成网站集群服务效应，济南市建设开发了面向公众服务的"四网一库"，"四网"即旅游资讯网、旅游政务网、旅游人才网、旅游诚信网，"一库"是指旅游要素综合数据库。四个网站针对不同受众人群分别进行开发，为游客、市民、行业从业人员提供更专业的旅游信息服务。2014年，济南市又开发中文繁体版、韩文版、英文版的旅游资讯网，主要为国外游客和港澳台同胞提供信息查询服务；开发手机网和平板网，提升移动终端服务能力，为游客和市民提供出行计划、旅游优惠、达人攻略、专题旅游、旅游活动、精品线路、大众点评等服务。通过网站集群、多种版本来服务广大游客市民，形成多站点、多语种、多形式的集群效应。

第三，面向大数据，建设智慧旅游服务中心平台。在提升智慧旅游服务能力，积极建设智慧旅游服务云数据中心的同时，2014年又投资600余万元建设"济南市智慧旅游服务中心"，主要包括12301旅游热线服务，微博、微信运营平台，旅游网站信息采编，智慧旅游咨询服务亭运营维护平台等四部分，目的是以服务中心的平台为支撑，整合济南市现有的济南旅游资讯网、"玩转泉城"手机客服终端、12301旅游服务热线、济南市定制公交信息服务平台、济南公交网等公共服务平台，以及济南市各大旅行社旅游网站等IT资源，形成济南市"智慧旅游"IT运营基地，打造济南市旅游信息化科技服务窗口。

第四，完善咨询服务体系，把旅游资讯融入大智慧平台。济南市相继在泉城广场、济南国际机场、高铁西客站设立了咨询服务中心，2014年开始，又在市区主要交通节点、重点旅游景区（点）和客流较为集中特色街区、城市综合体附近相继建设50处智慧旅游信息亭，主要为游客和市民提供旅游信息查询、社会公共服务信息、公交换乘信息查询、12301旅游热线咨询服务、旅游定位导航、无线Wi—Fi上网、手机充电、ATM自助银行等服务项目，在全市初步形成"智慧旅游"服务网络，促进了济南智慧城市发展，提高了城市智慧旅游服务水平、城市公共服务水平和交通便民服务水平。

第五，以点带面延伸旅游公共服务，构建旅游集散网络化平台。济南市目前建有三个旅游集散中心，分别位于济南的东、南、西三个区域，向自助游游客提供旅游咨询、旅游体验与展示、旅游产品销售、交通接驳和游客休憩等一站式服务，形成以散客需求为导向，智慧化、平台化、公益性和模块化的新型旅游集散中心建设模式。

通过运用云计算、物联网、旅联网的新技术，积极构建"互联网+""旅游+"服务体系、旅游集散体系、智慧旅游服务体系，依托微营销平台、咨询服务平台，济南市全面拓展了旅游营销广度和深度，形成了集旅游咨询、旅游营销、旅游体验、旅游展示、旅游管理、游客互动、旅游诚信、旅游交通、旅游监测等于一体的大智慧旅游公共服务体系，从而不断满足游客智能化、个性化、便捷化的旅游服务需求，推动全市智慧旅游城市建设迈上了新台阶。

整理自：佚名."五位一体智慧旅游公共服务体系"荣获全国智慧旅游优秀案例［EB/OL］. 济南市旅游协会，http://tour.dzwww.com/jnlvxh/hyxw/201509/t20150921_13084200.htm, 2015-9-21.

思考与练习

1. 如何理解全域旅游？
2. 举例说明城市智慧旅游的发展模式。
3. 流动性改善对城市旅游有哪些影响？

参考文献

［1］陈金，孙静. 高铁时代下的中国旅游业影响分析［J］. 旅游纵览月刊，2016，(07).

［2］高炽海. 低空旅游的产品及产业发展［N］. 中国旅游报，2014-9-19.

［3］黄超，李云鹏，"十二五"期间"智慧城市"背景下的"智慧旅游"体系研

究［C］// 2011 旅游学刊中国旅游研究年会会议论文集，2011.

［4］金卫东．智慧旅游与旅游公共服务体系建设［J］．旅游学刊，2012，27（02）．

［5］厉新建，张凌云，崔莉．全域旅游：建设世界一流旅游目的地的理念创新——以北京为例［J］．人文地理，2013，（03）．

［6］吕俊芳．辽宁沿海经济带"全域旅游"发展研究［J］．经济研究参考，2013，（29）．

［7］骆高远，陆江东．"虚拟旅游"发展探析［J］．消费经济，2011，（03）．

［8］骆小平．"智慧城市"的内涵论析［J］．城市管理与科技，2010，12（06）．

［9］齐镭．国际全域旅游发展实例研究［N］．中国旅游报，2016-5-11.

［10］石培华．多级联动分类推动创建工作［N］．中国旅游报，2016-2-22.

［11］王德红．智慧城市框架下智慧旅游的运营研究［D］．青岛：中国海洋大学，2014.

［12］王广斌，张雷，刘洪磊．国内外智慧城市理论研究与实践思考［J］．科技进步与对策，2013，30（19）．

［13］王晓．中国游艇旅游的国际竞争力研究［D］．上海：华东师范大学，2007.

［14］吴廷．基于立体感知的三维全景技术研究［D］．西安：陕西师范大学，2012.

［15］熊垓智．智慧旅游建设的内容与未来趋势［J］．中国信息界，2013，（02）．

［16］徐兴敏．虚拟现实技术在虚拟旅游中的应用［J］．潍坊学院学报，2014，14（02）．

［17］杨莉．我国虚拟旅游的发展与应用研究［D］．上海：上海师范大学，2011.

［18］佚名．李金早：全域旅游大有可为［EB/OL］．新华网，http：//travel. news. cn/2016-02/09/c_128710701. htm，2016-2-9.

［19］张凌云，黎巎，刘敏．智慧旅游的基本概念与理论体系［J］．旅游学刊，2012，27（05）．

［20］张亚红．基于低碳经济背景下的自行车旅游模式探析［J］．中国市场，2012，（22）．

［21］周杨．高速铁路沿线旅游目的地协同发展及其实现路径研究［J］．经济管理，2013，（03）．

北京大学出版社教师反馈及教辅申请表

北京大学出版社本着"教材优先、学术为本"的出版宗旨,竭诚为广大高等院校师生服务。为更有针对性地提供服务,请您按照以下步骤在微信后台提交教辅申请,我们会在1~2个工作日内将配套教辅资料,发送到您的邮箱。

◎手机扫描下方二维码,或直接微信搜索公众号"北京大学经管书苑",进行关注;

◎点击菜单栏"在线申请"—"教辅申请",出现如右下界面:

◎将表格上的信息填写准确、完整后,点击提交;

◎信息核对无误后,教辅资源会及时发送给您;如果填写有问题,工作人员会同您联系。

温馨提示:如果您不使用微信,您可以通过下方的联系方式(任选其一),将您的姓名、院校、邮箱及教材使用信息反馈给我们,工作人员会同您进一步联系。

我们的联系方式:

通信地址:北京大学出版社经济与管理图书事业部
　　　　　北京市海淀区成府路205号,100871
联系人:周莹
电　　话:010-62767312 /62757146
电子邮件:em@pup.cn
Q　　Q:5520 63295(推荐使用)
微　　信:北京大学经管书苑(pupembook)
网　　址:www.pup.cn